Inhalt

I. Wort- und Sacherklärungen

Schillers *Wallenstein. Ein dramatisches Gedicht* liegt unter Nr. 41 (*Wallensteins Lager, Die Piccolomini*) und 42 (*Wallensteins Tod*) in Reclams Universal-Bibliothek vor. Diese Ausgaben folgen der Nationalausgabe von Schillers *Werken*, begr. von Julius Petersen, fortgef. von Lieselotte Blumenthal, Benno von Wiese und Siegfried Seidel, hrsg. von Norbert Oellers, Bd. 8: *Wallenstein*, hrsg. von Hermann Schneider und Lieselotte Blumenthal, Weimar: Böhlau, 1949, wobei die Orthographie auf der Grundlage der neuen amtlichen Rechtschreibregeln behutsam modernisiert wurde.

Die drei Teile der Wallenstein-Trilogie werden im Folgenden abgekürzt als L (*Wallensteins Lager*), P (*Die Piccolomini*) und W (*Wallensteins Tod*) mit nachfolgender Verszahl bzw. Zahl von Aufzug und Auftritt. Die Nationalausgabe von Schillers *Werken* wird zitiert als NA mit nachfolgender Band- und Seitenzahl; zu den Abkürzungen weiterer Werkausgaben von Schiller siehe die Literaturhinweise S. 233.

Der Kommentar ist der umfangreichen Schiller-Literatur verpflichtet; oft zugleich auch Nachschlagewerken wie den Deutschen Wörterbüchern von Grimm und von Wahrig, Meyers Konversationslexikon, Brockhaus usw., so dass es schwer gewesen wäre, alle Quellen jedes Mal zu nennen.

Unter den von Schiller benutzten Quellen zieht der Kommentar insbesondere heran: Johann Christian von Herchenhahn, *Geschichte Albrechts von Wallenstein, des Friedländers*, 3 Tle., Altenburg 1790/91, und Christoph Gottlieb von Murr, *Beiträge zur Geschichte des dreißigjährigen Krieges*, Nürnberg 1790 (beide im Folgenden durch die Verfassernamen abgekürzt).

1. Prolog

Schaubühne in Weimar: Das von dem Stuttgarter Hofbaumeister N. F. Thouret umgebaute Weimarer Theater wurde am 12. Oktober 1798 wiedereröffnet. Zuerst spielte man *Die Corsen* von August von Kotzebue (1761–1819), danach begann die Uraufführung des *Lagers.* Den nur wenige Tage zuvor entstandenen Prolog sprach der als Kürassier auftretende Schauspieler Vohs.

1 *Maske:* Auf dem frühen griechischen Theater trugen die Schauspieler Masken. Die scherzende Maske Thalia, die Muse der Komödie, regiert das heitere Spiel des *Lagers. Die Piccolomini* und *Wallensteins Tod* stehen dann im Zeichen Melpomenes, der ernsten Muse der Tragödie.

8 *edeln Säulenordnung:* Den Zuschauerraum des klassizistischen Theaters umgaben dorische Säulen.

15 *Ein edler Meister:* Friedrich Ludwig Schröder (1744–1816), der in Weimar gastiert hatte und nach Schillers Brief vom 20. Februar 1798 bereit war, den Wallenstein zu spielen.

17 *Schöpfergenius:* von lat. *genius*, eigtl. ›Personifikation der Zeugungskraft‹, spätlat. ›Schöpfergeist‹; seit Mitte des 18. Jh.s durch die frz. Form *Genie* abgelöst. Vgl. »Genieperiode« für den Sturm und Drang und die Bedeutungsgleichheit in L 210: »Aber sein Genie, ich meine sein Geist.«

19–22 *Die Würdigsten … eine Hoffnung … Ein großes Muster:* Man hoffte, den berühmten Schauspieler August Wilhelm Iffland (1759–1814) in Weimar zu sehen. Mit Bedacht wird aber von den Würdigsten im Plural gesprochen. Nach seinem Brief vom 6. Oktober 1798 hat Goethe an den Versen 10 bis 21 einiges geändert, »daß von unseren Schauspielern etwas mehr, von Iffland etwas weniger gesprochen würde, daß irgendeine Stelle auf Schrödern gedeutet werden könne«.

23 *höhere Gesetze:* strengere Gesetze.

32 *des Mimen:* griech. *mimos*, ›Schauspieler‹, urspr. der Possenreißer, der ohne Maske (vgl. Anm. zu 1) und ohne Kothurn, den hochsohligen Bühnenschuh, auftrat; hier allgemeiner ohne Abwertung gebraucht.

33 *an dem Sinn vorüber:* an den Sinnen vorüber.

42 *geizen:* gut ausnutzen.

48 f. *Denn wer … für alle Zeiten:* Beispiel für Schillers sentenzhaften Stil. (Lat. *sententia*, ›Meinung‹, nennt man die treffend formulierte Erkenntnis, die auf Grund ihrer Einprägsamkeit und Allgemeinverständlichkeit schnell verallgemeinert wird.)

50 *Die neue Ära:* spätlat. *aera* ›Zeitalter‹. – Inhaltlich wenden sich die nächsten zehn Verse gegen die damaligen Theaterspielpläne, die den seichten bürgerlichen Schauspielen Kotzebues und Ifflands zu viel Raum gaben. In Hamburg beklagte man sich bereits über die häufigen Wiederholungen der Iffland'schen Stücke, und Schiller schrieb am 31. August 1798 an Goethe: »Wenn dies einen analogischen Schluß auf andere Städte erlaubt, so würde mein Wallenstein einen günstigen Moment treffen. Unwahrscheinlich ist es nicht, daß das Publikum sich selbst nicht mehr sehen mag, es fühlt sich in gar zu schlechter Gesellschaft.«
Thaliens: Thalias, der Muse der Komödie; vgl. Anm. zu 1.

53 f. *aus des Bürgerlebens engem Kreis Auf einen höhern Schauplatz:* Hier klingt auch der Gegensatz der alten Unterscheidung zwischen Tragödie als Haupt- und Staatsaktion und Komödie als Bauernschwank oder bürgerlichem Lustspiel an. (Vgl. *Lager* und *Wallensteins Tod*.)

55 f. *des erhabenen Moments Der Zeit:* der Augenblick der Theatereinweihung.

60 *Zwecken:* Zielen; von ahd. *zwec* ›Holznagel, bes. der im Mittelpunkt der Zielscheibe befindliche‹, daraus seit dem 15. Jh. ›Ziel des Scheibenschießens‹, fig. ›Ziel einer Bemühung‹ (Wahrig).

61–69 *Und jetzt … beschämen:* Die Verse dieses Abschnitts spielen auf das Schicksal des französischen Generals Charles François Dumouriez (1739–1823) an. Goethe, der diesem Feldherrn bei der Kanonade von Valmy am 20. September 1792 gegenübergestanden hatte, zieht den Vergleich zwischen ihm und Wallenstein im Brief vom 6. Juni 1797 an Meyer. – Das heutige Publikum denkt hier meist an Napoleon (1769–1821).

61 *Schattenbühne:* Hinter dem Wort steht Schillers Auffassung der Kunst als ›schöner Schein‹. (Vgl. »Täuschung« und »Schein« in den Versen Prolog 135 und 136.)

72 *willkommner Friede:* der 1648 in Münster und Osnabrück geschlossene Westfälische Friede, in dem am Ende des Dreißigjährigen Krieges der Augsburger Religionsfriede von 1555 bestätigt wurde: Anerkennung der Protestanten durch das Reich und Bestimmung der Konfession durch die Landesherren nach dem Prinzip »cuius regio, eius religio«.

79 *jenes Krieges Mitte:* Die Handlung spielt im Jahre 1634.

84 *Tummelplatz:* von ahd., mhd. *tumelen*, Nebenform von *taumeln*.

85 *Magdeburg:* Die Stadt Magdeburg hatte ein Bündnis mit Gustav Adolf geschlossen und wurde darauf vom Herbst 1630 an von Tillys Armee belagert. Gustav Adolf konnte die Stadt nicht entsetzen, sie fiel am 20. Mai 1631 und wurde durch Brand verwüstet.

89 *rohe Horden:* wilde Menge, ungeordnete Schar. Seit dem 15. Jh., zunächst ›umherziehender Tatarenstamm‹, durch Vermittlung balkanischer Sprachen, türk. *ordu* ›Heer‹, tatar. *urdu* ›Lager‹ (Wahrig). Vgl. auch P 496.

90 *verheerten Boden:* von mhd. *verhern*, ahd. *farherion* ›mit einer Heeresmacht überziehen, verwüsten, verderben‹ (Wahrig).

91 *Zeitgrund:* geschichtlichen Hintergrund.

92 *Unternehmen kühnen Übermuts:* »kühn«, ›wagemutig, beherzt, verwegen‹ (von ahd. *kuoni* ›mutig, stark‹), und »Übermut« in der alten Bedeutung von ›Überheblichkeit, Anmaßung, Dünkel‹ (aus mhd. *übermuot* ›stolzer, hochfahrender Sinn‹); die Worte müssen wohl abgewogen werden, weil sie Einführung und Urteil sind.

94 *Schöpfer kühner Heere:* Wallenstein übernahm nicht ein Heer des Kaisers, sondern warb in des Kaisers Namen aus eigenen Mitteln Soldaten an.

95 *Des Lagers Abgott:* der falsche Gott oder Götze der in seinem Feldlager vereinigten Soldaten, der übermäßig Verehrte.

der Länder Geißel: die Geißel war eigtl. eine Peitsche, vorzüglich zur Selbstkasteiung, dann im übertragenen Sinne so viel wie Heimsuchung, Plage, Strafe. Da Wallensteins Heer die Länder auszehrte, die es beschützen sollte, konnte Wallenstein als Geißel empfunden werden.

99 *Staffel:* Stufe, Leitersprosse; von ahd. *staffal*, *staphal* ›Grundlage, Schritt‹, urspr. ›erhöhter Tritt‹; nddt. *stapel*; verwandt mit *Stapfe* und *Stufe* (Wahrig).

101 *Der unbezähmten Ehrsucht Opfer fiel:* ›als der unbezähmten Ehrsucht‹; in Anlehnung an die klassischen Sprachen und aus metrischen Gründen wurde die Partikel ›als‹ ausgelassen. Vgl. auch P 551 »[Als] Ein Fremdling …«.

102f. *Von der Parteien … in der Geschichte:* Der frühe katholische Geschichtsschreiber Jean-François Sarrasin verurteilte Wallenstein als Verräter, während die protestantischen Autoren Murr und Samuel von Pufendorf Wallenstein wohlwollender beurteilten.

108 *des Lebens Drang:* in der Doppelbedeutung von ›Druck, Bedrängung‹ und übertragen ›Trieb, Sehnsucht, Wunsch‹.

109f. *Und wälzt … Gestirnen zu:* »Diese oft zitierten Worte werden also von der Kunst gesagt, die menschliche Schuld in schicksalhafter Verkettung sieht und darin eine Entlastung findet. Auf keinen Fall haben wir hier ein Programmwort für die Behandlung der Astrologie im Drama; mit ihren Problemen hat Schiller noch Monate später schwer gerungen« (NA 8,474). Vgl. Kap. III,9.

130 *Des Tanzes freie Göttin und Gesangs:* Terpsichore ist die Muse des Tanzes, Polyhymnia die der Musik; beides, Gesang und Tanz, waren Ausdrucksformen des frühen griechischen Theaters.

131 *Ihr altes deutsches Recht, des Reimes Spiel:* die klassische griechische Dichtung kennt den Endreim nicht. Das *Lager* ist in Knittelversen geschrieben, vierhebigen Versen mit unregelmäßiger Senkungsfüllung und Paarreim. Der Knittelvers stammt aus dem 16. Jh. und war im Sturm und Drang, nicht zuletzt durch den jungen Goethe, wiederbelebt worden, der Paarreim geht bis auf Otfried von Weißenburg (9. Jh.) zurück.

135 *die Täuschung:* »Indem die Dichtung ihre Aussage in die Kunstform von Rhythmus und Reim erhebt, bezeugt sie selbst, daß sie nicht Wirklichkeit, sondern ›Täuschung‹, schönen Schein hervorbringen will, den Schiller freilich als ›aufrichtigen Schein‹ von der bloßen Illusion weit abrückt und zur Erscheinungsmöglichkeit des eigentlich Idealen und Wahren erhebt (vgl. ›Über die ästhetische Erziehung des Menschengeschlechts‹)« (SW 2,1237).

2. Wallensteins Lager

Personen

Wachtmeister: der dem Feldwebel entsprechende Dienstgrad bei der Kavallerie, d. h. oberste Rangstufe der Unteroffiziere. Er besorgt den Befehlsempfang, das Schreib- und Rechnungswesen der Kompanie und ist

Organ des Hauptmanns für die Regelung des Dienstes. Er überwacht ferner den inneren Dienst, speziell auch das persönliche Verhalten der Unteroffiziere in wie außer Dienst (Meyer).

Trompeter: Militärmusiker der Kavallerie im Unteroffiziersrang, damals wichtig wegen der Trompetensignale zur Lenkung der Heeresgruppen.

Terzkyschen: vgl. Anm. zu *Graf Terzky* im Personenverzeichnis der *Piccolomini.*

Karabinier-Regiment: Der Karabiner (von frz. *carabine*) war eine für bequemen Gebrauch der Kavallerie erleichterte, um 25–30 cm verkürzte, nach dem System des betreffenden Armeegewehres gebaute, die gleiche Munition verwendende Handfeuerwaffe. – Karabiniere waren urspr. so viel wie berittene Arkebusiere (s. u.). – Regiment (von spätlat. *regimentum* ›Leitung, Oberbefehl‹) bedeutete bei den Landsknechten die Befehlshaberschaft über die verschiedenen Truppengattungen (Reisige, Fußvolk, Artillerie), später die höchste administrative Einheit im Truppenverband. Ein Kavallerieregiment zählte drei bis zehn Eskadrons (Schwadron, oder bei der Infanterie Kompanie, 100 bis 250 Mann).

Konstabler: Büchsenmeister, Geschützmeister (Feuerwerker) im Rang eines Unteroffiziers; von lat. *comes stabuli* ›Stallgraf‹ (Wahrig) oder lat. *constabularius* ›Zeltbruder‹ (Meyer).

Scharfschützen: zu der Zeit, wo die Masse der Infanterie noch mit glatten Gewehren bewaffnet war, Name der mit gezogenen Büchsen bewaffneten Schützen (Meyer).

Holkische reitende Jäger: Jäger nannte man die aus Gebirgs- und Waldgegenden geworbenen Scharfschützen, die vorzugsweise auf die feindlichen Offiziere schießen sollten. Berühmt waren die reitenden Jäger Wallensteins unter General Holk (1599–1633) und die Jäger Landgraf Wilhelms von Hessen. – Das Kürassierregiment der »Holk'schen Reiter« bestand seit 1632.

Buttlerische Dragoner: vgl. Anm. zu *Buttler* im Personenverzeichnis der *Piccolomini.* Dragoner (von frz. *dragon* ›Drache‹, als ihrem ehemaligen Feldzeichen) waren urspr. berittenes Fußvolk, das im schnellen Fortkommen, Absitzen und Herstellen der Schlachtordnung geübt war. Sie wurden wie die Husaren als leichte Reiter verwendet (Meyer).

Arkebusiere vom Regiment Tiefenbach: vgl. Anm. zu *Tiefenbach* im Personenverzeichnis der *Piccolomini.* Arkebuse (von ndl. *haakbus* ›Hakenbüchse‹), eine 100–130 cm lange Handfeuerwaffe, die beim Schießen in einen Haken, den Karabinerhaken, gehängt wurde; damit ausgerüstet der Arkebusier.

Kürassier: Reiter mit Kürass, dem Harnisch oder Brustpanzer. Nachdem es die von Kopf bis Fuß gepanzerten Lanzenreiter des Mittelalters nicht mehr gab, blieben die Kürassiere als eigentlich schwere Reiterei.

wallonischen Regiment: aus Wallonen, Französisch sprechenden Südbelgiern, zusammengesetztes Regiment.

lombardischen Regiment: ein Regiment aus der Lombardei, einer Landschaft Oberitaliens, die nach den im 6. Jh. n. Chr. eingewanderten Langobarden genannt ist.

Kroaten: Südslawen aus Kroatien.

Ulanen: leichte polnische Lanzenreiter. Die Bezeichnung »Ulanen« (von türk. *oghlan* ›junger Mann‹) gaben die Polen ihrer Reiterei, mit der sie Tatareneinfälle abwehrten. Name und Uniform der Ulanen (Tschapka und kurzschößiger Rock mit zwei Reihen Knöpfen und Ärmelaufschlägen) wurde später von anderen europäischen Heeren übernommen.

Rekrut: (frz. *recrue* ›Nachwuchs‹) ein neu eingetretener Soldat bis zur Einreihung in die geschlossene Truppe.

Kapuziner: Capucini ordinis fratrum minorum, ein Zweig des Franziskanerordens, der unter allen Kongregationen die strengste Regel hat. Die Kapuziner tragen braune, wollene Kutten mit langen, spitzen Kapuzen (daher ihr

Name) und Sandalen an den bloßen Füßen. Die Mitglieder des 1525 von Pater Matteo di Bassi in Urbino gestifteten Bettelordens galten als das Proletariat unter den Mönchen. Sie waren seit 1593 in Deutschland anzutreffen (Meyer).

Soldatenschulmeister: Lehrer der Soldatenkinder im Lager. Vgl. Anm. zu L 162.

Marketenderin: Marketender (zu ital. *mercatare* ›Handel treiben‹) waren Kaufleute, die die Truppe mit Marketender- oder Kantinenwagen ins Feld begleiteten, um dort Nahrungs- und Genussmittel zu verkaufen, welche die Militärverwaltung nicht lieferte. Die Marketender erhielten zum Teil Sold und Rationen und standen unter der Disziplinargewalt des Truppenbefehlshabers. Die Stelle der Gehilfen durfte von der Frau des Marketenders versehen werden (Meyer).

Aufwärterin: Kellnerin, Dienerin.

Hoboisten: Oboisten (von frz. *haut-bois* ›Hochholz‹, d. h. bis zu hohen Tönen reichendes Holzblasinstrument); Militärmusiker im Unteroffiziersrang.

Pilsen: Stadt in Böhmen, im Tal des Beraun. Dorthin hatte Wallenstein seine Befehlshaber für den 11. bis 13. Januar 1634 beordert, um sie zu bedingungsloser Treue zu verpflichten.

Erster Auftritt

Kram- und Trödelbude: ahd. *cram* ›Marktbude‹, mhd. *kram* ›ausgespanntes Tuch, Zeltdecke zur Bedeckung eines Kramstandes, Handelsware, Geld‹ usw.; vgl. Anm. zu L 405. – Trödel, d. h. wertloses Zeug.

Farben und Feldzeichen: die Unterscheidungszeichen für ganze Heere oder wie hier einzelner Heeresteile, zum Beispiel Armbinden, Kokarden, Fahnen und Standarten, mitunter stellvertretend für die bezeichnete Gruppe; vgl. Anm. zu *Buttlerische Dragoner* im Personenverzeichnis; zu L 120, zu L 122 *Tressen*, zu L 347.

würfeln auf einer Trommel: Die ebene, federnde Fläche des umrandeten Trommelfells eignet sich sehr gut, um darauf zu würfeln.

im Zelt wird gesungen: Urspr. begann das *Lager* mit einem Soldatenlied.

3 *trotzige Kameraden:* kämpferische, kriegerische Soldaten (von mhd. *tratz, trutz* ›Widersetzlichkeit‹).

7 *Völker:* in der alten Bedeutung: Kriegsscharen (von ahd. *folc* ›Haufe, Kriegsschar, Volk‹).

9 *rarsten Sachen:* (von lat. *rarus* ›selten‹) kostbar, begehrt.

11 *Hauptmann:* Offizier, der selbständig Soldaten anwarb und sog. Fähnlein (bis zu 400 Mann) befehligte.

12 *Ließ mir ein par glückliche Würfel nach:* vererbte, vermachte mir ›glückliche Würfel‹, Würfel zum betrügerischen Spiel, bei denen an einer bestimmten Stelle in dem knöchernen Kubus Blei eingelassen war, so dass das gestörte Gleichgewicht dem Würfel eine starke Tendenz gab, immer dieselbe Augenzahl zu zeigen. – Vgl. »falsche Würfel« L 647.

19 *in Scheffeln:* in großen Mengen. Scheffel (von ahd. *sceffil*; zu ahd. *scaf* ›Gefäß für Flüssigkeiten, Kornmaß‹), ein altes Hohlmaß von landschaftlich sehr verschiedener Größe, 23 bis 223 Liter.

24 *von des Bauern Felle:* auf Kosten der Bauern, die das Heer ernähren mussten.

27 *Aue:* feuchtes, oft mit Laubwald bestandenes Flusstal, Niederung, Wiesengrund; von ahd. *auwia, ouwa* ›Land am Wasser, nasse Wiese, Insel‹ (Wahrig).

28 *Feder … Klaue:* Geflügel … Schlachtvieh. In der Redefigur des Bauern bezeichnet ein Teil je das Ganze, wie in der Wendung »sie zählt siebzehn Lenze« (für: 17 Jahre). Die rhetorische Figur heißt darum »pars pro toto«.

29 *schier:* (oberdt.) fast, beinahe; von mhd. *schier(e)* ›schnell‹.

32 *der Sachs noch im Lande:* Nach der Schlacht bei Brei-

tenfeld (1631) hatten die Sachsen unter Arnim (bei Schiller: Arnheim) auf Gustav Adolfs Veranlassung Böhmen besetzt.

37 *Terschkas:* ›Terschka‹ oder ›Teschka‹ ist die böhmisch-volkstümliche Aussprache für ›Terzky‹; vgl. Personenverzeichnis der *Piccolomini.*

38 *Quartieren:* Truppenunterkünften (von mhd. *quartier* ›Viertel‹, aus lat. *quartarius*).

39 *just:* (poet.) eben, gerade (von lat. *iuste* ›mit Recht, gehörig‹; vgl. engl. *just*).

40 *Spreizen sich:* tun sich wichtig, stelzen geziert einher.

48 *führen Batzen:* haben Geld. Der Batzen war eine alte silberne Scheidemünze, die angeblich gegen Ende des 15. Jh.s zuerst in Bern mit dem Bilde des Bären (Bätz) geschlagen wurde. In der Schweiz war ein Batzen 10 Rappen, in Deutschland 4 Kreuzer.

Zweiter Auftritt

49 *Halunk:* Gauner, Betrüger; Schlingel; von tschech. *holomek* ›nackter Bettler‹ (Wahrig).

57 *herein:* in das Lager; vgl. P 269 und P 40 »außen«.

58 *fürstlichen Fräulein:* Thekla, Prinzessin von Friedland; vgl. Anm. zum Personenverzeichnis der *Piccolomini*; keine historische Figur, sondern Erfindung des Dichters. – Den schnellen Rednerwechsel mitten im Vers nennt man Hemistichomythie; vgl. auch L 638 ff., P 72, 77 f., 587 ff. u. ö.

61 *an uns locken:* abwerben.

66 *Generäle und Kommandanten:* General ist die höchste Offiziersrangklasse; das Wort (von lat. *generalis* ›allgemein‹) ist in der militärischen Bedeutung seit dem 15. Jh. gebräuchlich. Der Kommandant (von frz. *commandant* ›Befehlshaber‹) hat den Oberbefehl über eine Festung, ein Schiff oder hier das Lager.

67 *geheuer:* nur verneinend gebraucht, unheimlich; von

mhd. *gehiure* ›sanft, behaglich‹, urspr. ›der gleichen Siedlung angehörig‹, dann ›traut, lieb‹ (Wahrig).

70 *Geschicke:* das Hin- und Herschicken (der Boten).

71 *die alte Perücke:* Kriegsrat von Questenberg, kaiserlicher Gesandter aus Wien; vgl. Anm. zum Personenverzeichnis der *Piccolomini.* Die Perücke als Ausdruck der höfischen Mode steht hier stellvertretend für den Mann; dieselbe Redefigur (»pars pro toto«) wie in L 28.

73 *guldenen Gnadenkette:* goldene Halskette, die fürstliche Personen vor dem Aufkommen der Orden an Leute von Verdienst oder auch bloß als Zeichen ihrer Huld zu verleihen pflegten; solche Ketten waren öfter mit Münzen oder Medaillen mit dem Bildnis des Spenders verziert. Vgl. W 2172 und 3251.

76 *Herzog:* Wallenstein, Herzog von Friedland. Der Titel kommt von ahd. *herizoho, herizogo* aus ›Heer‹ und ›ziehen‹. Der ehemalige Heerführer wurde später zum königlichen Beamten mit den Rechten eines Grafen, aber größerem Amtsbereich.

78 *des Friedländers heimlich Gesicht:* »Gesicht« in der Bedeutung ›Vision‹; Wallensteins vermeintliche Fähigkeit, die Zukunft voraussehen zu können.

85 *resoluteste Korps:* beherzteste Truppe (von frz. *résolu* ›entschlossen, beherzt‹, und lat. *corpus* ›Körper‹ bzw. frz. *corps* ›Körperschaft‹).

Dritter Auftritt

92 *Terzerolen:* kleine Taschenpistolen mit zwei Läufen; ital. *terzeruolo* (Wahrig).

95 *Glücksrad:* ein Rad, das bei Lotterien und Verlosungen die Gewinnzahlen anzeigt; urspr. mittelalterliches Symbol für den Wechsel des Glücks im menschlichen Leben.

96 *zum höchsten Staat:* »Staat« in der figürlichen Bedeutung ›Aufwand, Pracht, Prunk‹.

97 *Granat:* Halbedelstein, hauptsächlich aus Kieselsäure bestehendes kristallines Mineral wechselnder Zusammensetzung mit vielen bunten Abarten; von großer Härte.

101 *prellt:* betrügt. »Insbesondere wurde ›prellen‹ gebraucht für das Emporschnellen eines Menschen auf einem straff gespannten Tuche, wie es früher als Bestrafung oder Fopperei üblich war. [...] Im 17. und 18. Jh. war es eine beliebte Belustigung, so einen gefangenen Fuchs in die Höhe zu schleudern. Danach wurde das Hänseln der studentischen Füchse als ›prellen‹ bezeichnet, das zum Teil darin bestand, daß sie für die älteren Studenten die Zeche bezahlen mussten. So ist ›prellen‹ zunächst in der Studentensprache zu der Bedeutung ›sich einer Zahlung entziehen, um etwas betrügen‹ gelangt« (Paul/Betz).

102 *Halbpart:* Halbpart machen: sich mit gleichen Anteilen den Gewinn teilen (von lat. *pars* ›Teil‹).

Vierter Auftritt

109 *praktikabel:* brauchbar, benutzbar (von mlat. *practicabilis* ›tunlich, ausführbar‹). Die unbefestigten Wege waren nur im Sommer oder bei Frost befahrbar.

112 *Regenspurg sei genommen:* Bernhard von Weimar zwang Regensburg am 14. November 1633 zur Kapitulation. Die augenblickliche Handlung spielt etwa am 20. Februar 1634. Vg. P 1071, den Rückblick auf dieses Ereignis.

113 *aufsitzen:* aufs Pferd steigen, reiten.

114 f. *dem Bayer … Der dem Fürsten so unfreund ist:* Der Kurfürst Maximilian von Bayern hatte auf dem Kurfürstentag in Regensburg im August 1630 die Absetzung Wallensteins mit Eifer betrieben.

Fünfter Auftritt

119 *lustige Kompanie:* lustige Gesellschaft (von mlat. *companium* ›Brotgenossenschaft‹).

120 *Grünröck:* Uniform der Jäger. Vgl. Anm. zu *Farben und Feldzeichen* (Regieanweisung zu *Lager* 1). Welche Rolle das Uniformkleid als Statussymbol spielt, zeigen unter anderem die Verse L 200f., 402, 416f., 429f. und 943f.

122 *Holkische Jäger:* vgl. Anm. zum Personenverzeichnis des *Lagers*.

Tressen: Besatz, Borte an der Uniform als Rangabzeichen, meist aus Gold- oder Silberfäden (von frz. *tresse* ›Schnur‹, ›Borte‹).

123 *Holten sie sich … Leipziger Messen:* haben sie sich nicht gekauft, sondern durch Tapferkeit erworben; vielleicht auch Anspielung auf die Brandschatzung Leipzigs durch die Holk'schen Reiter.

124 *Blitz!:* oft als Fluch oder wie hier als Ausruf des Erstaunens gebraucht; vgl. auch L 212 »Wetter auch!«.

125 *Gustel aus Blasewitz:* Anspielung auf Johanna Justine Segedin, Wirtstochter aus dem Dresdner Vorort Blasewitz, wo Schiller öfter zu Gast war.

126 *Mußjö:* Gustels Eindeutschung von frz. *monsieur* (aus *monseigneur* ›mein Herr‹).

127 *Itzehö:* Itzehoe, kleine Stadt in Holstein; reimt sich richtig ausgesprochen nicht auf »Mußjö«.

130 *Glücksstadt:* Glückstadt in Holstein an der Unterelbe.

134 *Herr Vetter:* Ahd. *fetiro*, mhd. *veter*, ›Vaterbruder‹, diente bald auch zur Bezeichnung des Bruders der Mutter, dann eines jeden männlichen Verwandten, schließlich wurde daraus eine allgemeine männliche Anrede. Vgl. »Gevatter« L 660, »Gevatterin« L 1003, oder auch die Verwendung des Wortes »Bruder« L 105 und »Muhme« L 171.

138 *Das stellt sich dar:* Das ist klar; das versteht sich; das sieht man ihr an.

139 *Temeswar:* Stadt im Banat. Nach der Schlacht an der Dessauer Elbbrücke am 25. April 1626 verfolgte Wallenstein den Grafen von Mansfeld bis nach Ungarn.

140 *Bagagewagen:* Gepäckwagen; Tross.

141 *Mansfelder:* Peter Ernst II., Graf von Mansfeld (1580–1626), der am 25. April 1626 Wallenstein in seinem Winterlager an der Elbbrücke in Dessau angriff und völlig geschlagen wurde.

142 *Stralsund:* Wallenstein belagerte 1628 Stralsund, das wegen der Unterstützung durch die Schweden von der Seeseite her als einzige Festung im Ostseebereich für Wallenstein uneinnehmbar blieb. Vgl. die Stellen L 604 ff. und W 225 ff.

144 *Sukkurs:* Hilfe, Unterstützung, Beistand (von spätlat. *succursus*, *succurrere* ›zu Hilfe eilen‹).
Mantua: Der Kaiser griff 1631 mit einem Hilfskorps in den mantuanischen Erbfolgekrieg ein.

145 *Feria:* Gomez Suarez de Figueroa, Gouverneur von Mailand, der später, zum General ernannt, dem Kardinal-Infanten Don Fernando den Weg nach den Niederlanden bahnen sollte; vgl. P 1226.

147 *Gent:* belgische Hafenstadt, Hauptstadt von Ostflandern, an der Schelde- und Lysmündung.

155 *Spitzbub:* Dieb, Gauner, Betrüger (zu »spitz« in der Bedeutung von ›schlau‹).

158 *Schlingel:* Tunichtgut, freches Kerlchen (zu »schlingen« in der Bedeutung ›schlendern‹; seit dem 16. Jh.).

162 *Feldschule:* Schiller schreibt darüber in seiner *Geschichte des Dreißigjährigen Kriegs* (1790–92): »Für die junge Generation, welche dies Lager zum Vaterland hatte, waren ordentliche Feldschulen errichtet und eine treffliche Zucht von Kriegern daraus gezogen, daß die Armeen bei einem langwierigen Kriege sich durch sich selbst rekrutieren konnten«.

164 *Base:* Ahd. *basa*, ›Schwester des Vaters‹, vermutl. Koseform für *badar-*, *fadarsweo* ›Vaterschwester‹, bezeichnete bald die Kusine, Tochter des Onkels oder der Tante, und wurde dann weiter verallgemeinert zu ›Gevatterin, Nachbarin‹. Vgl. Anm. zu L 134.

166 *aus dem Reich:* nicht aus Böhmen oder aus des Kaisers Landen, sondern aus Deutschland. Vgl. Anm. zu L 181.

168 *artiges Kind:* »Artig« war ein Modewort des 18. Jh.s in vielseitiger Verwendung; hier so viel wie ›hübsch, nett‹. »Kind« in der älteren, weiteren Bedeutung ›junger Mensch‹.

171 *Muhme:* Ahd. *muoma*, urspr. ›Mutterschwester‹, mhd. *muome*, ›weibliche Verwandte‹, bezeichnete die Tante oder ältere Verwandte und wurde wie »Gevatterin« allgemeine weibliche Anrede. Vgl. Anm. zu L 134.

173 *Lärvchen:* hübsches Gesicht; »pars pro toto« wie L 28 und 71; die Marketenderin in jüngeren Jahren.

Sechster Auftritt

181 *Feindes Land:* Gemeint sind die von protestantischen Kräften beherrschten Gebiete, bes. Sachsen, vgl. »Saalkreis« und »Meißen« in L 184 und »Voigtland« in L 227, ferner Oberfranken und Westfalen. In Böhmen dagegen war Wallenstein selbst zu Hause.

183 *galant:* elegant.

184 *Saalkreis … Meißen:* Gegend um Halle und Dresden; Sachsen.

188 *Nachles':* Nachernte beim Plündern.

189 *Spitzen:* nach ihrer Zackenform benannte durchbrochene Verzierung am Kragen, die im 16. Jh. zuerst in Italien Mode wurde.

207 *Lektion:* Lehrstunde (von lat. *lectio* ›Lesen, Vorlesung‹).

210 *Genie:* vgl. Anm. zu Prolog 17.

211 *Wachparade:* Besichtigung der für die nächsten 24 Stunden aufziehenden Wachtmannschaft (Meyer).

219 *Sündflut:* volksetymologische Umdeutung von »Sintflut«, ahd., mhd. *sin(t) vluot*, Vorsilbe ahd. *sin(a)*, mhd. *sin(e)* ›immerwährend, gewaltig‹ (verwandt mit lat. *semper*).

225 *sennigten Armen:* sehnigen, starken Armen.

234 *Schick:* Eleganz; von mndd. *schick* ›was sich schickt; richtige Ordnung‹; zu *schicken* ›etwas in Ordnung bringen, seit 1850 beeinflusst und verdrängt von frz. *chic* ›Eleganz, verfeinerte Lebensart; Geschick‹ (im 16. Jh. aus dem Dt. entlehnt) (Wahrig).

236 *Fratzen:* Possen, albernes Gerede; im 16. Jh. aus ital. *frasca* ›Laubast, wie er vor allem als Schankzeichen ausgesteckt wird‹, dann ›ausgelassenes Treiben, Possen‹. Ebenso P 2231.

239 *Fron:* Fronde, dem Lehnsherrn zu leistende Arbeit, Arbeit des Leibeigenen; fig. ›unbeliebte, erzwungene Arbeit‹, von mhd. *vron* ›heilig; herrschaftlich; den Herrn betreffend‹; zu ahd. *fro* ›Herr‹; verwandt mit »Frau« und »frönen« (Wahrig).

Galeere: sprichwörtl. für harte Arbeit. Die Galeere, bis ins 17. Jh. meist »Galee« genannt, war ein im Mittelmeer gebräuchliches Kriegsschiff (*navis longa*), dessen zahlreiche Ruder von Sklaven und Sträflingen, die mit Ketten an die Ruderbänke angeschmiedet waren, bewegt wurden.

250 *Der dritte Mann soll verloren sein:* auch wenn jeder Dritte fallen müsste.

253 *inkommodieren:* bemühen, belästigen (von lat. *incommodare* ›beschwerlich fallen‹).

255 *Wams:* bis zum 14. Jh. unter der Rüstung getragener Männerrock, im 17. Jh. eng anliegende Männerjacke mit Schoß (von mhd. *wambels* ›Kleidungsstück unter dem Panzer‹, aus mlat. *wambasium*, griech. *bambax* ›Baumwolle‹).

257 *Gustav dem Schweden:* Gustav II. Adolf, König von Schweden (vgl. S. 124 f.), war bis zu seinem Tode in der Schlacht bei Lützen am 16. November 1632 Wallensteins prominentester Gegner. Über seine Leistungen spricht Schiller mit Hochachtung in der *Geschichte des Dreißigjährigen Kriegs*: »Ganz Deutschland hat die Mannszucht bewundert, durch welche sich die schwedischen Heere auf deutschem Boden in den ersten Zeiten so rühmlich unterschieden.« – Im Gegensatz zu Wallenstein, dem die Konfession seiner Söldner gleichgültig war, fühlte Gustav Adolf durchaus eine religiöse Sendung und Verantwortlichkeit.

260 *Reveille … Zapfenstreich:* Morgenruf und Signal zum Schlafengehen; frz. *réveil* ›das Erwachen, Wecken‹; der Zapfenstreich war urspr. der Schlag auf den Zapfen, durch den das Fass geschlossen und den Soldaten das Ende des Trinkgelages angezeigt wurde.

262 *kanzelt':* abkanzeln, von der Kanzel herunter tadeln, zurechtweisen.

264 *ließ er gar nicht passieren:* ließ er nicht durchgehen, ließ er nicht zu; vgl. auch L 276.

265 *zur Kirche führen:* heiraten.

268 *Ligisten:* Vertreter der Liga, des durch Maximilian I., Herzog und Kurfürst von Bayern, am 10. Juli 1609 gegründeten katholischen Fürstenbundes, der Gegenorganisation zur protestantischen Union.

269 *Magdeburg:* vgl. Anm. zu Prolog 85.

272 *Soff:* Nebenform zu »Suff« (im Ablaut zu »saufen«).

274 *Tilly:* Johann Tilly, Graf von Tserclaes (1559–1632) war seit 1610 Feldherr der katholischen Liga. Vgl. Kap. III, 5 und Anm. zu P 113.

276 *ließ er vieles passieren:* vgl. Anm. zu L 264.

279 *stet:* stetig; von mhd. *staete*, ahd. *stati* ›fest(stehend), beständig‹.

280 *Leipziger Fatalität:* Am 17. September 1631 wurde Tilly bei Breitenfeld (nördlich von Leipzig) von den

Schweden geschlagen. Während der Verteidigung des Lechübergangs bei Rain am 5. April 1632 zerschmetterte ihm eine Falkonettkugel den rechten Schenkel, woraufhin er starb. – Fatalität, von frz. *fatalité* ›Verhängnis, Schicksalsfügung‹.

281 *flecken:* vorangehen, vom Fleck kommen.

287 *Handgeld:* das Angeld, das der Rekrut auf die Hand gezählt bekam und mit dem die Werbung des Soldaten abgeschlossen wurde.

Sachsen: Obgleich Johann Georg I. (1585–1656), Kurfürst von Sachsen, protestantisch war, kämpften seine Soldaten im böhmisch-pfälzischen Krieg auf der Seite des Kaisers, weil dieser dem Sachsen dafür die Lausitz versprochen hatte.

290 *böhmischen Beute:* Nach dem entscheidenden Sieg der kaiserlichen und ligistischen Heere über Christian von Anhalt, den General Friedrichs V. von der Pfalz (vgl. Anm. zu P 2058), in der Schlacht am Weißen Berge vor Prag am 8. November 1620 war Böhmen wieder ganz im Besitz des Kaisers.

292 *Durften nicht recht als Feinde walten:* Der Kurfürst von Sachsen hatte Böhmen seinen Truppen zur Plünderung freigegeben, aber mit der Einschränkung, alles kaiserliche Eigentum zu schonen.

294 *Komplimente:* Höflichkeitsbezeigungen, Verbeugungen, Schmeicheleien; lat. *complementum* ›Ergänzung, Anhang‹, nämlich der alten Moralbücher, weil dort von der Höflichkeit gehandelt wurde.

299 *für:* vor; vgl. L 318, 419 u. ö.

302 *Der Friedländer hätte werben lassen:* Nach seiner Wiedereinsetzung warb Wallenstein 1632 dem Kaiser zum zweiten Mal ein Heer auf eigene Kosten.

305 *Entlaufen:* Die Soldaten desertierten oft zum anderen Lager; vgl. L 266, 268, 287, 302.

308 *großen Schnitt:* großen Zuschnitt, großen Stil, großzügig.

310 *Windesweben:* Windeswehen. Das dichterische Wort »weben« statt »wehen« ist abgeleitet von ahd. *weban*, mhd. *weben* ›weben, sich vor dem Webstuhl hin und her bewegen‹.

316 *Klinge:* der schneidende, stechende Teil der Waffe, dann der Degen, das Schwert selbst (zu mhd. *klingen* ›hell tönen, erschallen‹, nämlich der Waffen beim Kampf).

318 *Ordre:* (frz.) Befehl; heutige Schreibung: Order. *fürwitzig:* vorwitzig; vgl. »für« statt »vor« L 299; ahd. *wizzi*, mhd. *witze* bedeutete ›Wissen, Verstand, Klugheit, Weisheit‹; daraus frühnhd. *witzig* ›klug reden‹ und nhd. »vorwitzig« ›vorlaut‹.

320 *Da fragt niemand, was einer glaubt:* »Auf das Bekenntnis kam unter Wallenstein nichts an« (Leopold von Ranke). Wohingegen die Liga nur Katholiken und Gustav Adolf nur Protestanten im Heere haben wollten.

323 *der Fahne … verpflicht:* der militärischen, allenfalls der politischen, aber nicht der religiösen Partei.

325 *Reitersknecht:* »Knecht« hier noch näher der alten Bedeutung ›Krieger, Ritter‹ (vgl. engl. *knight*).

326 *nicht wie ein Amt:* d. h. als Autokrat, als Selbstherrscher; ahd. *ambaht(i)* ›Dienst, Amt‹.

329 *Gewinst:* alte Form für Gewinn.

331 *Schirm:* in seiner alten Bedeutung; ahd. *skirm*, *skerm* ›Schutz(wehr), Schild‹.

334 *Sich … unterwinden:* sich einer Sache unterwinden: sie übernehmen.

341 *urkundlich:* Die bestätigende Quelle für das Zitat ist uns nicht bekannt.

347 *Kriegspanieren:* Das Panier oder Banner war eine Fahne, die an einer mit dem Fahnenschaft verbundenen Querstange befestigt war und als Feldzeichen diente; vgl. Anm. zu *Farben und Feldzeichen* (Regieanweisung zu *Lager* 1). – Das Wort ist eine Entlehnung von altfrz.

bannière ›Heerfahne‹, das mhd. zu *banier(e)* und später zu »Banner« wurde; durch Neuentlehnung im 15. Jh. entstand die Nebenform »Panier«.

348 *viktorisieren:* siegen (von lat. *victoria* ›Sieg‹).

354 *im Solde:* im Lohn, im Dienst; von mhd. *solt* ›Vergütung für geleistete Kriegsdienste‹, zu lat. *(nummus) solidus* ›gediegene Münze‹.

355 *fest:* kugelfest, durch Zauber vor Kugeln geschützt.

356 *Affär bei Lützen:* Schlacht bei Lützen nahe Leipzig am 16. November 1632, in der Gustav Adolf von drei Kugeln getroffen fiel. Schiller schreibt in der *Geschichte des Dreißigjährigen Kriegs*: »In der kaiserlichen Armee herrschte zu dieser Zeit beim gemeinen Mann das Vorurteil [der Aberglaube], sich fest und unverwundbar zu machen, und die Offiziere stärkten ihn im unvernünftigen Wahn.«

360 *Koller:* Brustharnisch (mhd. *koller* ›Halsbekleidung an der Rüstung‹, von lat. *collum* ›Hals‹, vgl. engl. *collar* ›Kragen‹).

361 *Ballen:* Kugeln, zu »Balliste«, antike Wurfmaschine von griech. *ballein* ›werfen‹, vgl. heute noch »Ballistik«: Lehre von den Flugbahnen geworfener oder geschossener Körper.

365 *Elendshaut:* Elchleder. »Elen« ist ein anderes Wort für ›Elch‹. Das feste Elchleder war für Geschosse der ersten Handfeuerwaffen beinahe undurchdringlich.

367 *Hexenkraut:* Hypericum perforatum, 60 cm hohes Kraut, das balsamisch riecht und bitter-herb schmeckt; wurde eigtl. als Schutzmittel gegen Hexen und Gespenster benutzt; bes. der violette Saft aus den Blütenknospen galt als Zaubermittel.

373 *graues Männlein:* Wallensteins Leibastrologe Giovanni Baptista Seni (1600–1656; vgl. Anm. zum Personenverzeichnis der *Piccolomini*).

Frist: Zeitraum (ahd. *frist*, urspr. ›Schonung, Schutz‹, verwandt mit »Friede« und »frei«).

375 *Schildwachen:* Wachposten mit der Waffe in der Hand, die urspr. die vor dem Wachlokal aufgehängten Schilde zu bewachen hatten.

Siebenter Auftritt

397 *Kumpan:* Geselle, Genosse; eigtl. ›Brotgenosse‹ von lat. *cum* + *panis*; vgl. »Kumpanei« und »Kumpel«.

405 *einen Kram und Laden:* Der Krämer war der Kleinhändler oder Detaillist im Gegensatz zum Großhändler oder Grossisten, der in früherer Zeit allein auf das Prädikat ›Kaufmann‹ Anspruch machen konnte (Meyer). Vgl. Anm. zu *Kram- und Trödelbude* (Regieanweisung zu *Lager* 1).

406 *Schwefelfaden:* durch geschmolzenen Schwefel gezogenes Baumwollgarn, diente früher als Feuerzeug.

408 *Stückfass:* altes Weinmaß, 10–12 hl.

415 *gravitätitsch:* würdevoll (von lat. *gravitas* ›Schwere, würdevolles Wesen‹).

Er: Die Anrede in der dritten Person (Pronomen reverentiae) kam, italienischer und französischer Mode folgend, im 17. Jh. auf. Zunächst stand das Pronomen in Verbindung mit dem Anredewort (Appellativum) »Herr«; zum Beispiel: »Ich weisz nicht, herr schwehrvater, warumb er alles so widersinns anstellt« (Grimmelshausen, *Simplicissimus*). Als sich die Redeweise eingebürgert hatte, konnte das Pronomen allein stehen: »Dieweil er ein junger frischer soldat ist, will ich ihm ein fähnlein geben, wann er will« (ebd.). – Schiller wird in den Briefen seines Vaters noch mit »er«, in den Briefen seiner Mutter wechselnd mit »er« und »du« angeredet. Dann kam die ältere Anrede »ihr« zu neuer Geltung; der Wert des Singulars »er« sank. Diese Form machte dem Plural »sie« Platz. – So bestanden im 18. Jh. vier Stufen der Anrede. Die aufsteigende Reihe: »du«, »ihr«, »er« (bzw. »sie«, Singular) und »sie« (Plural) ermöglichte eine außerordentlich mannigfach und fein abgeschattete Form der Höflichkeit. (Nach Grimm.)

417 *Wehrgehäng':* Das Wehrgehenk ist der Leibgurt zum Befestigen der Waffen.

421 *Fortuna:* (lat.) ›Glück‹, altitalische Glücks- und Schicksalsgöttin, dargestellt meist mit Füllhorn und auf einer Kugel schwebend.

426 *des Färbers Gaul:* Die Waschräder, die das einzufärbende Zeug in den Färbebädern umwälzten, wurden durch ein im Kreis gehendes Pferd angetrieben. Vgl. das Bild der Tretmühle.

428 *Losung:* Kennwort (von mhd. *lozunge* ›Losewerfen, Teilung‹).

430 *Stock:* der Stock des Korporals (vgl. L 435) diente u. a. zur körperlichen Züchtigung der ihm untergebenen Soldaten.

433 f. *das Zepter … ein Stock:* Das Zepter (von lat. *sceptrum*, griech. *skeptron* ›Stab‹, zu *skeptein* ›stützen‹) war urspr. ein langer, mannshoher Stab. Erheblich verkürzt und aus kostbarem Material gefertigt, wurde das Zepter Sinnbild kaiserlicher oder königlicher Macht und Würde. Vgl. das Zepter mit den *fasces* (lat., ›Ruten‹) der römischen Konsuln und Kaiser, mit dem Marschallstab oder dem aus einem gewöhnlichen Gehstock verlängerten Krummstab der Bischöfe. Der Wachtmeister setzt das Schwert, das eigentlich nur Instrument der Exekutive ist, diesen Insignien der Herrschermacht gleich.

435 *Korporal:* niedrigster Unteroffiziersgrad (von ital. *caporale* ›Hauptmann‹, beeinflusst von frz. *corps* ›Körper, Körperschaft‹).

442 *Buttler:* vgl. Anm. zum Personenverzeichnis der *Piccolomini*. Buttler trägt hier Züge Gordons, des Kommandanten von Eger, von dem berichtet wird, dass er vom Gemeinen zum Oberst aufgestiegen sei. Vgl. P 2006 ff. Über Buttlers Beförderung zum Generalmajor vgl. P 45 f. und W 1159–61; für Octavio ist Buttler

nur Regimentskommandeur, vgl. die Anrede »Oberst« W 1138.

Gemeine: Der Ausdruck »Gemeiner« stammt von der Gemeine der Landsknechte her und bedeutete Angehöriger dieser Gemeine. Der Landsknecht ohne Befehlshabergrad hieß ursprünglich gemeiner Knecht. So entstand daraus die dienstliche Sammelbezeichnung für den gewöhnlichen Soldaten aller Waffengattungen. Die Gemeinen der Infanterie sind die Grenadiere, Füsiliere, Jäger usw., die der Kavallerie sind die Husaren, Ulanen, Dragoner, Kürassiere usw.

444 *Generalmajor:* vorletzte Rangstufe vor dem General, der höchsten Offiziersrangklasse.

445 *bass:* (alemannisches Adverb) besser; von ahd. *baz*, der Grundstufe zu »besser«; verwandt mit »Buße«.

455 *ermisst:* Das heute nur in seiner übertragenen Bedeutung gebrauchte Wort für ›begreifen, in seiner Ausdehnung erfassen‹ ist hier konkret zu verstehen.

458 *Altdorf:* Wallenstein besuchte vom August 1599 bis Anfang 1600 die lutherische Universität Altdorf bei Nürnberg, »wo er ein Andenken unbezähmbarer Heftigkeit hinterlassen hat – nur aus Rücksicht auf seine hohen Verwandten in Böhmen ist ihm die förmliche Relegation erspart worden« (Ranke). Über die nachfolgende Episode vgl. Robert Boxberger, »Zur Quellenforschung über Schillers Wallenstein und Geschichte des dreißigjährigen Krieges«; in *Archiv für Litteratur-Geschichte* 2 (1872) S. 175 f.

459 *Permiss:* Erlaubnis (von lat. *permittere* ›erlauben‹).

460 *purschikos:* aus der Studentensprache, so viel wie ›flott‹; zu »Pursche«, »Bursche« ›Student‹, mit griechischer Endung.

461 *Famulus:* Gehilfe eines Gelehrten (vgl. Wagner in Goethes *Faust*, I, 518); lat., ›Sklave, Diener‹ (zu *familia*).

463 *ins Karzer:* (heute Maskulinum) ein Raum für Arrest-

strafen in Schulen und Hochschulen; lat. *carcer* ›Gefängnis, Kerker‹; dasselbe Wort ist »Kerker«.

472 *lass Er das unterwegen:* die ahd. Form ›unterweg(en)‹ zu ›unter‹ und ›Weg‹; eigtl. ›unterwegs‹, hier in der Bedeutung ›unterdessen‹.

474 *Dirn:* »Dirne« noch zu Schillers Zeit das gebräuchliche Wort für ›junges Mädchen‹ (ahd. *thiorna* ›Jungfrau‹).

476 *bei Troste:* bei Sinnen; die Herkunft der um 1780 auftauchenden Redensart ist unklar.

477 *Apartes:* Besonderes, Eigenes (von frz. *à part* ›beiseite, getrennt‹); vgl. L 868.

482 *Händel:* Streithandel, Rauferei, Schlägerei; Plural der Rückbildung »Handel«, von »handeln« ›mit den Händen verrichten‹.

Achter Auftritt

Bergknappen: Bergleute (von ahd. *knappo*, Nebenform zu *knabo* ›Knabe‹).

484 *Kapuziner:* Die folgende Kapuzinerpredigt hat Schiller erst sehr spät auf Anregung Goethes eingefügt. Die Vorlage war Abraham a Santa Claras Schrift *Auff, auff ihr Christen, das ist: ein bewögliche Anfrischung der Christlichen Waffen wider den Türkischen Blutegel usw.*, aus dem Sammelwerk *Reimb dich oder Ich liß dich, das ist: Allerley Materien, Discurs, Concept und Predigten etc.*, Luzern 1687. Der Wiener Prediger Abraham a Santa Clara (Ordensname für Johann Ulrich Megerle, 1644–1709) war berühmt wegen seiner Wortspiele und Kalauer. Goethe hatte den Band aus der Weimarer Bibliothek entliehen und am 5. Oktober 1798 an Schiller geschickt. Drei Tage später antwortete Schiller: »Hier erhalten Sie meine Capuzinerpredigt, so wie sie unter den Zerstreuungen dieser lezten Tage, die von Besuchen wimmelten, hat zu Stand kommen können. Da sie nur für ein paar

Vorstellungen in Weimar bestimmt ist, und ich mir zu einer andern, die ordentlich gelten soll, noch Zeit nehmen werde, so habe ich kein Bedenken getragen, mein würdiges Vorbild in vielen Stellen bloß zu übersetzen und in andern zu copieren. Den Geist glaube ich so ziemlich getroffen zu haben.« Einen Tag danach schreibt Schiller an Goethe: »Hätte ich gedacht daß die Capuzinerpredigt Morgen früh nicht zu spät kommen würde, so hätte sie noch besser ausfallen müssen. Im Grund macht es mir große Lust, auf diese Fratze noch etwas zu verwenden; denn dieser Pater Abraham ist ein prächtiges Original, vor dem man Respekt bekommen muß, und es ist eine interessante und keineswegs leichte Aufgabe, es ihm zugleich in der Tollheit und in der Gescheidigkeit nach- oder gar vorzuthun.«

487 *Türken:* für den Kapuziner so viel wie Heiden. Abraham: »... thut euch in vielen Dingen an den Türcken spiegeln.«

Antibaptisten: Gemeint sind die Anabaptisten (›Wiedertäufer‹), eine christliche Sekte, welche die Einwilligung des gläubigen Täuflings zur Vorbedingung der Taufe macht, daher die Kindertaufe verwirft und bei den ihr Beitretenden die Taufhandlung wiederholt. Im Zeitalter der Reformation fand sich in der gemeinsamen Opposition gegen die Kindertaufe alles zusammen, was radikaler als die Reformatoren zu Werke zu gehen unternahm (Meyer). – Abraham: »Hart haben verfolgt die Christlichen Kirche mit ihren verruchten Secten die Anabaptisten ...« In Schillers Wort »Antibaptisten« klingt die Bedeutung von ›Antipapisten (Papstgegner)‹ mit.

488 *Sonntag:* Tanz und wildes lautes Leben am Sonntag ziemen sich nicht für den Christen.

490 *Chiragra:* Gicht in den Handgelenken (zu griech. *cheir* ›Hand‹ und *agra* ›Fang‹); Abraham: »Lebt man doch allerseits, als hätte der Allmächtige Gott das Chiragra, und könne nicht mehr darein schlagen.«

491 *Saufgelagen:* Gelage (von »legen«, eigtl. ›das Zusammengelegte‹).

492 *Banketten:* Festmahl (von ital. *banchetto*; zu nhd. »Bank«).

493 *Quid hic statis otiosi?:* (lat.) Was steht ihr hier müßig? (Matth. 20,6.) Bei Abraham: »nicht weniger wird erfordert von euch, daß ihr gleichmäßig die Händ nicht solt in den Sack schieben, nicht stehen wie jene Faullentzer, denen ist Filtzweiß gesagt worden: quid hic statis tota die otiosi.«

495 *Kriegsfuri:* von lat. *Furiae*, ›die Furien, Rachegöttinnen‹ (zu *furia* ›Wut, Raserei‹).

496 *Bollwerk:* mhd. *bolewerc* ›Befestigung aus Bohlen‹.

497 *Regenspurg:* vgl. Anm. zu L 112.

500 *Krug … Krieg:* aus Abrahams Predigt *Soldaten-Glory*: »Soldaten, die lieber haben Krüg als Krieg, seynd nichts nutz.«

501 *Schnabel … Sabel:* Abraham: »zu schimpffen seynd alle die jenige Soldaten, die lieber mit der Sabinl als mit dem Säbel umbspringen.«

503 *Oxenstirn:* Axel Graf Oxenstierna (1583–1654), schwedischer Reichskanzler, großer Staatsmann, der nach Gustav Adolfs Tod (1632) die Leitung der schwedischen Politik übernahm.

504 *in Sack und Asche:* Büßer trugen ein ›härenes Gewand‹ oder ein Kleid aus grobem Sackleinen und streuten sich Asche auf den Kopf; vgl. Aschermittwoch.

507 *Zeichen und Wunder:* Abraham: »Man hat auch schon offt fewrige Schwerdter, gewaffnete Männer, erbitterte Schlachten, abgetruckte Pfeil, entblöste Säbel, und dergleichen mehr andere Wunder am Himmel gesehen, so allemahl ein Vigil [Vorzeichen] des Kriegs gewest.«

510 *Kometen:* Man beobachtete um die Mitte des Dreißigjährigen Krieges einen Kometen und deutete diese Erscheinung in verschiedener Weise als Unheilsdro-

hung. Abraham (später): »Der gar grosse und erschröckliche Comet mag woll ein Ruthen gewest seyn, die uns Gott in diß grosse Fenster gesteckt hat, womit er uns einen harten Streich trohet.«

513 *Arche der Kirche:* Abraham: »Die Archen der Catholischen Kirchen.«

514–522 *das römische Reich ... römisch Arm, ... Rheinstrom ... Peinstrom ... Länder ... Elender:* Abraham: »Von vielen Jahren hero ist das Römische Reich schier Römisch Arm worden durch stäte Krieg; [...] der Rheinstrohm ist ein Pein-Strohm worden durch lauter Krieg, und andere Länder in Elender kehrt worden.«

524 *Das schreibt sich her von:* das kommt von ...; Abraham: »... aber wer verursacht so langwürige, klägliche, schmertzliche, schädliche Kriegs-Empörungen, wer? der [Mars]? Nein, die, die Sünd.«

527 f. *die Sünd ... herein:* Abraham: »Die Sünd ist der Magnet, welcher das scharpffe Eysen und Kriegs-Schwerdt in unsere Länder ziehet.«

531 *Hinter dem U ... das Weh:* Abraham: »Wer hat den Türcken, diesen Erbfeind gezogen in Asiam, in Europam, in Hungarn? Niemand anderer als die Sünd, nach dem S im ABC folgt das T, nach der Sünd folgt der Türck.«

533 f. *Ubi erit ... Deus:* (lat.) Wo wird die Siegeshoffnung sein, wenn Gott beleidigt wird? Abraham: »O wie mehr soll man den Christlichen Soldaten, welche bereits gantz herzthafft mit Wöhr und Waffen wider den Türckischen Erbfeind außziehen, diese kurtze Predigt halten: Et ubi erit victoria, si Deus offenditur: Wo wird dann ein Hoffnung seyn zum Sieg und Victori wider diesen grösten Feind, wann Gott beleydiget wird?«

535 *schwänzt:* schwänzen: Pflichten absichtlich nicht nachkommen; von mhd. *swenzen* ›schwenken; putzen, zieren‹, und rotwelsch *schwentzen* ›herumschlendern‹ (16. Jh.).

537–543 *Die Frau … finden:* Abraham: »Das Weib in dem Evangelio hat den verlohrnen Groschen gesucht, und gefunden; der Saul hat die Esel gesucht, und gefunden; der Joseph hat seine saubere Brüder gesucht, und gefunden; der aber Zucht und Ehrbarkeit bey theils Soldaten sucht, wird nicht viel finden.«

545–557 *Zu dem Prediger … Löhnung:* Abraham: »Zu dem H. Joanni dem Tauffer seynd underschiedliche Stands-Personen getretten […] sprechend: ›Was solten dann wir thun?‹ Worauff Joannes geantwortet: ›Thut niemand Uberlast, noch Gewalt: Contenti estote stipendiis vestris, und seyet mit eurem Sold zufriden.‹« – Den lateinischen Zitaten, die er der Vulgata, der lateinischen Bibelübersetzung, entnommen hat, lässt Schiller jeweils unmittelbar die deutsche Übersetzung folgen.

559–578 *Es ist ein Gebot … Sackerlot:* Abraham: »Last aber sehen ihr Christliche Soldaten, wie halt ihr die Gebott? Ich will nur dero etliche beybringen. Es ist ein Gebott, du sollest den Nahmen Gottes nicht eytel nennen; wer ist, der mehrer flucht und schwört als ihr? […] Wann euch solte von einem jeden Flucher ein Harlein außgehen, so würde euch in einem Monath der Schedel so glat, und so er auch des Absolons Strobel gleich wäre, als wie ein gesottener Kalbskopff. […] So man zu allen Wetteren, welche euer Fluch-Zung außbrütet, müste die Glocken leutten, man köndte gleichsamb nicht Meßner gnug herbey schaffen. […] David war auch ein Soldat, […] doch hat dieser streittbare Kriegs-Fürst keinem viel tausend Teuffel auff den Rucken geladen, ich vermeine ja nicht, daß man das Maul muß weiter auffsperren zu diesem Spruch: Gott helff dir, als der Teuffel holl dich.«

561 *blasphemieren:* eine Blasphemie, eine Gotteslästerung, aussprechen (von griech. *blasphemia* ›Lästerung‹).

564 *losbrennt:* Hinter dem Ausdruck steht das Bild einer

Kanone, deren Schuss durch eine Lunte, eine brennende Hanfschnur, ausgelöst wird.

566 *Mesner:* Kirchendiener, Küster, dem es oblag, die Glocken zu läuten; von mlat. *ma(n)sionarius* ›Haushüter‹, über ahd. *mesinari.*

571 *Absalons Zopf:* Absalom (hebr., ›Vater des Friedens‹) war der dritte Sohn Davids, ein schöner, aber herrschsüchtiger Mann, der seinen Vater vom Thron vertrieb und später im Wald Ephraim auf der Flucht von Joab erstochen wurde (2. Sam. 13–18), nachdem er mit seinen langen Haaren an einer Terebinthe hängen geblieben war.

572 *Josua:* der Sohn Nuns vom Stamm Ephraim, nach dem Tode des Moses Führer der Israeliten.

578 *Sackerlot:* auch »sapperlot«: Ausruf der Überraschung oder des Zorns (von frz. *sacre lot* ›verfluchtes [eigtl. heiliges] Schicksal‹).

579f. *wessen das Gefäß … überquillt:* in Anlehnung an das Sprichwort: Wes [wovon] das Herz voll ist, des [davon] geht der Mund über. Luther wählte dieses Wort zur Übersetzung von Matth. 12,34 (Luk. 6,45); vgl. seinen *Sendbrief vom Dolmetschen* vom 3. September 1530.

581 *Du sollst nicht stehlen:* Abraham: »Es ist mehrmalen ein Gebott: Du solst nit stehlen.«

586f. *Ist das Geld … Kuh:* Abraham: »Und vor euch nicht sicher ist das Gelt in der Truhen, die Truhen in dem Hauß, das Hauß in dem Dorff […] dann wann sie allda eine Kuhe stehlen, so nemmen sie das Kalb für ein Zuwag.«

589 *Contenti estote:* Abraham: »Ob ihnen schon der H. Johannes der Tauffer geprediget, sie sollen mit ihrem Sold zu friden seyn.«

590 *Kommissbrote:* Kommiss (von lat. *commissum* ›anvertrautes Gut‹) ist die vom Staat gelieferte Ausrüstung und der Unterhalt des Soldaten; daher umgangssprachl. so viel wie Militär.

595 *Pfaff:* Pfaffe, urspr. ›Weltgeistlicher‹, heute abschätzig ›Geistlicher‹ (aus ahd. *pfaffo*, griech. *papas* ›geringer Geistlicher‹; verwandt mit »Pope«).

597 *Ne custodias gregem meam:* (lat.) nicht sollst du meine Herde bewachen.

598 *Ahab und Jerobeam:* biblische Kriegskönige. Abraham: »Under der Regierung des Jüdischen Königs Jerobeam ist ein immerwehrender Krieg gewest: Wie Nahab den Scepter in Israel führte, ist ein stäter Krieg gewest.«

602 *Bramarbas:* Prahler, Großsprecher. Name eines Großsprechers in der anonymen Satire *Cartell des Bramarbas an Don Quixote* (1710); zu span. *bramar* ›schreien, heulen‹, ahd. *breman* ›schreien‹; vgl. »brummen«. Bei Abraham: »ein erschröcklicher Eysenfresser und Hader-Katz«.

605 *Er müsse haben die Stadt Stralsund:* Schiller fand diesen angeblichen Ausspruch Wallensteins bei Herchenhahn: »Wäre auch die Festung mit eisernen Ketten an den Himmel gebunden, sie müßte vom Himmel herab.« Vgl. Anm. zu L 142.

609 *Saul:* israelitischer König, gewalttätiger Widersacher Davids (1. Sam. 9–31).

610 *Jehu:* israelitischer Feldherr, der 814 v. Chr. unter den Baalspriestern wütete.
Holofernes: assyrischer Feldherr, von der Israelitin Judith ermordet.

611 f. *Verleugnet wie Petrus ... hören krähn:* vgl. Matth. 26,69–75. Wallensteins Lärmempfindlichkeit beschreibt Murr in seinen *Beiträgen*, vgl. die von Murr mitgeteilten Epitaphia: »Gar zart war ihm sein böhmisch Hirn, / Konnt nicht leiden der Sporen Klirrn. / Hahnen, Hennen, Hund er bandisirt / Aller Orten, wo er logirt.« – »Qui galli cantus, Lybici de more leonis, horruit.« (Vgl. L 632 f.)

614 *Herodes:* Name mehrerer jüdischer Könige idumäischer Abstammung, die unter römischer Oberhoheit re-

gierten. Herodes der Große (37–4 v. Chr.), der verschwenderische und tyrannische Herrscher, dem Matth. 2,1–18 den bethlehemitischen Kindermord zuschreibt, und Herodes Antipas (4 v. Chr. – 37 n. Chr.), Sohn Herodes' des Großen, Landesherr Jesu (Luk. 23,7). Herodes Agrippa I., König von Judäa, setzte 44 Jakobus und Petrus gefangen.

618 *Nebukadnezer:* Nebukadnezar II., König von Babylon (605–562 v. Chr.), Begründer des neubabylonischen Weltreichs; zerstörte 586 Jerusalem und führte die Juden ins Exil.

Neunter Auftritt

637 *Schelm:* in der früheren Bedeutung ›ehrloser, aus der Gesellschaft ausgestoßener Mensch‹, mhd. *schelme* ›Bösewicht, Verführer, durchtriebener Mensch‹, ahd. *skelmo* ›Todeswürdiger‹ (zu *scalmo* ›Tod, Pest, Viehseuche‹).

642 *Straßenläufer:* Landstreicher (Landstörzer).

Zehnter Auftritt

649 *baumeln:* erhängt werden an einem Baum.
Profoss: Stockmeister, Feldrichter, Ankläger und Vollstrecker des Urteils in Landsknechts- und Söldnerheeren (von altfrz. *provost*, lat. *propositus* ›vorgesetzt‹).

650 *Mandat:* meist behördlicher oder juristischer Auftrag zur Ausführung einer Angelegenheit (von lat. *mandare* ›übergeben, anvertrauen‹).

653 *Desperation:* Verzweiflung; lat. *desperatio*; vgl. den dem Spanischen entlehnten Ausdruck »Desperado« für einen zu Verzweiflungstaten bereiten Banditen oder Umstürzler.

656 *redt ihm das Wort:* verteidigt ihn, tretet für ihn ein.

660 *Gevatter:* eigtl. Pate, fig. Freund, Nachbar (bes. als Anrede); mhd. *gevater(e)* ›Taufpate, Onkel, Freund der

Familie‹; Lehnübersetzung von kirchenlat. (8. Jh.) *compater* ›Mitvater (in geistl. Verantwortung), Taufpate‹.

661 *Garnison zu Brieg:* Garnison: Quartier oder Standort einer Truppe, auch die Truppe selbst (von frz. *garnir* ›mit etwas versehen‹). Brieg: Stadt an der Oder, nördlich von Breslau, Hauptstadt des gleichnamigen Herzogtums.

Eilfter Auftritt

Eilfter: Die Wortform *eilf* war bis ins 18. Jh. gebräuchlich; aus ahd. *einlif* (*ein* + *lif*); der Bestandteil *lif* geht auf die idg. Wurzel **liku* ›übrig sein‹ zurück. Eigtl. bedeutet »elf« also ›eins darüber‹ (über zehn).

666 *ausgezogen:* hier: ausgeplündert, ganz und gar betrogen.

668 *blamieren:* bloßstellen, zum Gespött machen (von frz. *blâmer* ›tadeln‹).

671 *resolut:* beherzt, tatkräftig, entschlossen (frz. *résolu*).

674 *Wallon:* Wallonen sind Französisch sprechende Bewohner Südbelgiens. Wallenstein hatte 1620 ein wallonisches Kürassierregiment geworben. Das Regiment stand unter der Führung Pappenheims. Die Wahl Max Piccolominis zum Oberst des Wallonenregiments ist Schillers Erfindung.

675 *Pappenheims:* Gottfried Heinrich Graf von Pappenheim (1594–1632) war ligistischer Generalwachtmeister, dann kaiserlicher Feldmarschall. Er fiel in der Schlacht bei Lützen.

678 *Oberst:* früher Obrist, Feldoberst, Generalfeldoberst, bis ins 17. Jh. selbständiger Führer einer von ihm selbst geworbenen Heeresabteilung.
Lützner Schlacht: vgl. Anm. zu L 356.

682 *Strauß:* Kampf, Gefecht, Streit (mhd. *strûz*, dazu *striuzen* ›sträuben‹, angelsächs. *strūtian* ›streiten‹).

686 *aus des Obersts eigenem Munde:* Der Oberst ist nicht der L 676ff. erwähnte Max Piccolomini, vielmehr

ist L 685 »Ists auch gewiss? Wer bracht es aus?« die Rückfrage auf eine offenbar geflüsterte Mitteilung des herangetretenen 2. Kürassiers, evtl. des Inhalts von L 691.

691 *Sie wollen uns in die Niederland leihen:* vgl. P 1226–31.

698 *Schwadronen:* Schwadron: die unterste taktische Einheit der Kavallerie (von ital. *squadrone* ›großes Viereck‹; zu ital. *squadra* ›Geschwader‹).

700f. *Den Infanten ... Den Pfaffen:* Kardinal-Infant von Spanien, Don Fernando, Bruder Philipps IV., betraut mit der Verwaltung der spanischen Niederlande, damals Statthalter des spanisch verwalteten Mailands.

705 *Knauser:* knauseriger Mensch, Geizhals, Knicker (zu frühnhd. *knaus* ›hochfahrend‹, mhd. *knuz* ›keck, waghalsig, hochfahrend‹).

709 *hispanischen:* lat. für ›spanischen‹.

roten Hut: Kardinalshut, ein rotseidener Hut mit breiter Krempe, der rechts und links mit je 15 seidenen ineinandergeflochtenen Quasten behängt ist und 1245 den Kardinälen von Papst Innozenz IV. verliehen wurde.

710 *Kredit:* Vertrauenswürdigkeit (von lat. *creditum* ›das auf Treu und Glauben Anvertraute, Darlehen‹, Partizip Perfekt von *credere* ›glauben, vertrauen‹).

713 *Ferdinand:* Ferdinand III. (1608–57), deutscher Kaiser 1637–57, Sohn Ferdinands II., 1626 König von Ungarn, 1627 König von Böhmen, Gegner Wallensteins.

714 *formieren:* Truppen aufstellen (vgl. »Formation« ›Aufstellung‹).

722 *Melnecker:* Wein von Melnik in Böhmen.

736 *Gefreiter:* Soldat von der Rangklasse der Gemeinen, der, gut ausgebildet, als Stubenältester, Korporalschaftsführer, Wachhabender sowie als Führer von Patrouillen und kleinen Kommandos verwendet wird. Der Gefreite ist auch Vorgesetzter anderer Soldaten für die Zeit des besonderen Dienstes. Die Bezeichnung kommt schon vor dem Dreißigjährigen Krieg für Leute vor, die als be-

sonders zuverlässig Schildwachen aufzuführen und Arrestanten zu begleiten hatten und deshalb vom Schildwachestehen ›frei‹ waren.

742 *Kolletter:* Kollett: Wams, Reiterweste; breiter Umhängekragen (von frz. *collette* ›Halskragen, Halskrause‹; zu lat. *collum* ›Hals‹). Vgl. Anm. zu L 360.

743 *Potz:* entstellt aus »Gottes«, seit dem 15. Jh. in Flüchen.

745 *Knittel:* »Knittel« oder »Knüttel«, von frühnd. *knüttel* ›das unordentlich Geknüpfte‹ (zu »Knoten«), geläufig in »Knittelvers« (als Übersetzung des lat. *versus rhopalicus*, wörtl. ›Keulenvers‹) – der Vers des *Lagers*, vgl. Anm. zu Prolog 131 –; hier gleichgesetzt mit Knüppel, kurzer, dicker Stock, von ostmdt. im 15. Jh. für mhd. *knüpfel*, eigtl. ›Knotenstock‹; zu »Knopf« in seiner Bedeutung ›Knorren an Gewächsen‹.

748–756 *im Ganzen … Wallensteiner:* vgl. die Darstellung der Truppenwerbung Wallensteins in Schillers *Geschichte des Dreißigjährigen Kriegs* (S. 115 f. des vorliegenden Bandes).

750 *vor acht – neun Jahren:* Sommer 1625, Wallensteins erstes Generalat.

770 *schwillt dem Bauer der Kamm:* wird der Bauer übermütig.

771 *Wiener Kanzlei:* am Hof in Wien. Vgl. die Abneigung der Soldaten gegenüber den Hofbeamten in den ersten Szenen der *Piccolomini* (z. B. P 161 ff.); Kanzlei heißt die dem Staatsoberhaupt unmittelbar unterstehende Verwaltungsbehörde (mhd. *kanzelie*, urspr. ›der mit Schranken eingehegte Raum einer Behörde, bes. eines Gerichtshofes‹; zu lat. *cancelli* ›Schranken‹).

775 *Feldhauptmann:* den General, Wallenstein.

776 *grün:* wohlgesinnt, gewogen; nach der Farbe des Frühlings und des Wachstums in der Natur.

778 *Wer hilft uns … zu unserm Geld?:* Wallenstein warb nicht nur auf eigene Kosten, sondern streckte auch den

Sold vor, sofern sich die Soldaten durch die Kriegsbeute nicht selbst bezahlt machten.

779 *Kontrakte:* Verträge, Abmachungen (von lat. *contractus* ›zustande gebracht, abgeschlossen‹, eigtl. ›zusammengezogen‹).

781 *Witz:* Gescheitheit, Findigkeit, Schlauheit (entsprechend dem mhd. *witzec* ›kundig, verständig, klug‹, ahd. *wizzig* ›verständig, klug‹).

786 *Hibernien:* Irland.

788 *Welscher:* aus Welschland, d. h. Italien, Spanien oder Frankreich stammend; von mhd. *wälhisch*, *wel(hi)sch* ›romanisch, französisch, italienisch‹, von ahd. *wal(a)hisc* ›romanisch‹.

792 *Buchau am Federsee:* zwischen Biberach und Saulgau in Schwaben.

795 *Wismar:* Hansestadt in Mecklenburg.

800 *aus einem Span:* aus gleichem Holz.

803 *Mühlwerk:* Räderwerk aus Zahn- und Kammrädern.

815 *Komplott:* Verschwörung (von frz. *complot* ›Anschlag, Verschwörung‹).

818 *bankerott:* zahlungsunfähig (von ital. *bancarotta* ›zerbrochene Bank, zerbrochener Tisch des Wechslers‹).

821 *Regimenter:* Truppeneinheiten aus zwei bis vier Bataillonen unter einem Obersten oder Oberstleutnant; in Deutschland erstmals bei den Landsknechten, die Befehlshaberschaft über die verschiedenen Truppengattungen (Reisige, Fußvolk, Artillerie), später die höchste administrative Einheit im Truppenverband; hier eintausend Mann (zu errechnen aus den Versen W 2682 und 2756). Das Wort kommt von spätlat. *regimentum* ›Leitung, Oberbefehl‹ (zu *regere* ›regieren‹).

828 *Graf Isolani, der böse Zahler:* General der Kroaten, vgl. Anm. zum Personenverzeichnis der *Piccolomini* und P 60–66.

829 *Restiert:* schuldet; restieren: im Rückstand sein (von ital., lat. *restare* ›zurückstehen‹).

Taler: seit 1517 Münze aus dem in St. Joachimsthal in Böhmen geförderten Silber. Der Reichstaler hatte 24 Groschen zu je 12 Pfennig und stand seit 1623 in einem festen Verhältnis zum Gulden; danach galt ein Taler so viel wie anderthalb Gulden, das waren 90 Kreuzer. Vgl. »Batzen« L 48, »Deut« P 1157, »Scheidemünze« P 2016, »Pistolen« P 2257.

834 *ordenanzen:* befehlen, anordnen; von »Ordonnanz« ›Befehl‹.

847 *sein Beding und Pakt:* Als Wallenstein im Frühjahr 1632 zum zweiten Mal das Generalat übernahm, hat er sich alleinige Befehlsgewalt ausbedungen. (Vgl. S. 136 f.)

850 *konfiszieren:* beschlagnahmen, einziehen (von lat. *confiscare* ›mit Beschlag belegen‹; zu *fiscus* ›Staatskasse‹).

851 *henken … und pardonieren:* erhängen und freisprechen; Wallenstein hatte sich oberste Gerichtshoheit ausbedungen. »Pardonieren« von frz. *pardonner* ›Pardon gewähren, begnadigen‹.

852 *Offiziere … und Obersten machen:* Wallenstein hatte das Recht, Offizierspatente auszustellen, die nicht erst durch die Bestätigung des Kaisers gültig wurden. Diese Patente verkaufte Wallenstein seinen Befehlshabern, die damit das *ius praedae*, das Recht auf Kriegsbeute, bekamen.

857 *des Kaisers Knecht:* »Knecht« hier in der alten Bedeutung ›Diener, Dienstmann‹; vgl. dazu die Bedeutungen von ahd. *kneht*, ›Knabe, Jüngling, Bursche, Kerl, Junggeselle, Diener, Knappe, Edelknappe, Krieger, Soldat, Held‹ usw. (wie engl. *knight* ›Ritter‹).

859 *ein unmittelbarer und freier:* »reichsunmittelbar«, d. h. dem Kaiser unterstehend ohne dazwischenliegende Gerichtsbarkeit waren im alten Deutschen Reich die Reichsfürsten, -grafen, -freiherren, -ritter und -städte.

862 *Brandeis:* Stadt in Südböhmen.

863 f. *der Kaiser … Haupt:* Der Historiker Herchenhahn

(1,226) berichtet: »Bei der Tafel wartete Friedland dem Kaiser auf, und Ferdinand hieß ihn als einen regierenden Herzog von Mecklenburg das Haupt bedecken« (nach NA 8,479).

865 f. *Das war … Pfand:* Wallenstein hatte in Böhmen zahlreiche Waffenfabriken. Das Kriegsgerät, das er dort produzierte, übernahm sein Heer. Die Kosten stellte Wallenstein dem Kaiser in Rechnung. Auf diese Weise war Wallenstein der beste Kriegsgewinnler seiner eigenen Feldzüge. Für seine großen Vorschüsse an den Kaiser hatte Wallenstein Mecklenburg zum Pfand bekommen und war damit Reichsfürst geworden.

872 *Wallensteiner:* Der Historiker Murr schreibt, dass Wallenstein Münzen mit seinem Bild prägen ließ, sog. »Wallensteiner«.

877 *Durchlauchtigkeit:* »Durchlaucht« war der Titel eines Fürsten (von mhd. *durchliuhten* ›durchstrahlen‹; Lehnübersetzung von lat. *perillustris* ›sehr angesehen‹).

879 *disputiert:* bestreitet (von lat. *disputare* ›erörtern, abhandeln‹); hier: in gelehrter Rechthaberei.
niemand nicht: alter Gebrauch doppelter Verneinung als Verstärkung; vgl. auch W 1985 f. »nirgends Kein Richter«.

893 *Schranzen:* liebedienernde Höflinge; zu »Schranz« ›Riss, geschlitztes Gewand‹, daraus dann ›Geck‹, weil er solche Kleidung trug.

898 *Potentaten:* Machthaber, regierender Fürst (von lat. *potentatus* ›Macht, Oberherrschaft‹; zu *potens* ›mächtig‹).

901 *Joch:* Über Stirn und Nacken der Zugtiere getragenes Geschirrteil; hier in übertragenem Sinne.

909 *hudeln:* schlecht behandeln, plagen, hänseln; zu »Hudel« ›Lappen, Lumpen‹; abgelautete Form von mhd. *hadel = hader* ›zerrissenes Stück Zeug‹. Vgl. »Gehudel« L 956.

942 *Jesuiter:* Mitglied der 1534 von Ignatius von Loyola

gegründeten Gesellschaft Jesu (lat. Societas Jesu, abgekürzt: S. J.).

962 *Das Schwert ist nicht bei der Waage mehr:* Bezogen auf die Darstellung der Justitia, die Göttin der Gerechtigkeit, ist jetzt die Macht (das Schwert) nicht mehr beim Recht (der Waage).

968 *Nährstand:* Gesamtheit der in der Land-, Forst- und Gartenwirtschaft Beschäftigten, die Bauern, im Unterschied zum Lehr- und Wehrstand (vgl. L 1048 f.).

994 *Der Soldat zäumt ab:* nimmt dem Pferd den Zaum ab, das Riemenzeug vom Kopf und im Maul zum Lenken des Pferdes (von mhd. *zoum*, *zom*, *zam* ›Zügel‹; ahd. *zoum* ›Seil, Riemen, Zügel‹; zu »ziehen«).

997 *Heft:* Griff an einem Gerät, allgemein gebräuchlich nur als Griff eines Schwertes oder einer ähnlichen Waffe; daher »das Heft in der Hand haben« ›die Gewalt haben‹.

999 *den Brotkorb höher hängen:* Im Pferdestall wurden Futterkörbe oder Krippen höher gehängt, um das Temperament übermütiger Tiere zu dämpfen, doch auch in Bauernhäusern wurde früher das frische Brot in einem von der Decke herabhängenden Korb aufbewahrt, aus dem sich jeder bedienen konnte und der zur Strafe oder aus erzieherischen Maßnahmen gegenüber den Kindern mitunter höher gehängt wurde (Röhrich).

1006 *Sozietät:* Gesellschaft (zu lat. *societas* ›Gemeinschaft, Bündnis‹).

1008 *Seifensieder:* Arbeiter in der Seifenherstellung; die Seifensieder galten urspr. als von schlichter Denkart.

1021 *Lombard:* Einwohner der Lombardei (vgl. Anm. zu *lombardischen Regiment* im Personenverzeichnis des *Lagers*).

1030 *Pro memoria:* Denkschrift (frz. *aide mémoire*); wiedererwähnt W 127. In Schillers Quellen heißt es, dass die Soldaten den ersten Revers der Offiziere mit unterschrieben hätten (SA 5,384). Die Entstehung der Denkschrift wird aber nicht weiter verfolgt, da Schiller das *Lager* als ganz und gar selbständiges Vorspiel ansah, in dem die Haupthandlung noch nicht aufgenommen werden sollte. Vgl. Punkt 2 in Schillers Brief an Goethe vom 18. September 1798 (im vorliegenden Band S. 189).

1035 *Devotion:* Ergebenheit (von lat. *devotio* ›Weihung, Aufopferung, das Geloben‹).

1039 *Hat … Stein im Brett:* bildlich für ›steht in Gunst‹, von den beim Brettspiel verwendeten geformten Steinen.

1046 *aufs Kerbholz:* auf das Schuldkonto; das Kerbholz war ein längs gespaltener Stock, von dem jeder der beiden Geschäftspartner eine Hälfte bekam, in die Kerben als Merkzeichen für Zahlungen geschnitten wurden.

1052–1107 *Wohl auf … gewonnen sein:* Franz Seraph von Destouches (1772–1844), den Schiller um eine Vertonung der Verse gebeten hatte, komponierte die Melodie zu diesem Lied nach einem Rhythmus, den Herder zufällig gegen eine Fensterscheibe trommelte, als er einmal auf Destouches wartete (nach Julius Petersen, *Schillers Persönlichkeit*, Bd. 3, Weimar 1909, S. 384 f.).

1078 *Fröner:* Arbeiter im Frondienst; vgl. »Fron« L 239.

3. Die Piccolomini

Personen

Generalissimus: der historisch belegte amtliche Titel des Feldherrn und Titularherzogs von Friedland; das Wort selbst bedeutet selbständiger Oberbefehlshaber, es ist der neulateinische Superlativ zu lat. *generalis* ›Oberhaupt‹. Zu den Befugnissen des Herzogs vgl. S. 136 f.

Octavio Piccolomini: Der historische Octavio Piccolomini stammte aus Toscana. Er wurde am 11. November 1599 geboren, trat 1625 als Oberstleutnant in das Pappenheimische Kürassierregiment und wurde 1628, als Wallenstein dieses Regiment inkorporierte, zum Obersten ernannt. Nachdem sich Octavio Piccolomini 1632 in der Schlacht bei Lützen durch besondere Tapferkeit hervorgetan hatte, wurde er zum General der Kavallerie befördert. (Das entspricht dem Rang eines heutigen Generalmajors.) Nach Wallensteins Tod 1634 wurde Octavio Piccolomini Generalfeldmarschall. Er war nicht, wie hier dargestellt, Generalleutnant und damit Stellvertreter des Generalissimus Wallenstein. Wallensteins Vertreter war General Graf Gallas. Vgl. Anm. zu P 1776.

Max Piccolomini: Eine Erfindung des Dichters; vgl. Kap. III,8. Auf den beiden Pilsner Reversen (vgl. Anm. zu P 928) erscheint nur der Name des Neffen Silvio Piccolomini. Wallenstein hatte einen Vetter namens Max. Die übrigen Generale sind historisch.

Graf Terzky: Adam Erdmann Trčka, Terzka – oder (wie L 37) volkstümlich böhmisch Terschka – von der Lipa (1599–1634).

Illo: Christian Freiherr von Ilow (1585–1634); vgl. Murr: »Er hieß auch Ilowsky [...] und war ein Pole.«

Isolani: Johann Ludwig Hektor Graf von Isolani (1586–1640), kaiserlicher Oberst, General der Kavallerie.

Buttler: Buttlers Rolle bei Schiller ist nicht historisch. Der historische Oberst Walter Buttler entstammte einem irischen Rittergeschlecht und war kein Günstling Wallensteins. Hier wird Buttler als Generalmajor vorgestellt, aber vor Octavio erscheint er als Oberst, vgl. P 45 und W 1138, auch die Anm. zu L 442. Eine Aufwertung Buttlers kam auch durch Schillers Bearbeitung der Mordvorbereitungen am Schluss von *Wallensteins Tod*, vgl. den Brief an Goethe vom 7. März 1799 (S. 197f. des vorliegenden Bandes).

Tiefenbach: Rudolf Freiherr von Tiefenbach (Teuffenbach), zuletzt kaiserlicher Feldmarschall.

Don Maradas: Don Balthasar Graf Maradas, ein vornehmer Spanier, war Wallenstein feindlich gesonnen. Sein Schloss in Frauenberg, Südböhmen, war der Mittelpunkt der großen Militärverschwörung gegen Wallenstein. Er starb 1638. Nur der historischen Bedeutung wegen ist die stumme Rolle im Personenverzeichnis aufgenommen worden.

Götz: Johann Graf von Götz, urspr. Protestant, wurde nach dem Tode Wallensteins Feldmarschall; er starb 1645.

Colalto: Graf von Colalto, ein Italiener, war bereits 1630 gestorben.

Rittmeister Neumann: Dr. Heinrich Niemann, herzoglich-mecklenburgischer Rat und Vizekanzler, Sekretär Wallensteins.

Questenberg: Gerhard Freiherr von Questenberg, kaiserlicher Hofkriegsrat.

Seni: Giovanni Baptista Seni (1600–1656), berühmter Astrolog, in Wallensteins Diensten; vgl. das »graue Männlein« L 373.

Herzogin von Friedland: Wallensteins zweite Frau. Die erste Gattin, Lucretia Nekesch von Landeck, war eine bejahrte Witwe, die bei ihrem Tode 1614 Wallenstein ansehnliche Güter in Mähren hinterließ. Durch die Heirat mit Isabella Katharina von Harrach, Tochter des Grafen Carl, Schwester Leonhard Harrachs, kam Wallenstein 1623 »in die nächste Verwandtschaft mit den beiden Familien, die den Hof und die Ratschläge des Königs beherrschten« (Ranke). Hier im Drama heißt die Herzogin Marie Elisabeth, wie Wallensteins Tochter.

Thekla: Die Tochter des historischen Wallenstein hieß Marie Elisabeth, wie hier, im Drama, die Mutter (historisch Isabella). Marie Elisabeth war erst 14 Jahre alt und blieb den Ereignissen fern. Der Name Thekla soll einem Moderoman *Gräfin Thekla von Thurn* von Benedikte Naubert entnommen sein (Hermann Schneider, NA 8,479). Vgl. Kap. III,8.

Gräfin Terzky: Die Gräfin Terzky war in Pilsen und Eger anwesend (vgl. Murr), doch ihre politische Aktivität ist unhistorisch und geht eher auf die Rolle der Lady Macbeth bei Shakespeare zurück. Vgl. Anm. zu W 448.

Kornet: Fähnrich einer Reiterabteilung (von frz. *cornette* ›Fähnlein, Standarte‹, eigtl. ›Hörnchen‹, zu lat. *cornu* ›Horn«).

Pagen: (frz.) Edelknaben, junge Adlige in fürstlichen Diensten.

Der Schauplatz, hier nicht angegeben, ist Pilsen. Das Stück spielt am selben Tag wie das *Lager.*

Erster Aufzug

Der erste und der zweite Aufzug waren bei der Uraufführung zusammen der erste Aufzug. Über diesen Teil schreibt Schiller am 1. Dezember 1797 an Goethe: »Da mein erster Act mehr statistisch oder statisch ist, den Zustand welcher ist, darstellt, aber ihn noch nicht eigentlich verändert, so habe ich diesen ruhigen Anfang dazu benutzt, die Welt und das Allgemeine, worauf sich die Handlung bezieht, zu meinem eigentlichen Gegenstand zu machen. So erweitert sich der Geist und das Gemüth des Zuhörers, und der Schwung, in den man dadurch gleich anfangs versetzt wird, soll wie ich hoffe die ganze Handlung in der Höhe erhalten.«

Erster Auftritt

4 *Donauwerth:* Donauwörth, zwischen Ulm und Ingolstadt.

18 *Hinnersam:* bei Murr erwähnt; spielt hier keine Rolle.

21 *Gallas:* Matthias Freiherr, dann Graf von Gallas, Herzog von Lucera (1584–1647), ligistischer Oberst, dann kaiserlicher Generalwachtmeister, nach Holks Tod von Wallenstein zum Generalleutnant und seinem Stellvertreter im Reich ernannt, Schwager Aldringens. Gallas kam im Gegensatz zu dieser Bemerkung hier doch nach Pilsen und spielte dort die Rolle Octavios.

Altringer: Johann Graf von Aldringen (1588–1634), kaiserlicher Generalwachtmeister, später Feldmarschall, Schwager von Gallas, blieb der Pilsner Versammlung fern.

25 *Dessau:* Bei der Schlacht gegen Mansfeld (vgl. L 141) am 25. April 1626 war Octavio Piccolomini nicht zugegen.

34 *hieher:* hie: urspr. mhd. Form mit Abfall des *-r*, das nur erhalten blieb, wenn sich ein vokalisch anlautendes Adverb anschloss (z. B. *hierinne*). Aus solchen Verbindungen wird »hier« im Nhd. wieder allgemein übernommen.

37 *Batterien:* Batterie hieß die aus mehreren Geschützen und zugehöriger Bedienungsmannschaft bestehende kleinste Artillerieeinheit (von frz. *battre* ›schlagen‹).

Attacken: Angriffe mit der blanken Waffe, Reiterangriffe (von frz. *attaquer* ›angreifen‹).

43 *Verbindlichkeit:* vgl. L 442–444, die Anm. dazu und zum Personenverzeichnis. Bei Herchenhahn heißt es von Wallenstein: »Er machte Generale nach seinem Belieben, und nicht einmal ihre Bestätigung holte er vom Hofe ein.«

61 *Kreditoren kontentieren:* Gläubiger befriedigen (von ital. *creditore* ›Gläubiger‹ und lat. *contentus* ›sich begnügend‹). Vgl. L 828 »Graf Isolani, der böse Zahler«. Bei Herchenhahn (2,16) wird berichtet: »Wallenstein zahlte ihm [...] 2000 Thaler aus, und den folgenden Tag wieder andre 2000 Thaler, weil Isolani schon am ersten Abend die erste Summe im Spiel verlor« (nach NA 8,480).

62 *Kassier:* (süddt.) »Kassierer«.

72 *Questenberger:* in Wirklichkeit Wallensteins Gönner; Wallenstein »verlangte vom Kaiser das Absenden des Hofkriegsrats Questenberg ins Hauptquartier. Diesem wollte er die Bewegungsgründe enthüllen, und sie durch ihn vor dem Kaiser bringen« (Herchenhahn 3,163, zitiert nach NA 8,480).

Zweiter Auftritt

93 *Heldenreihen:* »Reihen« ist eine andere Form für »Reigen« ›gesprungener, bäuerlicher Rundtanz‹ (seit dem 10. Jh.), in übertragenem Gebrauch so viel wie ›Reihe‹. Vgl. P 1817.

nach 95 *präsentierend:* militärisch grüßend.

98 *Kammerherrn:* Hofbeamte für den Ehrendienst beim Fürsten. Diese zeremonielle Vorstellung Questenbergs geht auf einen Vorschlag Goethes zurück, der den Wiener diplomatischen Ton zu treffen wünschte. (Vgl. Schiller an Goethe vom 9. November 1798.)

100 *Patron:* Gönner (von lat. *patronus* ›Schutzherr‹). Man nennt diese Verbindung von synonymen Substantiven, wie »Gönner und Patron«, Hendiadyoin (griech., ›eins durch zwei‹); diese barocke Stilfigur dient der Ausdrucksverstärkung.

106 *Znaim:* vgl. im vorliegenden Band S. 133. Hier wird die ganze Auseinandersetzung auf Questenberg und die Begegnung in Pilsen konzentriert.

113 *Am Lech:* Die Schlacht am Lech war am 15. April 1632. Tilly (vgl. L 274), der die Schlacht gegen Gustav Adolf verloren hatte, starb am 30. April in Ingolstadt an seinen Verletzungen.

116 *Werdenberg:* Bei Herchenhahn und in Schillers *Geschichte des Dreißigjährigen Kriegs* führt Eggenberg die Verhandlungen, bei Murr sind Werdenberg und Questenberg die Unterhändler.

146 *Blutigel:* Blutegel, Ringelwürmer, die zum Blutschröpfen verwendet werden; Blutsauger im übertragenen Sinne.

151 *der Slawata und der Martinitz:* Wilhelm Graf von Slavata (1572–1652), kaiserlicher Geheimer Rat, Oberstkanzler von Böhmen, Vetter Wallensteins, und Graf Jaroslav Bořita von Martinitz (1582–1649), Oberstlandkämmerer von Böhmen, zwei kaiserliche Handlanger, die bei der böhmischen Revolte am 23. Mai 1618 in Prag aus dem Fenster gestürzt wurden. Dieser Fenstersturz gilt in der Geschichtsschreibung als Beginn des Dreißigjährigen Krieges. Vgl. P 2108–10.

163 *Benefizen:* Benefizium: hier: zur Nutzung überlassenes erbliches Land, Lehen, Pfründe (von frz. *bénéfice* ›Vorteil, Nutzen‹).

167 *Remonte:* Auffrischung des Pferdebestandes berittener Truppen.

169 *Antecamera:* Vorzimmer; vgl. »antichambrieren« ›im Vorzimmer warten‹, im übertragenen Sinn ›um Gunst betteln‹; von lat. *ante* ›vor‹ und *camera* ›(gewölbter) Raum‹.

195 *Stand:* »durch gemeinsame Berufsinteressen, auch durch Geburt, gemeinsame Sitten oder Gebräuche verbundene Menschengruppe einer staatlichen Gemeinschaft von bestimmtem Ansehen; häufig mit eigener Auffassung in Sachen der Standesehre verbunden« (Knaur). Der Ständestaat ist ein korporativer Staat, der sich auf Berufsverbänden statt territorialer Einheiten aufbaut. Das mittelalterliche Ständewesen kannte die Erbstände des Adels, den Stand der Geistlichkeit, der Bürger usw. Vgl. L 968 »Nährstand« und L 1048 »Wehrstand«.

208 *Das Kind:* Gemeint ist König Ferdinand von Ungarn (geb. 1608), der Sohn des Kaisers; vgl. auch L 700f. »Den Infanten« und P 226–31.

211 *kantonieren:* im Quartier liegen (von frz. *cantonner* ›einquartieren, unterbringen‹).

229 f. *Doppeladler … Löwen … Lilien:* Die Hoheitszeichen von Österreich, Schweden und Frankreich.
235 *Wetterstange:* Blitzableiter; ein Anachronismus; der Blitzableiter wurde erst 1732 von Benjamin Franklin erfunden.
237 *Belt:* Meeresengen der westlichen Ostsee.
238 *Etsch:* Fluss in Südtirol.
263–267 *Die Kühnheit … Prag:* in den Quellen nicht belegt.
268 *salutieren … Signal:* militärisch grüßen (von lat. *salutare* ›grüßen, begrüßen‹); Horn- und Trompetensignale waren zur weitreichenden Kommunikation nicht nur in der Schlacht üblich, vgl. die Trompeter und Hoboisten im Personenverzeichnis des *Lagers*.

Dritter Auftritt

321 *Der Reichsfeind:* die Türken.
324 *schwürig:* schwierig, schwer zu behandeln; vom neuhochdeutschen Sprachgefühl als verwandt mit »schwer« empfunden, doch noch im 17. Jh. »schwirig« ›eitrig‹, von mhd. *swiric, sweric*, mnddt. *swerich* ›voll Schwären‹, seit dem 16. Jh. auch ›aufsässig‹, 1800 ›schwer zu behandeln‹ (Wahrig).
347 f. *gleisnerische Gefälligkeit:* Ein Gleisner ist ein Heuchler, der durch Schein trügt, blendet; von mhd. *glisnere, gelichsenaere*, zu *gelichesen* ›es jemandem gleichtun, sich verstellen, heucheln‹ (Wahrig).
363 *ein böser Traum:* Die Traumerzählung ist eine Erfindung Schillers, die erst später eingefügt wurde (Schneider, NA 8,480, weist auf Schillers Brief an Goethe vom 9. November 1798). Diese Stelle korrespondiert mit W 897–947 »Es gibt im Menschenleben … kein Wort mehr!«, wo Wallenstein sich seinerseits auf dieses Ereignis bezieht. Zur Lützner Schlacht vgl. Anm. zu L 356.

Vierter Auftritt

423 *Frommt:* nützt (von ahd. *frummen* ›fördern, vollbringen‹; zu *fruma* ›Nutzen‹).

523 *peinlichen:* in der alten Bedeutung vom ›schmerzlichen, quälenden‹.

539 *Mit grünen Maien:* mit grünen Birkenzweigen, mit denen man bei Frühlingsfesten oder zu Pfingsten das Haus schmückte (von spätmhd. *meie* ›Mai‹).

541 *Petarde:* »ein mit Sprengstoff gefüllter Metallkörper, der an Festungsmauern angebracht wurde, um sie zu sprengen«; von frz. *pétard* ›Sprengbüchse, Sprengschuss‹ (Wahrig).

545 *Vesper:* von lat. *vespera* ›Abendzeit‹; urspr. Bezeichnung für das vorletzte kirchliche Stundengebet des Tages, danach allgemein für die Zeit um zwei oder sechs Uhr nachmittags; im übertragenen Sinn so viel wie Feierabend.

570 *Hufen Landes:* Hufe oder oberdt. Hube ist ein altes Feldmaß; es war der dem Bedarf einer Familie entsprechende Anteil des Bauern an der Gemeindeflur, 15 bis 60 Morgen (von ahd. *huoba* ›Stück Land von gewisser Größe‹); das Wort steht hier mit dem partitiven Genitiv »Landes«.

Fünfter Auftritt

593 *pressiert:* hastig; von »pressieren« ›eilen‹ (zu frz. *presser* ›pressen, drängen‹).
Zu ihr!: Octavio ahnt, dass Max etwas an Thekla bindet, und sucht in der Beobachtung die Bestätigung zu finden.

604 *Audienz:* feierlicher, offizieller Empfang, Unterredung mit hohen Würdenträgern (von lat. *audientia* ›Aufmerksamkeit, Gehör‹). Herchenhahn 3,193: »Wallenstein hatte ohne Vorwissen des Kaisers alle Befehlshaber nach Pilsen beschieden, die meisten waren ge-

kommen, und nun überlegte er mit Tersika und Illo die beste Art, sie unauflöslich mit seinem Interesse zu verwinden« (nach NA 8,481).

Zweiter Aufzug. Erster Auftritt

Seni ... wie ein italienischer Doktor ... etwas phantastisch: Der Dottore war eine komische Figur in der italienischen Stegreifkomödie; Seni wird hier noch der ersten Konzeption entsprechend als eine gauklerische Gestalt beschrieben. Später, unter Goethes Einfluss, bekam das astrologische Motiv (vgl. Kap. III,9) eine ernstere Bedeutung. Daher warnt Schiller in seinem Brief vom 24. Dezember 1798 Iffland in Berlin: »Was den Seni betrifft, so wird es nicht zu wagen seyn, ihn in gar zu karrikaturistische Hände zu geben, weil er im dritten Stück, bei einem sehr pathetischen Anlaß erscheint, und die Rührung von Wallensteins letzter Scene leicht verderben könnte.«

613 *scheren:* zum Narren halten (von spätmhd. *schern* ›schnell weglaufen‹; ahd. *sceron* ›ausgelassen sein‹).

615 *Gravität:* Würde (von lat. *gravitas* ›Schwere, würdevolles Wesen‹).

620 *Eilf! Eine böse Zahl:* Ein Teil der Zahlenmystik geht auf den griechischen Philosophen Pythagoras (um 580 – 500 v. Chr.) zurück, von dem man wenig weiß (der pythagoreische Lehrsatz ist kaum von Pythagoras selbst). Zu »Eilf« vgl. die Anm. zu *Lager* 11.

629 *Die erste ... Ungerade:* aus 2 + 3, weil in der Zahlenmystik die 1 nicht als Zahl gilt.

Zweiter Auftritt

634 *Königin von Ungarn:* Maria Anna, Schwester des spanischen Königs Philipp IV., vermählt mit des regierenden Kaisers Ferdinand II. Sohn, dem späteren Kaiser

Ferdinand III., der schon 1625 zum König von Ungarn gekrönt worden war.

645 *lutherischen Herrn:* vgl. Wallensteins Pläne W 1512f. Wallenstein dachte in diesem Punkt machtpolitisch, nicht orthodox.

660 *Graf Harrachs edle Tochter:* vgl. Anm. zu *Herzogin von Friedland* im Personenverzeichnis der *Piccolomini.*

675 *Urlaub:* hier in der alten, im Mhd. verengten Bedeutung ›Erlaubnis, sich zu entfernen‹, die ein Höherstehender oder eine Dame dem niedriger Stehenden gibt.

680 *Eggenberg:* In Schillers *Geschichte des Dreißigjährigen Kriegs* heißt es, dass Eggenberg »Wallensteins standhafter Freund und Verfechter« war. Vgl. Anm. zu P 116.

682 *Conte Ambassador:* nach Schneiders Vermutung (NA 8,481) Graf Ognate (nach Murr) oder aber der spanische Gesandte Don Navarro, von dem es bei Herchenhahn heißt: »Navarro warf sich izt am kaiserlichen Hofe zu des Generalissimus eifrigsten Lobredner auf.«

689 *Pater Lamormain:* Pater Wilhelm Lamormani (1570–1648), Jesuit, seit 1624 einflussreicher Beichtvater Ferdinands II. Die Jesuiten sind politische Gegner Wallensteins; vgl. Anm. zu L 942.

694 *der Bayern stolzer Herzog:* Maximilian I., Herzog und Kurfürst von Bayern (1573–1651), der 1630 auf dem Kurfürstentag in Regensburg Wallensteins Absetzung betrieben hatte. Nachdem Wallenstein die Kriegführung wieder übernommen hatte, musste Maximilian notgedrungen mit Wallenstein zu Felde ziehen, dabei ließ Wallenstein ihn im Stich. Vgl. Anm. zu P 1060–82.

698 *Regenspurg:* vgl. P 1165 und Anm. dazu.

Dritter Auftritt

724–727 *als Sie gingen, Das große Heer … aufzurichten:* 1624, Wallensteins erstes Generalat; Thekla war damals acht Jahre alt (P 737), »heimgekehrt aus Pommern« ist Wallenstein nach seiner Absetzung 1630.

727 *im Stifte:* Das Stift war eine mit gestiftetem Grundbesitz und Vermögen ausgestattete, einem geistlichen Kollegium gehörende, kirchlichen Zwecken dienende Anstalt, z. B. ein Kloster; dann auch Erziehungsanstalt besonders für adlige Damen (nach Wahrig).

Vierter Auftritt

754 *Paladin:* urspr. einer der zwölf Begleiter Karls des Großen, dann Ritter, Gefolgsmann; von lat. *comes palatinus* ›kaiserliche Begleiter‹; zu *palatinus* ›zum Palatium gehörend‹, einem der sieben Hügel Roms mit der Kaiserburg (nach Wahrig).

767 *Marstall:* in fürstlichen Hofhaltungen Gebäude für Pferde, Wagen usw. sowie die Gesamtheit der Pferde; aus »Mähre« und »Stall« (Wahrig).

790 *Bruder:* nach frz. *beau-frère* ›Schwager‹, so wie auch die Gräfin sich P 1401 als Schwester Wallensteins bezeichnet (frz. *belle-sœur* ›Schwägerin‹).

Fünfter Auftritt

812 *Sesin:* Jaroslav Sesyna Rašín von Riesenburg, böhmischer Emigrant in schwedischen Diensten, nach Herchenhahn (2,42) Unterhändler zwischen Terzky und Arnheim (vgl. Anm. zu P 850) bzw. Oxenstierna (vgl. Anm. zu L 503, dem »schwedschen Kanzler« P 815).

814 *Thurn:* Heinrich Matthias Graf von Thurn, böhmischer Exulant, General in böhmisch-ständischen, sie-

benbürgischen, venezianischen, dänischen und schwedischen Diensten. Vgl. Anm. zu P 1095.

816 *Zu Halberstadt … der Konvent:* Konvent der evangelischen Stände unter Oxenstierna.

820–823 *Du wollest … Abfertigen:* Herchenhahn (3,53) berichtet: »Wallensteins innerliche Abneigung gegen die Schweden und wider alle in Deutschlands Angelegenheiten ihre Hände mischende Fremde wollte jene ganz allein mit Geld abfinden«, und später (3,67) heißt es, dass Wallenstein sagte: »Man muß die Schweden aus dem Reiche jagen, sie haben in demselben nichts zu thun« (nach NA 8,482).

840 *Die Goten:* Die Schweden werden mit Bezug auf Gotland und Gotenburg bereits in Schillers *Geschichte des Dreißigjährigen Kriegs* Goten genannt.

850 *Arnheim:* Hans Georg von Arnim-Boitzenburg (1581–1641), kaiserlicher Oberst, Feldmarschall, dann kursächsischer Generalleutnant.

854 *Ich geb nichts Schriftliches:* so auch in *Schillers Geschichte des Dreißigjährigen Kriegs.* Bei Herchenhahn und Murr nötigt Sesin Wallenstein eine schriftliche Notiz an Gustav Adolf ab.

Sechster Auftritt

877 *Pharobank:* Spielbank; von dem französischen Kartenglücksspiel Pharao (nach dem ägyptischen Königstitel; von altägypt. *per-a a* ›großes Haus, Palast, Hof‹).

882 *Wenn du der Piccolomini gewiss bist:* Herchenhahn (3,174) berichtet: »Tersika warnte zwar den Friedländer vor dem Piccolomini, allein die Gestirne hatten des Generalissimus Verschlagenheit geblendet. Tersika stellte dem Wallenstein vor, Piccolomini sey ein Fremdling […]. Wallenstein war aber des Grafen Falschheit wegen unbesorgt. ›In der Nativität des Piccolomini‹, sagte Friedland, ›habe ich Übereinstimmung unsrer Schutz-

engel gefunden, seine Konstellation ist genau die meinige, aus dieser Ursache kann mich der Graf nicht hintergehen‹« (nach NA 8,482). Vgl. das Traumorakel P 363 ff. und W 897 ff.

888 *sein Horoskop gestellt:* die Stellung der Gestirne (Konstellation) bei der Geburt eines Menschen errechnet und danach auf seine Sinnesart und sein Schicksal geschlossen.

894 *deputieren:* einen Abgesandten schicken (von lat. *deputare* ›einem etwas bestimmen, zuweisen‹).

897 *Parole:* eigtl. Kennwort, Losung (von frz. *parole* ›Wort, Spruch‹, hier festes Versprechen).

922 *temporisieren:* hinhalten, verzögern (von frz. *temporiser* ›zögern, zaudern, die Zeit abwarten‹, zu lat. *tempus* ›Zeit‹).

964 *Venus:* wie Jupiter (P 967) ein glückbringender Stern, im Gegensatz zum Saturn, dem »Maleficus«.
Maleficus: aus lat. *malus* ›übel, böse‹ und *facere* ›tun‹, hier der böse Stern Saturn, »der Unterirdische« (P 971), unter dessen Zeichen Illo geboren ist.

978 *Geisterleiter:* auch Jakobsleiter oder Himmelsleiter, eine mystisch-kabbalistische Vorstellung, die Schiller mutmaßlich den *Paradoxaldiskursen* von Franciscus Mercurius Helmont (dt. Hamburg 1691) entnommen hat. Das Buch, das sich in der Jenaer Bibliothek fand, hat den Untertitel *Ungemeine Meynungen von dem Macrocosmo und Microcosmo* [...] *worinnen von der Sonnen, Mond und Sternen, und ihrer Würckung und Einfluß* [...] *gehandelt wird*. Man nimmt an, dass Schiller durch Goethe auf dieses Buch aufmerksam gemacht worden ist (Brief vom 8. Dezember 1798 an Schiller). Die einschlägige Stelle, S. 20, lautet: »[...] wie auff derselben [Jakobsleiter] die Engel Gottes auff und nieder steigen, also steigen die wesentlichen lebendigen Kräffte oder geistlichen Leiber der himmlischen Lichter unabläßlich von oben herab durch die ätherische Lufft zu

dieser untern Welt, als von dem Haupt zu den Füßen; und hernach, wann sie ihre Auswirckung vollbracht, so steigen sie zu ihren eigenen Nutz und Verbesserung wieder von unten auffwärts zu dem Haupt« (nach NA 8,483). Vgl. W 953–960 und die anderen Stellen des astrologischen Motivs: W 7f. und 3411–17. (Die Himmelsleiter findet sich auch in Goethes *Faust I*, 447ff.)

985 *Joviskinder: Iovis* ist der Genitiv zu *Iupiter*, dem aus dem lat. Vokativ *Iove* und *pater* ›Vater‹ zusammengesetzten Namen des Göttervaters. Das Gestirn gleichen Namens verhieß in der Astrologie Frohsinn und heiteres Gemüt.

995–997 *Des Himmels Häuser ... Ecken:* Die Astrologie teilt den Sternhimmel in zwölf gleiche Abschnitte, die Kreise oder Häuser genannt werden. Ecken entstehen, wo sich die Kreise schneiden. Eintritt, Austritt oder Stand der Planeten in den Häusern oder Ecken war für das Horoskop bedeutsam. Auch die Häuser selbst hatten unterschiedliche Bedeutung. Vgl. W 3615 das »Haus des Lebens« und W 23f. den unschädlichen Saturn »in cadente domo«, dem fallenden Haus.

Siebenter Auftritt

In diesem Auftritt verbindet Schiller die historische Deputation der Befehlshaber und die Unterredung mit Questenberg. Den Leitfaden für das Gespräch entnahm Schiller (nach NA 8,483f.) der Darstellung Herchenhahns; dort berichtet Wallenstein: »Der Hof befahl mir lauter unmögliche Sachen. Er gebot, Regensburg zur Winterszeit wieder einzunehmen, [...] ich sollte [...] den Kardinal Infanten mit 6000 Pferden in die Niederlande begleiten« (3,207). »Drei Monate ist der Sold rückständig« (208). »Aus all diesen Ursachen habe ich mich erklärt, das Generalat niederzulegen« (210). »[...] die andern Obersten, welche Vorschüsse gemacht hatten, hätten keine, oder eine sehr späte

Entschädigung erhalten, wenn Wallensteins Rede Ernst gewesen wäre. [...] Im Vorzimmer erhob sich daher sogleich ein lebhafter Streit« (211). Die Vorwürfe des Wiener Hofs gegen Wallenstein enthält der auf dessen Veranlassung erstellte *Ausführliche und gründliche Bericht der vorgewesenen Friedländischen und seiner Adhärenten abscheulichen Prodition*, Wien 1634. Questenberg fasst die Anklagepunkte kurz zusammen.

1028 *Gereiniget ward Böheim von den Sachsen:* Am 22. Mai 1632 rückte Wallenstein in Prag ein. Böheim: alte Form für ›Böhmen‹, so bei Herchenhahn.

1034 *Rheingraf:* Otto Ludwig von Salm.
Bernhard: Herzog Bernhard von Sachsen-Weimar (1604–1639), Feldherr in schwedischen Diensten.
Banner: berühmter schwedischer Reitergeneral, vgl. W 940 »Bannier« (betont auf der zweiten Silbe).

1036 *im Angesichte Nürnbergs:* Vom 16. Juli bis zum 18. September 1632 lag Gustav Adolf in Nürnberg. Wallenstein lag bei Fürth und wehrte am 4. September Gustav Adolfs Angriff auf sein Lager auf der Alten Veste ab.

1038–58 *Ein neuer Geist ... Menschenopfer:* Im Gegensatz zu fast allen historischen Quellen und Darstellungen beschreibt Questenberg Wallensteins Verhalten und Erfolg vor Nürnberg sehr günstig. In Murrs *Beiträgen* liest man: »Den 24. August [1632], als am Tage Bartholomäi, hat der König mit Dero völligen Armee den Feind in seinem Lager auf der alten Vesten und Altenberg mit Macht angegriffen, haben unaufhörlich aus Stücken und Musketen gegen einander Feuer gegeben. Der Feind hat sich aber dermaßen verschanzt und verhauen gehabt, daß nicht möglich gewesen, ihme beizukommen, sondern ist in seinem Vorteil, wie ein Fuchs im Loch, liegen geblieben.« Im Vorteil liegen zu bleiben ist Wallensteins neue Taktik. Bei Herchenhahn (2,174) heißt es: »Es sind genug Schlachten schon geliefert worden, es ist nun Zeit, eine andre Methode zu befolgen. Durch Hunger wollte Wallenstein den König zwingen, von Nürnberg abzuziehen, oder sich mit ihm in Traktaten einzulassen« (nach NA 8,484).

1051 *Verhack:* Verhau, Befestigung durch Bäume, Palisaden.

1058 *grause:* neben »grausig« seit dem 17. Jh. gebräuchlich.

1060–82 *Anklagen … Regenspurg!:* Die Schlacht bei Lützen, in der Gustav Adolf fiel, war am 16. November 1632. Regensburg wurde am 14. November des folgenden Jahres durch Bernhard von Weimar zur Kapitulation gezwungen, nachdem Maximilian von Bayern vergeblich um Unterstützung durch Wallenstein nachgesucht hatte. »Maximilian sandte nach Wien einen Eilboten nach dem andern, mit Bitte um schleunige Hülfe, und der Kaiser schikte sieben Kuriere an den Wallenstein. [...] Wallenstein marschierte langsam, Bernhard eroberte Regensburg vor der Ankunft der feindseligen schadenfrohen Hülfe« (Herchenhahn 3,125, nach NA 8,485). Vgl. Anm. zu L 114f.

1085 *in Schlesien:* Der Feldzug nach Schlesien lag zeitlich vor dem Fall der Stadt Regensburg. Wallenstein war am 19. Mai 1633 nach Schlesien aufgebrochen. Auch hier griff er die Sachsen nicht an, sondern zögerte lange in Verhandlungen, »und oft geschah es, daß die Offiziere beider feindlichen Armeen einander Besuche abstatteten und Gastmähler gaben« (*Geschichte des Dreißigjährigen Kriegs*). Vgl. P 1098.

1095 *Thurn:* Matthias Thurn (vgl. Anm. zu P 814) galt als Hauptanstifter des böhmischen Aufstandes, der zum Prager Fenstersturz führte. In der *Geschichte des Dreißigjährigen Kriegs* wird er »der Anstifter des böhmischen Aufruhrs, der entfernte Urheber dieses ganzen verderblichen Krieges« genannt. Bei Wallensteins Sieg über die Schweden am 11. Oktober 1633 »auf Steinaus

Feldern« (P 1114) wird Graf Thurn gefangen genommen. Wallenstein lieferte Thurn aber nicht nach Wien aus, sondern ließ ihn frei. »Mit blutdürstiger Ungeduld erwartet man in Wien die Ankunft dieses großen Verbrechers und genießt schon im voraus den schrecklichen Triumph, der Gerechtigkeit ihr vornehmstes Opfer zu schlachten. Aber den Jesuiten diese Lust zu verderben, war ein viel süßerer Triumph, und Thurn erhielt seine Freiheit. Ein Glück für ihn, daß er *mehr* wußte, als man in Wien erfahren durfte, und daß Wallensteins Feinde auch die seinigen waren. Eine Niederlage hätte man dem Herzog in Wien verziehen, diese getäuschte Hoffnung vergab man ihm nie.« So Schiller in seiner Prosadarstellung; vgl. P 1123–28.

1109 f. *das Bündnis zwischen Sachsen Und Schweden:* Bei Herchenhahn (3,86) erklärt Wallenstein: »Ich wollte mich mit dem Kurfürsten [von Sachsen] vergleichen, ich wollte ihn wieder zum Freunde Östreichs machen [...] und durch seine Mitwirkung die Schweden aus Deutschland jagen. Zur Erhaltung dieses Zwecks mußte ich gelinde Mittel wählen« (nach NA 8,485).

1140 *Notdurft:* in der alten Bedeutung von ›Bedarf an Notwendigem‹.

1148 *Sold:* Löhnung, insbes. des Soldaten; von mhd. *solt* ›Vergütung für geleistete Kriegsdienste‹; zu lat. *(nummus) solidus* ›gediegene Münze‹. Den historischen Quellen nach stand der Sold für drei Monate aus.

1155 *Beim Dänenkriege:* als Wallenstein im Sommer 1625 auf eigene Kosten eine Armee anwarb und, zum General ernannt, diese brandschatzend und plündernd unterhielt.

1157 *Deut:* alte Kupfermünze von geringem Wert.

1159 *Schären:* kleine von Gletschereis abgeschliffene Felsinseln an der skandinavischen und finnischen Küste.

1163 f. *Wallenstein ... Edelstein:* In Herchenhahns Darstellung sagt Eggenberg (P 680, Anm.), dass der Kaiser in Wallenstein »den allerkostbarsten Stein seiner Krone verlor«.

1165 *Regenspurger Fürstentag:* Am 13. August 1630 entschloss sich der Kaiser auf das Drängen der Kurfürsten, vor allem Maximilians von Bayern, Wallenstein zu entlassen. Die Begründung zu diesem Schritt legt Schiller in der *Geschichte des Dreißigjährigen Kriegs* ausführlich dar.

1182 *Zur Wohlfahrt aller:* Wallenstein spielt die Interessen des Reichs gegen die Interessen des Kaisers aus, wenn er bei Herchenhahn (3,248) sagt: »Vom Hofe werden Sachen begehrt, welche das römische Reich nicht billigen und gutheißen kann, ich bin daher um des allgemeinen Besten willen gesinnt, einen Frieden zu machen« (nach NA 8,486). Vgl. P 2333.

1196 *Oberst Suys:* Der historische Oberst Suys gehorchte dem kaiserlichen Befehl nicht, sondern befolgte Wallensteins Order. In dem *Ausführlichen und gründlichen Bericht* (s. Anm. zu P II,7) liest man hierzu: »[...] darumben Ihre Kays. May. auch selbsten, durch Schreiben und Schickungen dem Commendanten selbiger Regimenter Baron de Suys gemessene Ordinanz gegeben, mit demselben gegen dem Feind zu avanciren, und sich daran niemals hindern oder irren zu lassen, [...] so sein doch demselben allda von dem Friedlandt also bald 2 Currier zukommen, mit Ordinanz, daß er Baron de Suys also bald widerumb in die Winterquartier rucken solle, beynebens auch andeuten lassen, daß er ihme den Kopff für die Füß legen lassen wolle, wann er des Kaysers, und nit seinen Ordinanzen pariren werde, dannenhero selbiger diesem auch also nachkommen [...]«.

1226 *Der Kardinal-Infant:* Vgl. Anm. zu L 700f. Herchenhahn schreibt (3,140f.) zu diesem Punkt: »Wallenstein war vertragsweise der unbeschränkte Generalissimus von Östreich und Spanien, jede von diesen beiden Mächten in Deutschland aufgestellte Armee mußte seinen Befehlen gehorchen. Dieses Recht suchten die Spanier zu untergraben. Sie entwarfen einen Plan zu einer neuen vom Wallenstein unabhängigen Armee, mit ihr dem unbiegsamen Mann Nachgiebigkeit zu lehren. [...] Den Kardinal-Infanten Don Fernando, des Königs in Spanien Bruder, bestimmten sie zum Befehlshaber dieses Heeres. Ein Prinz von so großem Range konnte nicht unter des gehässigen Friedländers Kommando stehen« (nach NA 8,486).

1257 *Paktum:* (lat.) Pakt, Vertrag.

1261 *Es tut mir leid um meine Obersten:* In den Quellen ist Illo Mittelsmann zwischen Wallenstein und den Generalen, denen er den großen wirtschaftlichen Verlust vorstellt, den sie durch Wallensteins Abdankung erfahren würden. Die Verpflichtung der Generale gegenüber Wallenstein war den Quellen nach Dank und Gegenleistung für die wirtschaftliche Sicherung, die Wallenstein mit der Fortführung seines Generalats gewährte. Im Drama wird daraus ein Ränkespiel Wallensteins und Illos gegenüber den kaiserlich Gesinnten und den Schwankenden unter den Generälen.

1269 *Katechismus:* (griech.) Zusammenstellung von Glaubenssätzen, hier: Religionsbekenntnis.

1290 *Der goldne Schlüssel:* Zeichen des Kammerherrn.

Dritter Aufzug. Erster Auftritt

1309 *Klausel:* Vorbehalt, beschränkende (oder erweiternde) Nebenbestimmung; von lat. *clausula* ›Schluss(satz)‹; vgl. die hervorgehobenen Worte in dem Revers nach P 1931. Die Intrige entspricht der Darstellung des *Ausführlichen und gründlichen Berichts.*

1320 *Gaukelkunst:* Der Gaukler ist ein Jahrmarktskünstler, Seiltänzer, Akrobat und Zauberer (von ahd. *gouggolon*, *goukolon*; zu *goucal*, *coukel* ›Zauberei, Taschenspielerei, närrisches Treiben‹).

1348f. *Im astrologischen Turme ... observieren:* die Sterne wissenschaftlich beobachten (von lat. *observare*).

1362 *karten:* einfädeln, drehen; vgl. »abgekartet«.

Zweiter Auftritt

Kabinett: kleines Zimmer, Nebenraum (von frz. *cabinet*).

Dritter Auftritt

Über die Entstehungsgeschichte der Liebesszenen siehe Kap. III,8.

1412 *Base:* vgl. Anm. zu L 164. P 1416 und 1433 heißt es »Tante«.

1442 *eitler Tand:* eitel: Die mundartlich erhaltene Grundbedeutung ›leer, ledig‹ entwickelte sich einerseits zu ›nichts als‹, andererseits über ›gehaltlos, nichtig‹ zur heutigen Hauptbedeutung ›selbstgefällig‹. – Tand: geringe Ware, Wertloses, später bes. auch Kinderspielzeug (eigtl. zurückgehend auf lat. *tantum* ›so viel‹).

1462 *Kloster ... zur Himmelspforte:* unhistorisch; nicht so P 1489 das Kloster Nepomuk bei Pilsen.

1464 *Ob:* über.

1479 *Da rann kein Sand:* in der Sanduhr.

Vierter Auftritt

1545 *Mummerei:* zu »Mumme« ›Maske, verkleidete Person‹. In der Weimarer Uraufführung war Thekla (Caroline Jagemann, die Geliebte Herzog Carl Augusts) bei ihrem ersten Auftritt mit einem Diadem geschmückt.

1578 *der astrologische Turm:* Thekla beschreibt den Schauplatz, mit dem *Wallensteins Tod* beginnt.

1603 *Planeten:* Die Planeten oder Wandelsterne sind Himmelskörper, die nicht selbst leuchten, sondern das Licht der Sonne, um die sie kreisen, reflektieren. Die neun großen Planeten, nach wachsendem Sonnenabstand geordnet, sind: Merkur, Venus, Erde, Mars, Jupiter, Saturn (diese schon im Altertum bekannt), Uranus (1781 entdeckt), Neptun (1846) und Pluto (1930). Von diesen Planeten lässt der geozentrisch orientierte Astrologe Seni die Erde und die drei ihm noch unbekannten Planeten fort; indem er Sonne und Mond dazurechnet, kommt er auf die Siebenzahl.

1608 *grad von ihm über:* ihm gegenüber; bis Ende des 18. Jh.s konnte der abhängige Dativ zwischen den Präpositionen stehen.

1632 *Fabel:* Das Wort »Fabel« (von lat. *fabula* ›Erzählung‹) bezeichnet zunächst das Handlungsgerüst dramatischer und epischer Dichtungen; im engeren Sinne ist die Fabel eine kurze Vers- oder Prosaerzählung, die, häufig durch menschlich handelnde Tiere, eine Lebensweisheit oder einen Moralsatz lehrhaft veranschaulicht. Hier so viel wie Dichtung, Poesie.

1633 *Feen:* zarte, anmutige, schöne oder düstere weibliche Märchengestalten (von frz. *fée*, von vulgär-lat. *fata* ›Schicksalsgöttin‹; verwandt mit »feien«).
Talismanen: kleine am Körper getragene, vermeintlich schützende oder glückbringende Gegenstände (von ital. *talismano*, arab. *tilasm* ›Zauberbild‹).

1656 *Ölzweig … Lorbeer:* die Zeichen des Friedens und des Ruhms.

1662 *Gitschin:* Jičín, damals die Hauptstadt des Herzogtums Friedland. Was Max hier als Idylle ausmalt, stellt Gräfin Terzky W 500 ff. satirisch vor.

1682 *Was war das?:* Die Gräfin entfernt sich unschicklicherweise unter einem fadenscheinigen Vorwand, um Max und Thekla allein zu lassen. In der politisch kritischen Situation scheint es ihr opportun, Max an Thekla und damit an Wallenstein zu binden. Thekla ahnt das Intrigante in diesem Verhalten und warnt Max (P 1684 ff.). Vgl. Wallensteins Meinung zu diesem Punkt W 1499 ff.

Fünfter Auftritt

1686 *Zweck:* Absicht, Hintergedanken; vgl. Anm. zu Prolog 60 und Kap. III,8.

Sechster Auftritt

nach 1756 *präludiert:* spielt einleitend und frei gestaltend; von lat. *praeludere* ›vorspielen, ein (Vor)spiel machen‹.

Siebenter Auftritt

1757–66 *Der Eichwald … geliebet:* bei leicht geändertem Wortlaut die zwei ersten von vier Strophen aus Schillers Gedicht *Des Mädchens Klage* (1798).

Achter Auftritt

1767 *Fy!:* frz. *fi donc* ›pfui‹.

1776 *Er ist von alt lombardischem Geschlecht:* Die Familie Piccolomini stammt aus der Toscana (Siena), nicht aus der Lombardei; das alte römische Geschlecht der Piccolomini stellte der Kirche den berühmten Papst Äneas Silvio, der letzte Piccolomini fiel 1942 als Fliegeroffizier (NA). Max und seine fürstliche Mutter sind erfunden.

1871 *schöne Rednerblumen flechten:* in schönen Worten ausmalen; die rhetorischen Figuren wurden gelegentlich lat. *flores,* ›Blumen‹, genannt, vgl. »geblümter Stil«, »Stilblüte« usw.

Neunter Auftritt

1901 *Freistatt:* Zufluchtsort, Asyl.

Vierter Aufzug

Dieser Aufzug folgt den weithin übereinstimmenden Quellen. Nur Buttlers Rolle ist eine Zutat des Dichters. Illos und Terzkys Rollen sind vertauscht; in den Quellen war Terzky der Trunkenbold und Illo der Diplomatischere. *Kredenztisch:* Anrichte (von ital. *credenza*).

Erster Auftritt

1916 *wie auf dem Heidelberger Schloss:* vielleicht eine Anspielung auf des Winterkönigs Pfalzgraf Friedrich V. prunkvolle Hofhaltung und auf das große Heidelberger Fass.

1919f. *Eggenberg … Sternberg:* vgl. Anm. zu P 680 und 151; Lichtenstein und Sternberg sind Namen abgefallener Freunde Wallensteins.

1921 *Lehen:* gegen Verpflichtung zu Treue und Kriegsdienst verliehenes erbliches Nutzungsrecht an einem Landgut und das verliehene Gut selbst (von ahd. *lehan*, zu »leihen«).

1928 *»Ingratis servire nefas«:* (lat.) ›Dem Undankbaren zu dienen ist schändlich‹, das mit dem *Ausführlichen und gründlichen Bericht* (s. Anm. zu P II,7) übereinstimmende Motto des Pilsner Reverses. Der hier wiedergegebene Wortlaut der Resolution folgt der ausführlicheren Fassung bei Herchenhahn, gelegentlich dem *Bericht*. Die entscheidende Klausel lautet bei Herchenhahn (3,203): »so lange Sie in Seiner kaiserlichen Majestät Dienst verbleiben, oder diese zu ihrer Dienste Beförderung Sie gebrauchen werden« (nach NA 8,489). Die im *Bericht* und in Schillers *Geschichte des Dreißigjährigen Kriegs* schon enthaltene Vertauschung des Originalschreibens mit einem zweiten ohne die auf den Kaiser Bezug nehmende Klausel ist nach neueren Forschungen unhistorisch.

1934 *Dint:* veraltete Form von »Tinte«; ahd. *tincta* aus mlat. *tincta (aqua)* ›gefärbte Flüssigkeit‹.

Zweiter Auftritt

1940 *Exzellenz:* Titel von Ministern und hohen Beamten (von lat. *excellentia* ›Erhabenheit, hervorragende Persönlichkeit‹).

Dritter Auftritt

1949 *kordial:* herzlich, vertraut, umgänglich (von frz. *cordial*, zu lat. *cor* ›Herz‹).

1953 *Montecuculi:* Graf Ernst von Montecuccoli, in den Quellen erwähnt.

Vierter Auftritt

1982 *wohlgesparte:* »sparen« hier in der ursprünglichen Bedeutung ›schonen, nicht aufs Spiel setzen‹, die zu der heutigen ›kein Geld ausgeben‹ verengt wurde.

2006 *ein schlechter Reitersbursch:* »schlecht« in der älteren Bedeutung ›schlicht‹.

2010 *grillenhaften:* launenhaften. Mit dem Modewort ›Grille‹ bezeichnete man im 18. Jh. unfruchtbare, grüblerische, verworrene und absonderliche Gedanken.

2016 *Scheidemünze:* kleine Münze, die wegen stärkerer Abschleifung infolge rascheren Umlaufs höheren Geldwert als tatsächlichen Feinmetallwert hat (Wahrig).

2022 f. *Der Prinz von Weimar … gründen:* Bernhard von Weimar (vgl. Anm. zu P 1034 *Bernhard*) und sein geplantes Herzogtum Franken.

2024 *Mansfeld …, dem Halberstädter:* Peter Ernst II. Graf von Mansfeld (vgl. Anm. zu L 141), und Christian von Halberstadt, Kriegshelden des böhmisch-pfälzischen Krieges, die 1626 starben.

2032 *Leßly:* Walter Leslie, kaiserlicher Oberstwachtmeister, der mutmaßlich mit Gordon zusammen den *Aus-*

führlichen und gründlichen Bericht (s. Anm. zu P II,7) zu seiner und des Kaisers Entschuldigung wegen des Mordes an Wallenstein abgefasst hat.

Fünfter Auftritt

2043 *Jetzt wird der Flor erst angehn:* Flor sind alle Blüten einer Pflanze, Blumenfülle (von lat. *flos*, *floris* ›Blüte‹).

2054 *Graf Palffy:* im *Ausführlichen und gründlichen Bericht* (s. Anm. zu P II,7) erwähnt.

2058 *des Friedrichs seine Königskrönung:* Die Böhmen wählten am 26. August 1619 das Haupt der Union, Kurfürst Friedrich V. (II.) von der Pfalz (1596–1632), zum König von Böhmen (»Winterkönig«), obgleich die böhmischen Stände bereits 1617 den habsburgischen Erzherzog Ferdinand (den späteren Kaiser) als König angenommen hatten.

2060 *Prager Beute:* Beute der Katholiken anlässlich der Schlacht am Weißen Berg, 8. November 1620.

2067 *Amazone:* in der griechischen Mythologie Angehörige eines kleinasiatischen Frauenvolkes, das zu Pferd in den Krieg zog; in modernem Sprachgebrauch oft allgemein für ›Reiterin‹. Der Name Amazone kommt von griech. *amazon*, zu *a* ›nicht‹ und *mazos* ›weibliche Brust‹, weil nach der mythologischen Vorstellung jedem Mädchen eine Brust entfernt wurde, damit es nicht beim Bogenschießen behindert würde.

2068 *Krummstab:* Bischofsstab, Hirtenstab.

2082 *Hussitenkrieg:* Hussiten waren die Anhänger des tschechischen Reformators Jan Hus (geb. um 1369, 1415 auf dem Konzil zu Konstanz verbrannt). Unter Žižka und Prokop zogen die Hussiten 1420–36 in einer religiös-nationalen und antifeudalen Bewegung durch Österreich, Schlesien und Sachsen.

2084 *Laien:* ein Laie ist ein Nichtgeistlicher (von ahd. *leigo*, lat. *laicus*, griech. *laikos* ›zum Volke gehörig‹).

2085 *Utraquisten:* gemäßigte Hussiten, die das Abendmahl »in beiderlei Gestalt« (*sub utraque specie*), als Brot und Wein, nehmen.

2089 *Den böhmschen Majestätsbrief:* Kaiser Rudolf II. verbürgte 1609 den Böhmen gewisse religiöse Freiheiten. Die Rücknahme der im Majestätsbrief zugestandenen Freiheiten löste 1618 den Widerstand der böhmischen Protestanten aus.

2094 *der Grätzer:* Der katholische Kaiser Ferdinand II. (1619–37) war 1578 in Gratz bzw. Graz geboren.

2103 f. *Taboriten … unter dem Prokop und Ziska:* Die extremen Hussiten nannten sich Taboriten. Sie hatten unter ihren Führern Prokop und Žižka im Hussitenkrieg (vgl. Anm. zu P 2082) in Böhmen an der Luschnitz eine Lagerstadt gegründet, die sie nach einem Berg im Hochland von Galiläa, der Verklärungsstätte Christi, Tabor nannten.

2109–11 *Martinitz, Slawata … Graf Thurn:* vgl. Anm. zu P 151, 814 und 1095.

2126 f. *Pater Quiroga:* Fray Diego de Quiroga, Kapuziner, Beichtvater der Infantin Maria Anna, der Gemahlin Ferdinands III., ein Günstling des Herzogs, von dem es bei Herchenhahn heißt, er sei »ein lebendiger Behälter von allen Hofkünsten und listigen Streichen«, war zu Wallensteins Überwachung nach Pilsen geschickt worden.

2128 *Ablass:* nach katholischer Lehre Nachlass zeitlicher Sündenstrafen durch die kirchliche Obrigkeit auf Grund der Vollmacht der Kirche und der stellvertretenden Genugtuung Christi (Knaur).

Sechster Auftritt

Die Szene folgt im Wesentlichen der Darstellung Herchenhahns; dort liest man: »Nach aufgehobenem Tische, […] als Illo des Bacchus Herrschaft fest gegründet und die

Vernunft gefesselt glaubte, brachte der Feldmarschall das Papier zum Unterschreiben in die Versammlung. Illo wähnte, die Unterzeichnung werde erfolgen ohne alle prüfende Untersuchung, allein mehrere Obersten lasen die Schrift, und fanden in ihr nicht jene Klausel, welche für des Kaisers Frommen sorgte. [...] Es unterschrieb Tersika, es unterzeichnete Illo, andre Generale setzten ihre Namen bei, aber ein großer Theil schlug die Unterzeichnung ab. Illo sprach mit diesem freundlich. Er stellte ihm vor, an etlichen Worten sei nicht so viel gelegen, des kaiserlichen Dienstes sei ja ohnehin im Eingange gedacht, und als seine Rede von der Wahrheit der Behauptung die Verweigerer nicht überführte, so zog Tersika den Degen. Mit blankem Stahl forderte er die vernünftige Zahl zum Unterzeichnen auf. Er schimpfte alle jene meineidige Schelme, welche mit dem Friedland es nicht halten wollten, und auch die andern unterschriebenen Obersten griffen nach ihren Degen. Es entstand ein allgemeiner Tumult und großes Lärmen« (3,204 f. nach NA 8,490).

Proszeniums: vorderster Teil der Bühne zwischen Vorhang und Orchester.

2147 *Schwieger:* Schwiegermutter der Gräfin, die alte Gräfin Terzky, die »Frau Mama« in der Rede des Kellermeisters P 2037.

2158 *Excusiert:* eingedeutschte Form von frz. *excuser* ›entschuldigen‹.

2164 *Krieg in Pommern:* in den Jahren 1625 und 1630 hat Wallenstein in Pommern Krieg geführt.

2168 *Bacchusfeste:* Feste zu Ehren des griechischen Weingottes Bacchus (lat.) oder Dionysos (griech.), Sohn des Zeus und der Semele.

2170 *deucht mir:* denke ich; von »dünken, däuchte, gedäucht«; dasselbe bedeutend und von derselben Wurzel wie »denken«, mit den unorganischen Nebenformen »däuchten, dünkte, gedünkt«.

2178 *Tokaierwein:* ungarischer Wein aus Tokai, einem Ort im Komitat Zemplen.

2189 *Schlag die Quartier ihm auf:* überfall ihn unerwartet. »Die Quartier aufschlagen« erklärt Schiller in seiner *Geschichte des Dreißigjährigen Kriegs* mit ›unvermutet überfallen‹, »eine in diesem Kriege sehr beliebte Art von Expeditionen« (nach NA 8,490).

2195 *honoriert:* anerkannt (von lat. *honorare* ›ehren, belohnen, beschenken‹).

2198 *diesem steinernen Gast:* Anspielung auf das steinerne Standbild, das in Tirso de Molinas Schauspiel *El burlador de Sevilla* (1630), der ersten Dramatisierung des Don-Juan-Stoffes, zu einem Gastmahl geladen wird.

Siebenter Auftritt

2211 *Schelm:* vgl. Anm. zu L 637.

2236 *Wer nicht ist mit mir, der ist wider mich:* vgl. Luk. 11,23.

2240 *sich salvieren:* (von ital. *salvare* ›sich retten‹) sich in Sicherheit bringen, entlasten.

2254 *verklausuliert:* abgesichert; vgl. Anm. zu P 1309.

2257 *Pistolen:* von Philipp II. eingeführte spanische Goldmünzen, die später in Frankreich als Louisdor und in anderen Ländern als Augustdor und Friedrichsdor nachgeprägt wurden; entsprachen fünf Taler in Deutschland.

2261 *Judas:* Verräter, Anspielung auf Judas Ischariot, der Christus für dreißig Silberlinge verraten hat.

Fünfter Aufzug. Erster Auftritt

2320 *Das Pfaffenmärchen:* In der *Geschichte des Dreißigjährigen Kriegs* hat Schiller Wallensteins Fall pfäffischen Intrigen zugeschrieben: »Durch Mönchsintrigen verlor er zu Regensburg den Kommandostab und zu Eger das Leben; durch mönchische Künste verlor er vielleicht, was mehr war als beides, seinen ehrlichen Namen und seinen guten Ruf vor der Nachwelt.« Vgl. den Nachruf (S. 148–150 des vorliegenden Bandes). Im Drama ist Schillers Urteil weitaus offener.

2333 *dem Reich den Frieden schenken:* Octavio idealisiert Wallensteins Absicht vor Max. Bei Herchenhahn III,51f. sagt Wallenstein: »Ich will einen allgemeinen sichern Frieden schließen helfen. [...] Will der Kaiser die abgeschlossenen Artikel nicht ratifizieren, so wird er mit Gewalt dazu angehalten« (nach NA 8,491). Vgl. Anm. zu P 1182. Wallenstein selbst sagt im Drama nicht, dass er König von Böhmen werden will, doch er spricht Wrangel gegenüber von Prag als von seiner »Hauptstadt« (W 388).

2368 *Subalternen:* Untergebenen (von mlat. *subalternus*; zu lat. *sub* ›unter‹ und *alternus* ›abwechselnd‹).

2371 *Schafgotsch:* Hans Ulrich Freiherr von Schaffgotsch, kaiserlicher Generalwachtmeister und General der Kavallerie, den Wallenstein in Schlesien zurückgelassen hatte; Spross einer berühmten schlesischen Adelsfamilie, die Martin Opitz in seiner *Schäfferey von der Nimfen Hercinie* (1630) gefeiert hat.

2374 *Kinsky:* Wilhelm Graf von Kinsky, Schwager Terzkys, einer der reichsten böhmischen Magnaten, Wallensteins Unterhändler mit Sachsen und Schweden.

2375 *bestmontierten:* am besten ausgerüsteten.

2378f. *die Fürstentümer Glatz Und Sagan:* Es ist historisch belegt, dass Wallenstein Octavio die Güter Slavatas versprochen hat.

2379 *den Angel:* älterer maskuliner Gebrauch; vgl. Goethes Gedicht *Der Fischer*: »Sah nach dem Angel ruhevoll«.

2390 *Er hat es keinen Hehl:* er verheimlicht es nicht, macht keinen Hehl daraus (von ahd. *helan* ›bedecken, verbergen‹).

2415f. *aus seinem eignen ... Munde:* Die Quellen bezeu-

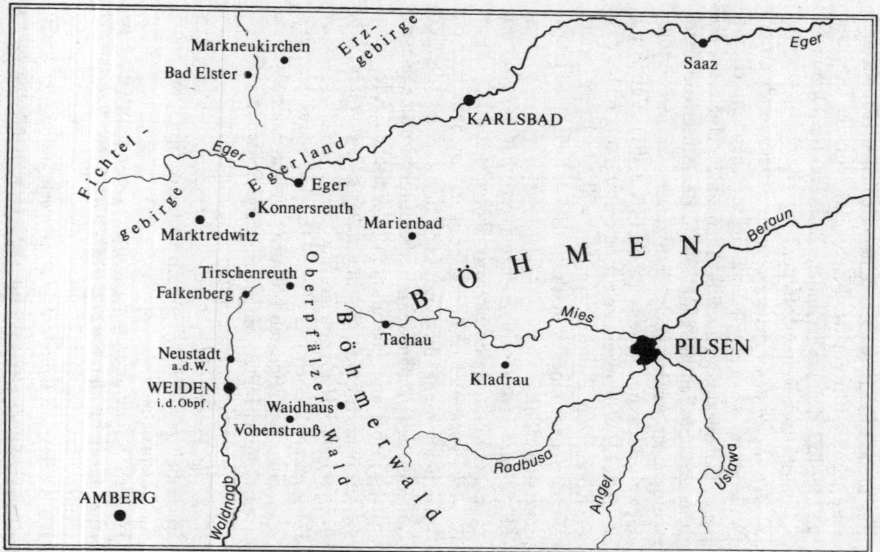
Markneukirchen
Bad Elster
Erz-
gebirge
Eger
Saaz
KARLSBAD
Fichtel-
gebirge
Eger
Egerland
Eger
Konnersreuth
Marktredwitz
Marienbad
BÖHMEN
Beraun
Tirschenreuth
Falkenberg
Oberpfälzer Wald
Böhmerwald
Tachau
Mies
PILSEN
Neustadt
a.d.W.
WEIDEN
i.d.Obpf.
Kladrau
Waidhaus
Vohenstrauß
Radbusa
Uslawa
Angel
AMBERG
Waldnaab

gen, dass Wallenstein Octavio über die Pläne unterrichtet hatte. Octavio soll darauf Einwände gemacht haben, bis er sah, dass er gegen Wallensteins Beharrlichkeit nichts ausrichten konnte, und seine Meinung für sich behielt.

2472 *den goldnen Zirkel:* die Krone Böhmens.

nach 2498 *Schatulle:* Kästchen, bes. für Geld oder Schmuck (von mlat. *scatula* ›Geldschein‹).

2499 *Ein offner kaiserlicher Brief:* das Absetzungspatent, das die Generale ihrer Verpflichtung gegen Wallenstein entbindet und, bis das Generalat neu besetzt ist, dem Grafen Gallas unterstellt, dessen Rolle hier Octavio spielt. Von einer Ächtung ist in dem historischen Schreiben vom 24. Januar 1634 nicht die Rede.

2529 *Ein ehrenvoll Exil:* demnach ist Wallensteins Absetzung beschlossene Sache, gleichviel ob er nun gegen den Kaiser handelt oder nicht.

2540 *Hochverrat:* ein Angriff auf die Staatsverfassung, das Staatsoberhaupt oder die innere Ordnung des Staates, im Unterschied zum Landesverrat, der sich gegen die äußere Sicherheit richtet.

Zweiter Auftritt

Kurier: Bote, Eilbote (von frz. *courrier*).

2565 *Sesin:* vgl. Anm. zu P 812. Die Gefangennahme Sesins ist Schillers Erfindung, die durch eine Andeutung bei Herchenhahn angeregt worden sein kann. Die Nachricht von diesem Schuldbeweis folgt unmittelbar auf das idealistische Vertrauensbekenntnis von Max: »Glänzend werden wir den Reinen Aus diesem schwarzen Argwohn treten sehn«.

2568 *Depeschen:* Eilnachrichten (von frz. *dépêche*).

2571 *Zeitung:* in der ursprünglichen Bedeutung ›Nachricht‹ (von mndd. *tidinge*, frühnhd. *zidunge*). Folgerichtig steht P 1059 »Zeitungsblatt« statt der neuen Kurzform »Zeitung«.

2583 *Fähnlein:* Schlachthaufen und Verwaltungseinheit der Landsknechte im 16. und 17. Jh. (400 bis 600 Mann), nach dem sichtbaren Kampfzeichen, der Fahne.

Dritter Auftritt

2611 *Leumund:* Ruf, Nachrede (von ahd. *liumunt* ›Ruf, Ruhm, Gerücht‹).

4. Wallensteins Tod

Die Entstehungsgeschichte des *Wallenstein* zeigt, wie Schiller im Fortgang seiner Arbeit von einer gewissen Überbewertung des historisch-wirklichen Details zu größerer dichterischer Freiheit findet. Dementsprechend treten die vielen geschichtlichen Einzeltatsachen, die weitgehend den Gang des Expositionsdramas mitbestimmten, in *Wallensteins Tod* zurück. Goethe lobt in seinem Brief an Schiller vom 18. März 1799 »den großen Vorzug, daß alles aufhört politisch zu sein und bloß menschlich wird, ja das Historische selbst ist nur ein leichter Schleier, wodurch das Reinmenschliche durchblickt«.

Personen

Ein Adjutant: einem höheren Offizier beigeordneter Offizier, Helfer des Kommandeurs (von lat. *adiutans* ›helfend, unterstützend‹).

Oberst Wrangel: nicht identisch mit dem schwedischen General Gustav Wrangel aus der *Geschichte des Dreißigjährigen Kriegs.*

Gordon (vgl. Anm. zum 4. Aufzug) und die Buttler'schen Hauptleute Walter *Deveroux* und *Macdonald*, eigtl. Dionysius Macdaniel, sind historische Figuren.

Erster Aufzug

Diese Eröffnungsszene hat Schiller erst sehr spät ausgeformt. Der Schauplatz wurde bereits P 1598 ff. beschrieben. Die Marbacher Handschrift gibt folgende ausführliche Szenenanweisung: »Sieben kolossale Bilder, die Planeten vorstellend, jedes einen transparenten Stern von verschiedener Farbe über dem Haupt, stehen in einem Halbkreis im Hintergrund, so daß Mars und Saturn dem Auge die nächsten sind. Das übrige ist in dem vierten Auftritt des zweiten Akts angegeben. Diese Bilder müssen durch einen Vorhang dem Auge entzogen werden können. Im fünften Auftritt – Wallenstein mit Wrangel – dürfen sie nicht gesehen werden, in der siebenten Szene aber müssen sie ganz oder zum Teil wieder sichtbar werden.«

Sphären: Himmelskugeln (von griech. *sphaira* ›Kugel, Ball‹).

Quadranten: Viertelkreise, Messgeräte zum Bestimmen von Gestirnhöhen (von lat. *quadrans* ›der vierte Teil‹).

Rotunde: kleiner Rundbau oder runder Raum (von lat. *rotunda* ›rund‹).

Der Planeten Aspekt: Konstellation, Stellung der Planeten am Himmel. Vgl. Anm. zu P 1603.

Erster Auftritt

2–4 *Mars … Venus:* Die Planeten sind nicht gleichzeitig zu sehen. Die Venus steht »in ihrer Erdennäh« (W 7) unsichtbar zwischen Erde und Sonne. Man deutet daher »Mars regiert die Stunde« gleichnishaft als das Kriegsgeschäft des Tages.

3 *operieren:* arbeiten, beobachten; vgl. »observieren« P 1349.

17 *im Gevierten … im Doppelschein:* in 90 bzw. 180 Grad, senkrecht oder schräg.

22 *Lumina:* Leuchten (von lat. *lumen* ›Licht‹).

23 *Malefico:* Dativ zu »Maleficus« (lat., ›Übeltäter‹); gemeint ist der Saturn.

24 *in cadente domo:* (lat.) im fallenden Haus; vgl. Anm. zu P 995–997.

25 *Saturnus' Reich ist aus:* Ähnlich wie im Falle des Mars (W 2) und wie in der Sterndeutung durch Max (P 1635–1643) verbinden sich hier die Sternennamen mit den mythologischen Göttergestalten, wo gleichfalls das dunkle Reich des Saturn von dem helleren Reich seines Sohnes Jupiter abgelöst wird.

Dritter Auftritt

57 *Planen:* Vorhaben. Aus lat. *planta* ›Fußsohle‹, ital. *pianta* ›Grundriss‹, über frz. *plan* ›Plan‹ gelangte das Wort Anfang des 18. Jh.s ins Deutsche. Zu Schillers Zeit hatte sich die nasale Aussprache bereits verloren, die Pluralform mit dem deutschen Umlaut aber noch nicht eingebürgert.

80 *Kaution:* Bürgschaft, Sicherheit (von lat. *cautio* ›Behutsamkeit‹).

88 *jetzo:* im 18. Jh. noch verbreitete Form des aus mhd. *ie* ›immer‹ und *zuo* ›zu‹ entstandenen Adverbs »jetzt«.

127 *eine Schrift:* die Denkschrift des *Lagers* (L 1030).

Vierter Auftritt

139–222 *Wär's möglich? … scheidet!:* Diesen 83 Verse langen Monolog nennt Goethe die Achse des Stückes. Wallensteins abstrakte Überlegungen über die Freiheit der gedanklichen Planung und den Zwang, der aus den tatsächlichen Gegebenheiten erwächst, münden in den Selbstbetrug, Aufrichtigkeit und Treue beruhten auf abstumpfender Gewohnheit und der Verstoß gegen die alten Tugenden sei eine große Tat. In seiner *Grundlegung zur Metaphysik der Sitten* sagt Kant: »Es ist überall nichts in der Welt, ja überhaupt auch außer derselben zu denken möglich, was ohne Einschränkung für gut könnte gehalten werden, als allein ein GUTER WILLE.« Immer wieder besteht Kant darauf: »bei dem, was moralisch gut sein soll, ist es nicht genug, daß es dem sittlichen Gesetz gemäß sei, sondern es muß auch um desselben willen geschehen.« Nicht aus Neigung, sondern aus Pflicht sei zu handeln. Schiller beurteilte die Handlungsmaximen weniger rigoristisch. Unter den Xenien, die Goethe und Schiller gemeinsam herausgaben, findet man das parodistische Distichon: »Gerne dien ich den Freunden, doch tu ich es leider mit Neigung, / Und so wurmt es mir oft, daß ich nicht tugendhaft bin.« Dennoch wird man nicht umhin können, Wallenstein nach den Prinzipien seines Willens zu beurteilen. Schiller selbst tut es in seiner *Geschichte des Dreißigjährigen Kriegs*. Die hier im Monolog vorgeschützte Planlosigkeit (W 171) scheint um vieles unglaubwürdiger als Octavios Deutung (P 2330–38). Und da fallen Pflicht und Neigung, Wohlfahrt des Reiches und Wallensteins persönlicher Vorteil, in bedenklicher Weise zusammen.

149 *Vermögen:* die Möglichkeit zur Tat; die Mittel, die Macht. Ebenso W 2513.

185 *Urne:* krugartiges, henkelloses Gefäß mit Deckel, hier als Behältnis für das Los des Menschen vorgestellt.

Fünfter Auftritt

225 *Stralsund:* Die Begegnung mit Wrangel dort ist erfunden; vgl. Anm. zu L 142 und 605.

234 *Kreditiv:* Vollmacht, Beglaubigungsschreiben.

238 *der Kanzler:* Oxenstierna, vgl. Anm. zu L 503; Herchenhahn und der *Ausführliche und gründliche Bericht* (s. Anm. zu P II,7) bezeugen Gustav Adolfs und Wallensteins frühes Einverständnis bezüglich Böhmens.

249 *In Schlesien ... bei Nürnberg:* vgl. Anm. zu P 1085 und 1036.

277 *Die Konkurrenz:* das Zusammentreffen der Umstände (von lat. *concurrere*).

287 *Attila und Pyrrhus:* alles verwüstende und alles niederwerfende Heerführer. Attila, der aus dem *Nibelungenlied* bekannte Etzel (›Gottesgeißel‹), war König der nach Europa eingebrochenen mongolischen Hunnen und herrschte von Dänemark bis Ungarn, vom Rhein bis zum Kaspischen Meer, bis er 451 von Aëtius auf den Katalaunischen Feldern geschlagen wurde. Pyrrhus, der König von Epirus (306–272 v. Chr.), ist vor allem wegen seines sehr verlustreichen Sieges gegen Rom bekannt, des Pyrrhussieges.

295 *Zum Treubruch zu verleiten:* Herchenhahn bemerkt: »Ein ganzes großes Offizierskorps abtrünnig zu machen, in ihm des Gewissens und der Ehre Ruf zu ersticken, war ein sehr gewagtes Unternehmen.« Und über Wallenstein: »Oxenstiern zweifelte an der Größe seiner Macht über aller kaiserlichen Generale Herzen, am blinden Gehorsam aller Offiziere, an ihrem Einwilligen in jeder Zumutung« (3,194 und 3,61f., nach NA 8,493).

325 *Felonie:* (frz.) Treubruch gegen den Lehnsherrn.

341 *breche mit dem Kaiser:* Bei Herchenhahn 3,226 sagt Oxenstierna: »So lange dieser [Wallenstein] vom Kaiser nicht öffentlich abfällt, so lange will ich ihm nichts glauben, und niemanden zu ihm schicken« (nach NA 8,493).

368 *Walstatt:* Kampfplatz, Schlachtfeld (von ahd. *wal* ›Schlachtfeld‹, eigtl. ›Leichen‹; zu germ. **wala* ›tot‹).

375 *den gemeinen Feind:* den gemeinsamen Feind.

376 *Das schöne Grenzland:* Gemeint ist Pommern.

399 *Ratschin und die kleine Seite:* Der Hradschin, der hochgelegene Teil Prags mit der ehemaligen königlichen Burg, und die Prager Kleinseite liegen auf dem linken Ufer der Moldau.

401 *Konjunktion:* Vereinigung der Heere (von lat. *coniunctio*).

Sechster Auftritt

419 *mit jenem königlichen Bourbon:* Gemeint ist der Connétable Karl von Bourbon, der unter Karl V. gegen sein französisches Vaterland kämpfte.

432 *Hürde:* tragbarer Zaun aus Flechtwerk für Viehweiden, dann der von dem Flechtwerk umfriedete Raum; von ahd. *hurde* ›Flechtwerk‹, got. *haurds* ›Tür‹; verwandt mit dem Wort »Horde« (Prolog 89).

441 *Öhm:* Oheim, Onkel. Der regierende Ferdinand II. ist ein direkter Abkömmling Ferdinands I., der auf seinen Bruder Karl V. gefolgt war. Für Ferdinands I. Sohn, also gewissermaßen auch für die weiteren direkten Nachkommen, ist Karl V. Oheim. Terkzy will durch seine Bemerkung Wallenstein darauf aufmerksam machen, dass auch das Kaiserhaus sich in seiner Politik nicht von Gewissens-, sondern von Nützlichkeitsrücksichten leiten lasse, so brauche denn umso weniger er anders zu verfahren (Zipper).

Siebenter Auftritt

448 *Ich gab den Böhmen einen König schon:* Den Anteil, den die Mutter des Grafen Terzky an dem Zustandekommen der Wahl des »Winterkönigs« (vgl. Anm. zu P 2058) gehabt haben soll, hat Schiller hier auf die Gattin Terzkys übertragen (Zipper).

463 *Brief und Siegel:* formelhafte Wendung; zur Bedeutung vgl. Anm. zu W 614 und 946.

473 *Urtel:* Urteil (von ahd., mhd. *urteil* ›was man erteilt‹). Die stark enttonte Form »Urtel« hat sich anders als ›Drittel‹ für ›Dritteil‹, ›Jungfer‹ für ›Jungfrau‹ und ›Junker‹ für ›Jungherr‹ u. Ä. nicht durchgesetzt.

474 *Der Oberst Piccolomini:* Dieser Auftritt folgt zeitlich

unmittelbar auf die letzte Szene der *Piccolomini. Die Piccolomini* und *Wallensteins Tod* erster und zweiter Aufzug spielen innerhalb von 24 Stunden und waren daher bei der Weimarer Uraufführung miteinander verbunden.

491–494 *Reis hin … haben wollen:* In den Quellen und in Schillers *Geschichte des Dreißigjährigen Kriegs* rät ein Unbekannter Wallenstein auf der Reise nach Eger zu diesem Schritt. Die Gräfin meint ihren Vorschlag ironisch.

496 *zum Todesblocke:* großes würfelähnliches Holz- oder Steinstück zum Auflegen des Kopfes für den zum Tod durch das Beil Verurteilten; Richtblock, Henkersblock.

500 f. *Der König Von Ungarn:* Ferdinand III.; vgl. Anm. zu L 713.

518 f. *ein übernächtiges Geschöpf der Hofgunst:* ein über Nacht emporgekommener Günstling.

521 *aus diesem Drang:* vgl. Anm. zu Prolog 108.

577 *Figuranten:* Statisten, stumme Darsteller (von lat. *figurans* ›gestaltend, formend‹).

582 *Bestallung:* bestallen: in ein Amt, eine Stellung einsetzen, ernennen (zu »bestellen«).

584 *feilen:* käuflichen; verwandt mit »wohlfeil, feilschen« usw.; von ahd. *feili*, *fāli*, mhd. *veil(e)*.

585 *Drahtmaschinen:* Marionetten, Gliederpuppen an Drähten.

604 *Deutschlands Kreise:* Maximilian I. hatte das Deutsche Reich in zehn Kreise eingeteilt.

609 *deines Sultans Herrschaft:* Gemeint ist der Kaiser, der hier mit einem Despoten des Orients verglichen wird.

613 f. *Und schweigend … Siegel auf:* vgl. die alte Rechtsregel »Qui tacet, consentire videtur« (lat., ›Wer schweigt, stimmt offenbar zu‹).

614 *Siegel:* Stempel zum Abdruck eines Zeichens in Wachs oder Siegellack, auch dieser Abdruck selbst auf einem Schriftstück als Verschluss oder Bestätigung; hier

in der Bedeutung von Zustimmung, Bestätigung (von lat. *sigillum* ›Bildchen, Figürchen, Siegelabdruck‹).

634 *Zodiak:* Tierkreis (lat. *zodiacus*).

647–651 *ich erwart … Rache-Engel:* Wallensteins Fatalismus lässt ihn den Mörder als Werkzeug der Erinnyen vorausahnen.

649 *wer des Drachens Zähne sät:* Der antiken Sage nach säte Kadmos Drachenzähne, aus denen Krieger wuchsen, die einander töteten.

Zweiter Aufzug. Erster Auftritt

664 *Mir meldet er aus Linz:* Die Rede ist von Altringer (vgl. Anm. zu P 21). Die Quellen berichten, dass Wallenstein zunächst Gallas, dann Piccolomini ausgesandt habe, den Abtrünnigen zu verhaften.

Zweiter Auftritt

734 *der feste Stern des Pols:* der Polarstern, der seine Stellung niemals verändert.

761 *der Ohnmacht sich vertrauen:* sich den Zwängen der Notwendigkeit unterwerfen.

779–809 *Schnell fertig … zurückgezogen:* Wallenstein möchte nicht wie Max von idealen Prinzipien ausgehen, sondern die wirklichen Sachen und Wesen beurteilen. Damit sichert sich der Realist größeren Spielraum zu kasuistischer Inkonsequenz. Den idealistischen Standpunkt (vgl. Anm. zu W 139–222) darf Wallenstein nicht zulassen, weil er davor nicht bestehen kann.

793 *Im leichten Feuer mit dem Salamander:* Bild für die Verstandeswelt (*mundus intelligibilis*); »Ihr Licht erfreut, doch macht es keinen reich« (W 802). Wallenstein bekennt sich zur Sinneswelt (*mundus sensibilis*), zur Natur (»zu der Erde zieht mich die Begierde«; W 798). Der geläuterte Wallenstein am Ende hat eine andere

Vorstellung vom menschlichen Glück: vgl. W 3421–30 und 3454f.

830 *Meilenzeiger:* Meilenstein. Eine deutsche Meile sind 7,5 km (aus lat. *milia*, urspr. *milia passuum* ›tausend Schritt‹).

Dritter Auftritt

850 *der Schwarze:* verhüllend für ›Teufel‹.

873 *Weil er ... taugt er dir:* »Für die Italiener trug Wallenstein eine vorzügliche Neigung. Er hielt sie zum Kriege von Natur sehr geschickt«, berichtet Herchenhahn, 2,20 (nach NA 8,495). Vgl. Anm. zu L 788.

897–942 *Es gibt ... niemals wieder:* Die 45 Verse lange Traumerzählung korrespondiert mit Octavios Bericht P 363–370. Der retardierende Monolog zeigt Wallensteins Schicksalsgläubigkeit. Octavios Tapferkeit in der Schlacht bei Lützen (vgl. Anm. zu L 356) ist historisch belegt (vgl. Anm. zu Octavio Piccolomini im Personenverzeichnis der *Piccolomini*).

941 *Mein Vetter:* Wallensteins Vetter Graf Berthold wurde bei Lützen verwundet und starb in Prag. In der Schlacht bei Nürnberg wurde das Pferd, auf dem Wallenstein ritt, erschossen.

946 *verbrieft:* urkundlich zugesichert; vgl. etwa den Majestätsbrief P 2089 oder den kaiserlichen Brief P 2499.

955 *Mikrokosmus:* (griech.) ›kleine Welt‹; das Innere des Menschen, vorgestellt als Abbild und Spiegel der großen Welt, des Makrokosmos. In den von Schiller benutzten *Paradoxaldiskursen* von Helmont ist der 2. Hauptteil überschrieben »Von dem Microcosmo oder Menschen als der kleinen Welt«. Vgl. auch die Anm. zu P 978.

Vierter Auftritt

961 *Kommando:* zu bestimmtem Zweck zusammengestellte Truppenabteilung (von ital., span. *comando* ›Befehl‹).

970 *meines Kalkuls:* meiner Berechnung (von frz. *calcul* ›das Rechnen‹).

Fünfter Auftritt

989 *Esterhazy, Kaunitz, Deodat:* Ergänzend zu den Deutschen werden Esterhazy als Ungar, Kaunitz als Böhme und Deodat als Italiener genannt.

1002f. *dies Blatt … des Kaisers Hand und Siegel:* der kaiserliche Erlass, den Octavio bereits Max vorgelegt hat (P 2499).

Sechster Auftritt

1052f. *die Neigung … entgegenkam:* Die Worte sind auf P 168–80 zu beziehen. In der älteren Fassung der Marbacher Handschrift geht Octavio noch weiter und lädt auf dem Bankett den gerade erst in Pilsen eingetroffenen Buttler ein, bei ihm zu wohnen. Buttler dankt kalt.

1081 *Dies Manifest erklärt ihn in die Acht:* unhistorisch, vgl. Anm. zu P 2499. Ein Manifest ist eine öffentliche Erklärung, Rechtfertigung, Darlegung (von lat. *manifestus* ›handgreiflich, offenbar‹). Die Ächtung bedeutet Ausschluss aus der Gesellschaft und jedem Rechtsschutz (von ahd. *ahta*).

1100 *Wie war es mit dem Grafen?:* Die Quellen erzählen die Geschichte mit dem Grafentitel von Illo oder Isolani. Eine frühere Lesart lässt keinen Zweifel daran, dass hier Wallenstein und nicht Octavio Buttler betrogen hat.

1128 *Junker:* junger Adliger (von ahd. *juncherro* ›jung‹ und ›Herr‹).

Siebenter Auftritt

1210 *Du steigst durch seinen Fall:* Max urteilt auch hier wieder ganz als Idealist, für den Moralität und persönlicher Vorteil einander ausschließen. Vgl. Anm. zu W 139–222 und 779–809.

1219 *Meineid:* vorsätzlich falscher Schwur (zu ahd. *mein* ›falsch‹).

1251 *Brandmal:* in die Haut gebranntes Schandmal für Verbrecher.

Dritter Aufzug. Erster Auftritt

1287 *Ich hab ihn heut und gestern nicht gesehn:* Der dritte Aufzug spielt demnach 24 Stunden später.

Zweiter Auftritt

1316 f. *Pflicht und Ehre! Das sind vieldeutig doppelsinnge Namen:* Diese Auffassung entspricht den Relativierungen Wallensteins von Gut und Böse (W 783 ff.).

1352 *eitle Klagen:* leere, nichtige Klagen; vgl. Anm. zu P 1442.

Dritter Auftritt

1376 *Dafür seid ruhig:* Davor habt keine Sorge.

1402–08 *seit dem Unglückstag … Künsten zu:* Wenn die Herzogin Recht hat, hat sich Wallenstein erst in dem Augenblick der Astrologie zugewandt, als ihm sein politisches Schicksal gar zu unberechenbar vorkam.

Vierter Auftritt

1512 f. *meinen Eidam … Thronen suchen:* Eidam: Schwiegersohn; von ahd. *eidum*, eigtl. ›Teilhaber (am Erbe durch Heirat)‹. Herchenhahn schreibt: »Beim Lubecker

Frieden ließ Wallenstein seine Erbin dem dänischen Prinzen Ulrich zur Gemahlin mit einer Mitgabe anbieten, welche wenige europäische Prinzessinnen mitbringen konnten, und Christian, der König, betrachtete eine solche Verbindung seines Sohnes für vorteilhaft« (2,55 f., nach NA 8,497).

1531 f. *sie ist mir … Die höchste, letzte Münze:* Vor solcher Geringschätzung des Menschen (vgl. W 1434 f.) kann die bedingungslose Liebe nur als Tollheit (W 1499) erscheinen. Wallensteins Werben um Maxens Freundschaft (W 2166) kann danach nur noch als widersprüchlich oder falsch empfunden werden.

1549 *Herzog Franz von Lauenburg:* historisch nicht Franz, sondern dessen Bruder Julius Heinrich, Herzog von Sachsen-Lauenburg, begleitete Wallenstein von Pilsen nach Eger.

Sechster Auftritt

1597 *Grenadiere:* mit Handgranaten ausgerüstete Soldaten, ›Granatenwerfer‹ (zu frz. *grenade* ›Granatapfel, Granate‹). Diese Art des heutigen Infanteristen gibt es erst seit dem 18. Jh. Hier sind die Arkebusiere gemeint, vgl. Anm. zum Personenverzeichnis des *Lagers.*

Siebenter Auftritt

1608 *der Lärmen:* der Lärm (von ital. *allarme*, frz. *alarme*); meinte urspr. den Ruf zu den Waffen (vgl. »Alarm«). Hier ist die alte Endung von frühnhd. *larman, lerman* erhalten geblieben.

1620 *Fahr hin! Ich hab auf Dank ja nie gerechnet:* Das wäre von einem Realisten konsequent gedacht. Wallensteins Reden gegenüber Max und Oberst Buttler zeigen aber, dass der Realist doch mit den idealistischen Maximen anderer spekuliert und sich nur dann selbstbetrügerisch auf den idealistischen Standpunkt stellt, wenn ihm ein anderer Realist mit gleicher Münze heimzahlt. In der *Geschichte des Dreißigjährigen Kriegs* schreibt Schiller: »Im Begriff, ein nie erlebtes Beispiel des Undanks gegen den Schöpfer seines Glücks aufzustellen, baute er [Wallenstein] seine ganze Wohlfahrt auf die Dankbarkeit, die man an *ihm* beweisen sollte.«

1639 *Ein muntrer Sinn bewegt die leichten Säfte:* Anspielung auf die mittelalterliche Temperamentenlehre, die Wesen und Gemütsverfassung des Menschen auf die Säfte in seinem Körper zurückführte.

Neunter Auftritt

1668–87 *Die Sterne … solche Waffen:* Jetzt, wo Wallenstein bösen Wechselfällen des Schicksals ausgesetzt ist, wo die Folgen realistischer Kasuistik und moralischer Relativierungen (vgl. W 779–809) ihn selbst treffen, urteilt er wie Max, spricht er von falschen, schlechten oder geraden Herzen, als gäbe es auch für ihn unbedingte ethische Maßstäbe.

Zehnter Auftritt

1689 *Komm an mein Herz:* Wenn sich der Held wie hier noch in völliger Sicherheit wiegt, während der Zuschauer bereits das unabwendbare Verhängnis über ihm sieht, spricht man von tragischer Ironie. Solche Momente der tragischen Ironie treten von nun an immer häufiger auf.

1716 *Graf Kinsky:* Nach dem *Ausführlichen und gründlichen Bericht* ist es Terzky, der mit seinen Truppen von Pilsen nach Prag aufbrechen will und von der Nachricht überrascht wird, »daß Ihr Kay. May. Patenta vnterm des 18. February […] cassirt, der Friedlandt exautorirt, und für einen maineydigen Rebellen declarirt« worden ist.

1738f. *Ihr selbst … seid geächtet:* Den Quellen nach erreicht die Ächtung Wallenstein erst in Eger.

Elfter Auftritt

1759 *der Pfalzgraf:* der »Winterkönig« (vgl. Anm. zu P 2058).

Dreizehnter Auftritt

1786 *Harnisch:* Brustpanzer, Rüstung.

1786–1824 *Du hast's erreicht … zu erobern:* In tragischer Verblendung findet Wallenstein zu seiner alten Entschlusskraft und Seelengröße zurück. In der *Geschichte des Dreißigjährigen Kriegs* heißt es: »Einsam steht er da, verlassen von allen, denen er Gutes tat, verraten von allen, auf die er baute. Aber solche Lagen sind es, die den großen Charakter erproben. In allen seinen Erwartungen hintergangen, entsagt er keinem einzigen seiner Entwürfe; nichts gibt er verloren, weil er sich selbst noch übrigbleibt.«

1787f. *als ich einst Vom Regenspurger Fürstentage ging:* unhistorisch; Wallenstein war selbst nicht auf dem Fürstentag.

Fünfzehnter Auftritt

Honneurs: (frz.) Ehrerweisungen.

1833 *Von Hessischen umringt:* Truppen des Landgrafen Wilhelm, der auf Gustav Adolfs Seite focht.

1839 *Altenberg:* die Alte Veste bei Nürnberg; vgl. Anm. zu P 1036 und 1085 sowie W 1920 »jene Mordschlacht auf der alten Feste«.

1846 *Oberst Dübald:* Der Name taucht nicht in den Hauptquellen auf; Johann Philipp Abels Geschichtsbuch *Theatrum Europaeum* berichtet von seiner Gefangennahme in der Schlacht bei Steinau.

1922 *Partisan':* spießartige Stoßwaffe mit zweischneidiger, spitzer Klinge (frz. *pertuisane* ›Knebelspieß‹).

1924 *Pfühl:* weiches Lager, Ruhebett; von ahd. *pfuilwi(n)*, lat. *pulvinus* ›Polster, Kissen‹.

1934 *dieser kaiserliche Jüngling:* König Ferdinand von Ungarn (vgl. Anm. zu L 713 und P 208).
1938 *Papist:* Anhänger des Papstes, Katholik.
1988 *Er muss zerhauen werden:* Anspielung auf die Lösung des Gordischen Knotens durch Alexander den Großen, dem sich Wallenstein damit gleichstellt.

Siebzehnter Auftritt

2022 *Scherfenberg:* Wallensteins Oberhofmeister.

Achtzehnter Auftritt

2110 *Basilisken:* Als schlangenhaftes Fabeltier der orientalischen Sage hat der Basilisk einen tödlichen Blick.
2143 *im Pragschen Winterlager:* November 1620, bei der Schlacht am Weißen Berg.
2172 *Gnadenkettlein:* vgl. Anm. zu L 73.
2173 *Widderfell:* das Goldene Vlies; der griechischen Sage nach ein von einem Drachen bewachtes Widderfell, das von Jason mit Hilfe Medeas aus Kolchis nach Griechenland zurückgeholt wird; dann einer der ältesten europäischen Orden, der 1429 gestiftet wurde und seit dem 18. Jh. von österreichischen und spanischen Herrschern an katholische Standesherren und Souveräne verliehen wurde.

Neunzehnter Auftritt

2201 *Kettenkugeln:* ein Geschoss aus mehreren Kugeln, die durch Ketten zusammengehalten werden.

Zwanzigster Auftritt

2251 *Den Schuss … Auf diesen Neumann:* Neumann fiel in der Mordnacht in Eger; dieser Aufruhr in Pilsen ist unhistorisch.

2267 *Altan:* unterstützter, balkonartiger Vorbau am oberen Geschoss eines Hauses (von ital. *altana*).

Einundzwanzigster Auftritt

2322 *die Erinnyen:* Rachegöttinnen der griechischen Mythologie; bei den Römern die Furien.

2334 *rächen sie die Schauder:* die Schauder sind Subjekt, das Pronomen Objekt des Satzes: die Schauder der Natur rächen die freien Regungen der Gastlichkeit an dem Barbaren, der sie schändet.

2358 f. *mein Schicksal Wird bald entschieden sein:* In den Auftritten 9 bis 14 des vierten Aufzugs werden Plan und Schicksal Theklas nicht eindeutig geklärt; daher die Anfragen des Publikums an Schiller, was aus Thekla geworden sei, und als Antwort Schillers Gedicht *Thekla. Eine Geisterstimme*.

nach 2359 *Vivat Ferdinandus!:* (lat.) Es lebe Ferdinand; Losungswort und Kampfruf der Verschworenen in Eger.

Dreiundzwanzigster Auftritt

2371 *wir verlassen Pilsen:* Wallenstein fühlt sich unter den kaisertreuen Truppen nicht mehr sicher und möchte den Schweden näher sein. Im *Ausführlichen und gründlichen Bericht* heißt es, Wallenstein habe »bey solcher Confusion und vnversehener Veränderung sein voriges Propositum, sich nacher Prag zu begeben, auch nothwendig einstellen müssen, und dargegen die Stadt Eger erwehlet«. Herchenhahn berichtet, Wallenstein reiste »mit der Kammer und seiner Hofstatt ganz allein, und nur in der Begleitung des Dragonerregiments Buttler, mit 600 Pferden eines Kavallerieregiments Tersika [...] und einigen Damen« (3,256, nach NA 8,499).

Vierter Aufzug

Die Darstellung der Ereignisse in Eger folgt den Quellen. Allerdings verändert Schiller die Akzente der Rollen. Leßley tritt den Quellen gegenüber in den Hintergrund, dafür wird Buttler herausgestellt (vgl. Schillers Brief an Goethe vom 7. März 1799; s. Kap. III,10). Gordon, der historische Kommandant von Eger, war ein Günstling Wallensteins und den Quellen nach nur schwer für den Anschlag zu gewinnen. Über seine Rolle im Drama schreibt Schiller am 24. Dezember 1798 an Iffland: »ein gutherziger fühlender Mann von Jahren, der weit mehr Schwäche als Charakter hat [...]. Er muß aber in guten Händen seyn, denn er nimmt an den wichtigsten Scenen theil, und spricht die Empfindung, ich möchte sagen, die Moral des Stücks aus.«

Erster Auftritt

2439 *Rechen:* Fallgitter im Tor der Festung.

2441 *Laren:* Schutzgeister von Haus und Familie in der römischen Mythologie.

Zweiter Auftritt

2499f. *Es darf der Fürst ... Aus diesem Platz:* Die ursprüngliche Absicht der Verschworenen war es, Wallenstein gefangen zu nehmen. Buttler schließt sich hier aus taktischen Gründen vorerst diesem Plan an.

2510 *Schergen:* heute: käufliche Befehlsvollstrecker, früher, besonders im Bairisch-Österreichischen, Bezeichnung für Gerichtspersonen vom Amtsvorsteher bis zum Henker (von mhd. *scherje*, ahd. *scario*, *scerjo* ›Scharmeister, Hauptmann‹).

2520 *Vom Staube ... aufgelesen:* Nach Herchenhahn war es Gordon, den Wallenstein vom gemeinen Soldaten zum Oberst erhoben hat. Schiller überträgt dies auf Buttler und verbindet Gordon und Wallenstein durch das Motiv der Jugendfreundschaft.

2545 *Pagen waren wir am Hof zu Burgau:* Wallenstein war tatsächlich Page im Dienste des Markgrafen von Burgau im bayrischen Schwaben, aber nicht in Burgau, sondern in Innsbruck. Die Gemeinsamkeit mit Gordon ist erfunden.

2560 *wo er zwei Stock hoch niederstürzte:* Murr berichtet diese Episode: »Als er 1604 von einem hohen Fenster herabstürzte, ohne Schaden zu nehmen, entschloß er sich, durch Hofleute und Pfaffengeschwätze dazu aufgemuntert, die päpstliche Religion anzunehmen. Von dieser Epoche an muß man die Entwicklung von Wallensteins Talenten anfangen.«

Dritter Auftritt

2580 *Ihr führt den halben Adler:* Wappen und Erklärung nahm Schiller aus Matthäus Merians *Topographia Bohemiae*, Frankfurt a. M. 1650.

2585 *kanzelliert:* kanzellieren: Geschriebenes mit sich gitterförmig kreuzenden Strichen ungültig machen (von lat. *cancelli* ›Gitter, Schranken‹, vgl. engl. *to cancel*).

2597 *Messbuch oder Bibel:* Symbole für die katholische und die protestantische Konfession.

2599f. *In Glogau … erbauen lassen:* Wallensteins Abneigung gegen die Jesuiten und der Bau der evangelischen Kirche zu Glogau in Schlesien sind historisch.

2602 *Pachhälbel:* der historische Name des Bürgermeisters, bei dem Wallenstein früher einmal zu Gast war. Im Winter 1634 wohnte Wallenstein im Hause eines anderen Pachhälbel. Auf einer Reise nach Karlsbad 1791 hatte Schiller das Haus besichtigt.

2608 *Die spanische Doppelherrschaft:* die Habsburger in Österreich und Spanien.

2611 *drei Monde:* Lufterscheinung, sog. Nebenmonde.
2616 *Zwei Reiche:* Österreich und Spanien, vgl. W 2608f.
2619 *Ein starkes Schießen war ja an diesem Abend:* eine chronologische Inkonsequenz, denn Max ist am Vortag gefallen und wurde bereits am Morgen *dieses* Tages bestattet (W 3062).
2624 *Neustadt … Weiden:* in der bayerischen Oberpfalz.
2631 *Werken:* Festungswerken.
2634 *Basteien:* vorspringende Teile eines Festungsbaues, Bastionen, Bollwerke (von ital. *bastia*).

Vierter Auftritt

2644 *Zeitungen:* Nachrichten (vgl. Anm. zu W 2571).
2648 *Tirschenreit:* Tirschenreuth, zwischen Eger und Neustadt.
2650 *Tachau:* nordöstlich von Neustadt.
2660 *Suys:* vgl. Anm. zu P 1196; Oberst Suys stand damals bei Prag.

Fünfter Auftritt

2663 *Ein Reitender ist da:* Die Ankunft des Boten mit der Nachricht vom Heranrücken der Schweden führt in den Quellen zu dem Entschluss der Verschwörer, Wallenstein umzubringen.

Sechster Auftritt

2692 *worden:* präfixlose Partizipialform von »werden«, die seit dem frühen Nhd. und vereinzelt bis ins 19. Jh. neben »geworden« steht.

Siebenter Auftritt

2779 *Wir wollen eine lustge Fassnacht halten:* Nach Murr war der 25. Februar 1634 der Fastnachts-Sonnabend.

2781 *Avantgarde:* (frz.) Vorhut; vgl. »Vortrab« W 3021.
2827 *das Wort:* die Losung, die Parole.

Achter Auftritt

2859–62 *Gerechnet hat er … Zirkel fallen:* Anspielung auf Archimedes von Syrakus, den griechischen Physiker und Mathematiker aus dem 3. Jh. v. Chr., der von Soldaten getötet wurde, als er gerade Berechnungen anstellte. »Nolite turbare circulos meos!« – »Bringt mir meine Zeichnungen nicht durcheinander!« sollen seine letzten Worte gewesen sein.

nach 2914 Der achte Auftritt schloss ehemals mit einem 28 Verse langen Monolog, in dem Buttler, von dem Motiv seiner persönlichen Rache an Wallenstein ablenkend, sich als Werkzeug des Schicksals darstellt. Auf Körners Rat (Brief vom 9. April 1799) hat Schiller die schwachen Verse gestrichen.

Neunter Auftritt

2965 *ungleich:* unbillig, ungerecht.

Zehnter Auftritt

3018–72 *Wir standen … er wollte sterben:* Das Treffen ist eine Erfindung Schillers. In Georg Engelsüß, *Weimarischer Feldzug*, Frankfurt a. M. 1648, wird berichtet, dass zehn kaiserliche Regimenter unter der Führung des Feldmarschalls Piccolomini aus Böhmen nach Bayern eingefallen seien und die Stadt Weiden zum Kampf aufgefordert hätten. Schiller hatte die Quelle der Weimarer Bibliothek entliehen. Ludwig von Wolzogen berichtet in seinen Memoiren über die Entsendung des Botenberichts: »Er [Schiller] verlangte, ich solle ihm ein treues Bild von einer Schlacht des Dreißigjährigen Krieges liefern, damit er aus dieser Beschreibung die Grundfarben zur Schilderung des Todes von Max Piccolomini entlehnen könne; als ich ihm aber mit Kartaunen, Kolubrinen und Bombarden kam, da schlug er die Hände über dem Kopfe zusammen und rief: ›Wie können Sie nur verlangen, daß ich eine Szene, welche den höchsten tragischen Eindruck auf die Zuschauer zu machen berechtigt ist, mit so viel Knall und Dampf anfüllen soll?! Max kann nicht durch eine Kugel enden; auch muß sein Tod nur erzählt, nicht dargestellt werden, ähnlich wie Theramen in der ‚Phädra' Hippolyts Ende berichtet!‹ – [...] ›Max darf nicht durch Feindes Hand, er muß unter dem Hufschlag seiner eigenen Rosse an der Spitze seines Kürassierregiments des Todes Opfer werden!‹ – und so entstand die herrliche Erzählung des schwedischen Hauptmanns, die wir heute alle noch mit Bewunderung lesen.«

3037 *Piken:* Langspieße, Stoßwaffe des Fußvolks.

3043 *Helmbusch:* Federschmuck auf dem Helm.

Elfter Auftritt

3121 *Kavalier:* (frz. *cavalier* ›Reiter, Ritter‹) Ehrenbegleiter, der Stallmeister Rosenberg (W 3154).

Dreizehnter und vierzehnter Auftritt

Diese beiden Auftritte, die ein wohltuendes Abschwellen bringen sollen, wurden bei der Uraufführung gestrichen. Goethe: »Wie sie fortkommt, bleibt immer der Phantasie überlassen« (18. März 1799).

Fünfter Aufzug. Erster Auftritt

3207 f. *Wer ist Gut kaiserlich?:* Die Losung stammt aus Herchenhahns Darstellung. Im *Ausführlichen und gründlichen Bericht* (s. Anm. zu P II,7), bei Murr und in Schillers *Geschichte des Dreißigjährigen Kriegs* heißt es »Vivat Ferdinandus« (wie nach W 2359); vgl. auch W 3224 »Es lebe der Kaiser!«.

3212f. *Deveroux ... Macdonald:* Hauptmann Deveroux ist in den Quellen der eigentliche Mörder; Macdonald wird ebenfalls, aber nur beiläufig genannt.

Zweiter Auftritt

3239 *Soldaten der Fortuna:* Soldaten der Glücksgöttin (vgl. Anm. zu L 421). Im *Ausführlichen und gründlichen Bericht*: »Darauff seye jhme geantwortet, daß sie zwar Soldaten von der Fortuna weren, [...] allein stundte jhnen gleichwol noch im weg jhr Juramentum, welches sie Ihrer Kay. May. geleist hetten.«

3245 *fahen:* zu Schillers Zeit gebräuchliche Nebenform zu »(ein)fangen« (mhd. *vâhen*).

3251 *eine guldne Gnadenkett:* vgl. Anm. zu L 73.

3253 *splendid:* freigebig, großzügig (von lat. *splendidus* ›herrlich, prächtig‹; zu *splendere* ›glänzen‹).

3265f. *deine dreißig Seelen auf dir liegen:* Du hast schon dreißig Morde auf dem Gewissen.

3268 *Jurament:* Eid; vgl. das lateinische Wort in der Quelle, Anm. zu W 3239.

3280 *Ich bin dein Papst und absolviere dich:* Der Papst als oberstes Kirchenhaupt hatte die Gewalt, auch von den allerschwersten Sünden loszusprechen.

3282 *schickt mir Pestalutzen:* Pestalutz war nach dem *Ausführlichen und gründlichen Bericht* der Hauptmann eines Terzky'schen Regiments.

3336 *Er ist nicht zu verwunden, er ist fest:* der alte Aberglaube, Wallenstein sei kugelfest; vgl. L 355 »dass er fest ist, das ist kein Zweifel«. Herchenhahn berichtet: »In der kaiserlichen Armee herrschte zu dieser Zeit beim gemeinen Mann das Vorurtheil, sich fest und unverwundbar zu machen, und die Offiziere stärkten ihn im unvernünftigen Wahn« (1,254f., nach NA 8,502).

3344 *Bruder Dominikaner:* Mönch des 1216 von Dominikus gegründeten Dominikaner-Ordens. Die Dominikaner, später die Hauptträger der Inquisition, waren Bettelmöche in weißen Röcken und schwarzen Mänteln mit Kapuzen.

3352 *die ersten Runden:* der nächtlich umgehenden Wache.

3355 *Hartschiers und Garden:* der Hartschier oder Hatschier war urspr. ein berittener Bogenschütze (von ital. *arciere* ›Bogenschütze‹), später ein Leibwächter mit Hellebarde wie die Garde (frz., ›Bewachung, Bewahrung‹).

3367 *Komitat:* Begleitung, Gefolge (von lat. *comitatus*, zu *comes* ›Begleiter‹).

3369 *Er hasst Geräusch:* vgl. Anm. zu L 611 f.

3385 *ehrlich:* nicht von Henkershand.

Dritter Auftritt

Ein Saal, … eine Galerie … die sich weit nach hinten verliert: Schneider (NA 8,502) weist auf das Angsttraumhafte der endlosen Öde des engen Ganges. Tatsächlich ist die Szene den Angstträumen Franz Moors verwandt.

3406 *Am Himmel ist geschäftige Bewegung:* Aufkommender starker Wind in der Mordnacht ist historisch belegt. Die Szenen tragen Züge der Mordnacht in Shakespeares *Macbeth*, den Schiller zuvor gelesen hatte.

3411 *Kassiopeia:* W-förmiges Sternbild in der Milchstraße, benannt nach einer Gestalt der griechischen Sage.

3418 *Du wirst ihn wiedersehn:* Die Gräfin denkt an Jupiter, Wallensteins Glücksstern. Wallenstein denkt an Max und weist die Worte der Gräfin als romantische Todesverklärung zurück. »Wir werden uns wiedersehen«, ein Motiv aus Goethes *Werther* (Brief vom 10. September 1771), war im ausgehenden 18. Jh. zu einem sentimentalen Schlagwort geworden.

3422f. *spinnt Das Schicksal:* abgeleitet von dem Mythos der drei Parzen, die den Schicksalsfaden spinnen.

3446–51 *Er machte mir das Wirkliche ... Gestalten:* Erinnernd sieht und anerkennt Wallenstein die Schönheit der idealistischen Denkweise, die er zuvor (II,2) als leere Phantasterei zurückgewiesen hatte.

3471f. *mit deiner ersten Gemahlin:* Lucretia Nekesch von Landeck; vgl. Anm. zu *Herzogin von Friedland* im Personenverzeichnis der *Piccolomini.*

3477f. *die Kartause Zu Gitschin:* das Kartäuserkloster zu Waltitz bei Gitschin, von dem Murr berichtet.

3491 *Was man vom Tod des vierten Heinrichs liest:* Die Geschichte von der Ermordung König Heinrichs IV. von Frankreich durch den Jesuiten Ravaillac findet sich in der *Sammlung historischer Memoires,* die unter Schillers Namen erschien.

3495 *Louvre:* Königspalast in Paris.

3497 *der Gattin Krönungsfest:* Am Tage vor der Ermordung Heinrichs IV. (14. Mai 1610) fand die feierliche Krönung seiner Gemahlin statt.

Vierter Auftritt

3533 *im Krieg von Friaul:* 1617 im Krieg gegen Venedig, bei Herchenhahn »friaulischer Krieg«.

3537 *glaubig:* veraltet für »gläubig«.

3556 *Port:* (lat.) Hafen.

3564 *über meinem braunen Scheitelhaar:* im Gegensatz zu »diesem greisen Haupte« (W 1918); Wallenstein bildet sich die Realitäten nach Zweck und Vorstellung.

3588 *Typhon:* im griechischen Mythos Sohn der Gäa von Tartaros, ein Riese mit hundert Schlangenköpfen, der Zeus die Weltherrschaft streitig machte, bis dieser ihn mit dem Blitz bezwang. Später mit dem ägyptischen Gott Seth identifiziert.

Fünfter Auftritt

Die astrologische Besprechung Wallensteins mit Seni kurz vor der Ermordung wird in allen Quellen bezeugt und in einem ähnlichen Sinne wie hier ausgemalt.

3621 f. *Dies schwedsche Bündnis hat Dir nie gefallen wollen:* Herchenhahn schreibt: »Merkwürdig ist es, daß Seni dem Friedland nie zur Untreue gegen den Kaiser geraten hat, sondern abriet« (2,38, nach NA 8,503).

Siebenter Auftritt

3732 *Freund! Jetzt ists Zeit, zu lärmen!:* so bereits bei Murr und in Schillers *Geschichte des Dreißigjährigen Kriegs.*

Zehnter Auftritt

3774 *Bedienter (Silbergerät tragend):* Murr berichtet, dass in der Verwirrung die Dienerschaft zu plündern begann und »viel Silbergeschirr« mitgehen ließ.

Elfter Auftritt

Hellebardieren: Männer mit Hellebarden, Hieb- und Stoßwaffen mit langem Schaft und Beil und Haken vor der eisernen Spitze (mhd. *helmbarte*, zu *helm* ›Handhabe‹ und *barte* ›Beil‹).

in einem roten Teppich: vgl. die Vorausdeutung »Das ist der rote Teppich meines Zimmers« (W 3510). Vgl. Murr: »Buttler und Lesley [...] liesen den Leichnam Wallensteins in einen rothen Fußteppich, der vor dem Bette lag, einwickeln.«

3783 *Ich hebe meine Hand auf:* ich schwöre.

3788 *Meuchelmord:* von »meucheln« ›heimtückisch ermorden‹ (mhd. *muchen*, ahd. *muhhon* ›aus dem Hinterhalt anfallen, sich verbergen‹, verwandt mit »mogeln«).

3811 *stehenden Fußes reis ich ab nach Wien:* Murr teilt Buttlers Ernennung zum Grafen und die übrigen Belohnungen der Mörder durch Kaiser Ferdinand II. mit.

Zwölfter Auftritt

3867 *Dem Fürsten Piccolomini:* Octavio Piccolomini wurde nicht 1634, sondern erst 1639 gefürstet. Es ist Schillers Einfall, die Ernennung in Zusammenhang mit Wallensteins Ermordung zu bringen. Goethe schreibt darüber am 18. März 1799: »Der Schluß des Ganzen durch die Adresse des Briefs erschreckt eigentlich, besonders in der weichen Stimmung, in der man sich befindet. Der Fall ist auch wohl einzig, daß man, nachdem alles, was Furcht und Mitleiden zu erregen fähig ist, erschöpft war, mit Schrecken schließen konnte.«

II. Der Stoff und seine Tradition

1. Zeittafel der historischen Ereignisse

1583 24. September: Albrecht Wenzel Eusebius von Wallenstein (Waldstein) wird in Heřmanitz bei Arnau an der Elbe geboren.

1594 19. Dezember: Gustav II. Adolf von Schweden geboren.

1595 Wilhelm von Wallenstein, der Vater Albrechts, stirbt. Wallenstein kommt zu seinem Onkel Heinrich Slavata nach Schloss Koschumberg.

1602 Nach dem Studium in Altdorf und einer italienischen Studienreise nimmt Wallenstein Dienste bei dem Markgrafen Karl von Burgau zu Innsbruck.

1604 Wallenstein tritt in kaiserliche Kriegsdienste; im Winter 1604 ficht er als Hauptmann gegen die Türken, Ungarn und Siebenbürger.

1609 Wallenstein heiratet Lucretia von Witschkow, geborene Nekesch von Landeck (gestorben 23. März 1614).

1615 Die mährischen Stände wählen ihn zum Obersten über ein Regiment.

1617 Wallenstein tritt in die Dienste Ferdinands von Tirol. Er entsetzt zusammen mit Dampierre im Friauler Krieg gegen Venedig die befestigte Stadt Gradisca d'Isonzo.

1618 23. Mai: Prager Fenstersturz. Aufstand des böhmischen Protestantentages.
1. Juli: Krönung König Ferdinands.
29. Oktober: Wallenstein wird kaiserlicher Oberst.

1619 20. März: Kaiser Matthias gestorben.
26. August: Bethlen Gabor tritt zum Angriff auf Ungarn an.
26./27. August: Wahl Friedrichs V. zum König von Böhmen.

28. August: Ferdinand II. (geboren 1578), König von Böhmen und Ungarn, wird zum deutschen Kaiser gewählt.
8. Oktober: Münchener Vertrag zwischen dem Kaiser und Maximilian von Bayern (Neuaufstellung einer Armee der Liga und Zusicherung, die pfälzische Kur auf Bayern zu übertragen).

1620 8. Januar: Bethlen Gabor wird vom Preßburger Reichstag zum Fürsten von Ungarn ernannt und erhält die Regierungsgewalt über die von ihm eroberten ungarischen Gebiete.
4. November: Wallenstein, bei der vereinigten ligistisch-kaiserlichen Armee, nimmt die Stadt Laun ein.
8. November: Niederlage der böhmisch-pfälzischen Truppen in der Schlacht am Weißen Berg bei Prag, an der Wallensteins beide Reiterregimenter teilnehmen.
9. November: Flucht Friedrichs V. nach Breslau. Die Rekatholisierung der österreichischen Erblande wird eingeleitet.
Ende November landet die »Mayflower« mit den puritanischen Pilgervätern in Amerika.

1621 22. Januar: Friedrich V. wird in die Reichsacht erklärt.
9. Februar: Gregor XV. wird zum Papst gewählt.
31. März: Philipp III. von Spanien gestorben.
9. April: Ende des Waffenstillstands zwischen den Generalstaaten (Moritz von Oranien) und Spanien, Wiederbeginn des Krieges.

1622 6. Januar: Friede von Nikolsburg zwischen dem Kaiser und Bethlen Gabor sowie den ungarischen Ständen.
18. Januar: Wallenstein wird das militärische Oberkommando in Böhmen übertragen.
6. Mai: Sieg des bayerisch-spanischen Heeres unter Tilly und Cordoba über die badischen Truppen unter Markgraf Georg Friedrich bei Wimpfen.

20. Juni: Sieg Tillys und Cordobas über Herzog Christian von Halberstadt bei Höchst.

15. September: Der Kaiser verleiht Wallenstein die Würde eines Reichs- und Pfalzgrafen.

16. September: Tilly zwingt Heidelberg zur Kapitulation.

2. November: Tilly erobert Mannheim.

1623 25. Februar: Maximilian von Bayern wird mit der pfälzischen Kur belehnt.

Urban VIII. wird Papst.

3. Juni: Wallenstein wird zum Generalwachtmeister ernannt.

9. Juni: Wallenstein heiratet Isabella Katharina Freiin von Harrach (geboren 28. September 1601).

6. August: Sieg Tillys über Herzog Christian von Halberstadt bei Stadtlohn.

Mitte August erneuter Angriff Bethlen Gabors.

7. September: Wallenstein wird in den Fürstenstand erhoben.

1624 12. März: Friedland wird Fürstentum.

26. April: Richelieu wird von König Ludwig XIII. ins Ministerium berufen.

8. Mai: Zweiter Friede von Nikolsburg zwischen dem Kaiser und Bethlen Gabor.

Erste englische Niederlassung in Ostindien.

1625 27. März: Jacob I. gestorben; sein Sohn Karl I. wird König von England und Schottland.

2. Mai: Vertrag zwischen dem Kaiser und Bethlen Gabor, in dem der Friede von Sitvatörök erneuert wird.

13. Juni: Wallenstein wird zum Herzog ernannt, Friedland zum Herzogtum erhoben.

27. Juni: Wallenstein erhält den Auftrag, eine Armee aufzustellen, und wird am 25. Juli zum General ernannt.

13. Oktober: Vereinigung des Wallenstein'schen Heeres mit den Ligisten.
19. Dezember: Bündnis zwischen England, Dänemark und Holland.

1626 25. April: Sieg Wallensteins über Mansfeld an der Elbbrücke bei Dessau.
12. August: Tilly erobert Göttingen.
27. August: Sieg Tillys über König Christian IV. bei Lutter am Barenberge.
Der Gouverneur von Neuniederland, P. Minnewit, kauft die Insel Manhattan und legt an der Südspitze das Fort Neu-Amsterdam (später New York) an.
28. Dezember: Preßburger Friede zwischen dem Kaiser und Bethlen Gabor.

1627 20. April: Allianzvertrag Frankreichs mit Spanien gegen England.
10. Mai: Ferdinand II. unterzeichnet das Patent zur Einführung der »erneuerten Landesordnung« für Böhmen.
Juni bis Juli: Wallenstein erobert Schlesien, zieht nach Niedersachsen und erobert nacheinander Holstein (September), Schleswig und Mecklenburg. Am 16. Oktober zwingt Wallenstein Rendsburg zur Kapitulation.

1628 1. Februar: Wallenstein erhält die beiden Herzogtümer Mecklenburg.
14. Februar: Der Kaiser verleiht Wallenstein den Titel eines »Generals des Ozeanischen und Baltischen Meeres« (Bestallung am 21. April 1628).
15. Februar: Wallenstein wird Herzog von Friedland und Sagan.
25. Juli: Abbruch der Belagerung Stralsunds durch Wallenstein.
24. August: Wallenstein besiegt Christian IV. von Dänemark bei Wolgast.

28. Oktober: La Rochelle, der letzte befestigte Platz der Hugenotten in Frankreich, kapituliert vor den königlichen Truppen.

1629 6. März: Ferdinand II. erlässt das Restitutionsedikt.

7. Juni: Lübecker Friede.

26. September: Waffenstillstand zwischen Polen und Schweden.

15. November: Bethlen Gabor gestorben.

1630 6. Juli: Gustav Adolf landet auf der Insel Usedom.

13. August: Der Kaiser entschließt sich auf dem Kurfürstentag in Regensburg zur Entlassung Wallensteins.

9. September: Bündnis zwischen Gustav Adolf und Herzog Bogislav von Pommern.

1631 3. Januar: Gustav Adolf erobert Greifenhagen.

23. Januar: Abschluss eines Subsidienvertrages zwischen Gustav Adolf und Frankreich in Bärwalde.

13. April: Gustav Adolf erstürmt Frankfurt a. d. Oder.

20. Mai: Tilly erobert Magdeburg.

20. Juni: Bündnis zwischen Kurbrandenburg und Gustav Adolf (1. Abkommen 14. Mai).

11. September: Bündnis zwischen Kursachsen und Gustav Adolf.

17. September: Gustav Adolf und die Sachsen schlagen Tilly bei Breitenfeld vernichtend.

Oktober: Wallenstein schlägt ein neues Generalat, das ihm der Kaiser durch Questenberg anbieten ließ, aus.

4. November: Die sächsischen Truppen überschreiten die böhmische Grenze.

15. November: Arnim besetzt Prag.

15. Dezember: Wallenstein übernimmt für drei Monate die Neuorganisation des kaiserlichen Heeres.

1632 9. März: Tilly erobert Bamberg, das der schwedische Feldmarschall Horn am 10. Februar eingenommen hatte, zurück.

12./13. April: Wallenstein erklärt sich, nachdem ihm weitreichende Vollmachten zugebilligt wurden, bereit, das Oberkommando weiterzuführen (Göllersdorfer Kapitulation).

15. April: Tilly verliert die Schlacht am Lech gegen Gustav Adolf und stirbt am 30. April in Ingolstadt an den erlittenen Verletzungen.

20. April: Wallenstein wird vom Kaiser zu Friedensgesprächen mit Sachsen ermächtigt.

17. Mai: Gustav Adolf rückt in München ein.

22. Mai: Wallenstein vertreibt die sächsischen Truppen aus Prag.

16. Juli: Gustav Adolf zieht sich von Schwabach nach Nürnberg zurück. Wallenstein verschanzt sein Heer bei Fürth. Abwehrschlacht an der Alten Veste (4. September). Gustav Adolf zieht von Nürnberg ab (18. September).

1. November: Wallenstein erobert Leipzig.

16. November: Schlacht bei Lützen. Gustav Adolf und Pappenheim fallen. Wallenstein zieht sich nach Leipzig zurück.

1633 19. Mai: Wallenstein bricht zum Feldzug nach Schlesien auf.

11. Oktober: Wallenstein siegt bei Steinau über die Schweden.

15. November: Bernhard von Weimar erobert Regensburg.

1634 12. Januar: Unterzeichnung des ersten Pilsener Reverses.

24. Januar: Der Kaiser entlässt Wallenstein (Geheimes Absetzungspatent) und verpflichtet das Heer auf Gallas.

18. Februar: Ferdinand II. erlässt ein zweites öffentliches Absetzungspatent.
20. Februar: Zweiter Pilsener Revers.
25. Februar: Ermordung Wallensteins in Eger.
5./6. September: Bernhard von Weimar und die Schweden werden in der Schlacht bei Nördlingen vom kaiserlichen Heer besiegt.

1635 30. Mai: Der Kaiser schließt mit Kursachsen den Sonderfrieden zu Prag.

Leopold von Ranke: Geschichte Wallensteins. Hrsg. und eingel. von Hellmut Diwald. Düsseldorf: Droste, 1967. S. 331–336.

2. Der historische Wallenstein

»Die Umstände seines Aufstiegs und seiner Katastrophe sind schon zu seiner Zeit ein unentwirrbares Netz von Mythos, Wahrheit, Legende und Lüge gewesen. Für die Historiker ist so aus Wallenstein der ›Fall Wallenstein‹ geworden, eine der berühmtesten causes célèbres der Geschichte, wie Ranke schon 1830 in einem Brief feststellte. Nicht einmal Napoleon hat die Geister und Federn so intensiv beschäftigt wie der Friedländer. Die Arbeiten, die seiner Gestalt gewidmet sind, belaufen sich heute auf rund 3000 Nummern. Wallenstein ist unbestreitbar diejenige Persönlichkeit der ganzen Geschichte, mit der sich die Forschung bisher am intensivsten befaßt hat.

Im Februar 1634 stand für jeden fest, daß Wallenstein nichts anderes sei als ein verabscheuungswürdiger Verräter. Schon wenige Tage danach hatte sich das geändert. Die Meinungen begannen zu schwanken, ein erster Ansatz zum Mißtrauen war die Art und Weise der ›geschwinden Exekution‹. Mochte auch das Absetzungspatent des Kaisers formaljuristisch korrekt sein, so war es doch zustande gekommen, ohne daß die Beschuldigten sich dazu hätten

Albrecht Wenzel Eusebius von Waldstein
Kupferstich nach einem A. van Dyck zugeschriebenen Gemälde

äußern können; es war in absentia ergangen. Überdies war dieser Schuldspruch wegen Meuterei und Hochverrat völlig geheim vollstreckt worden: Das Haus Habsburg hatte den größten Heerführer der Zeit nach den klassischen Regeln der Meuchelmorde beseitigen lassen. Seit dem Mittelalter stand in diesen Dingen nichts so hoch im Ansehen wie ein korrektes Prozeßverfahren. So etwas wie ein praktiziertes ›Mordrecht‹ des Staates verletzte die elementarsten sittlichen Empfindungen zutiefst. Das kam deutlich zum Ausdruck in dem bemerkenswert mutigen Antrag der Gräfin Kinsky, die beim Kaiser und dem Grafen Trauttmansdorff unverzüglich die Einleitung eines Strafverfahrens gegen die ›Meuchelmörder‹ ihres Gatten beantragte. Wien lehnte dieses Ansinnen ab, aber nicht deshalb, weil die Exekution rechtlich gewesen wäre – man erklärte sie ›instar sententiae‹ –, sondern weil ein nachträglich durchgeführtes Rechtsverfahren das Ansehen des Kaisers außerordentlich geschädigt hätte.

Aus diesen und vielen ähnlichen Gründen setzte schon in den Februartagen 1634 eine publizistische Kontroverse ein, die bis heute nicht abgerissen ist. Die erste Flugschrift von einiger Bedeutung erschien bereits im März 1634. Diese ›Apologie und Verantwortungsschrift‹ kursierte lange als authentische Rechtfertigung der an der Bluttat beteiligten Obersten. [...] Die Verfasserfrage ist nicht zu klären. Daß Gordon ihr Autor ist, wie meist angenommen wird, oder daß er sie zusammen mit Leslie verfaßt hat, läßt sich nicht erweisen. Ebenfalls weit verbreitet war damals der sogenannte ›Relationsbericht‹, in dem die Zeit vom 12. Januar bis 12. Februar 1634 behandelt wird und der den Butlerschen Hauptmann Macdaniel zum ausschließlichen oder wenigstens hauptsächlichen Verfasser haben soll.

Als dritte und wichtigste Flugschrift der Zeit über Wallenstein ist schließlich das ›Alberti Fridlandi perduellionis chaos sive ingrati animi abyssus‹ zu erwähnen, meist kurz ›Chaos perduellionis‹ genannt. Sie entstand schon in den

Tagen, da Wallenstein noch lebte; ihr dritter Teil ist vom März 1634 datiert. Sie erschien anonym und wurde lange dem Oberstkanzler von Böhmen, Graf Slavata, zugeschrieben, der mit Wallenstein verwandt und einer seiner erbittertsten Feinde war. [...] Tatsächlich ist sie aber, wie die Forschung erst jüngst festgestellt hat, von dem Rentmeister der böhmischen Kammer und späterem schlesischen Oberregenten der Grafschaft Glatz, Johann Putz von Adlersthurn, verfaßt worden. So haßerfüllt die Schrift auch ist, so hat sie doch einen gewissen Wert als Nachrichtenzusammenstellung. [...]. Diese Schrift galt länger als zwei Jahrhunderte als Hauptquelle für Art und Ausmaß der verräterischen Pläne Wallensteins. Die Darstellung des ›Chaos perduellionis‹ hat, wie Ranke feststellt, ›die spätere Auffassung in ihren Grundzügen beherrscht‹.

Knapp ein halbes Jahr nach Wallensteins Ermordung erschien dann endlich die amtliche Schrift, deren Abfassung der Kaiser gleich nach der Bluttat angeordnet hatte: ›Ausführlicher und gründlicher Bericht der vorgewesten Friedländischen und seiner Adhärenten abscheulichen Prodition.‹ Die Aufgabe war zunächst dem Reichsvizekanzler und Vizepräsidenten des Reichtshofrates Frhr. v. Stralendorf übertragen worden. Sein Konzept wurde zur Weiterbearbeitung und Fertigstellung dem Reichshofrat Dr. Gebhard übergeben. Als Gebhard zu den sächsischen Friedensverhandlungen abreisen mußte, erhielt der Reichshofrat Dr. Prickelmayer das Manuskript zur endgültigen Fertigstellung. Heute gilt Prickelmayer, vereinfachend, als alleiniger Autor dieser ›Staatsschrift‹. Von vornherein als eine Rechtfertigung des Kaisers und des Wiener Hofes geplant, wurde sie nach Erscheinen dem ›Chaos‹ ebenbürtig zur Seite gestellt und als weitere Hauptquelle für die Beurteilung Wallensteins gewertet. Sicherlich ist sie nicht, wie die Wallenstein-Verteidiger später so leidenschaftlich betonten, bloß eine entstellende Tendenzschrift, die allzu deutlich den Stempel ihrer Absicht auf der Stirn trägt. Sie zieht auch nicht nur die Linien der Beweisführung nach, an die sich das ›Chaos‹ gehalten hat, wie selbst Ranke noch meinte. Aber andererseits war es auch Ranke, der ihren Parteicharakter entschieden unterstrich und ihren höchst fraglichen Quellenwert deutlich machte, so daß der ›Staatsschrift‹ heute niemand mehr eine sachliche Beweisführung im Sinne einer untermauerten Rechtfertigung der Morde zusprechen wird.

Zu diesen abgeleiteten Quellen gesellte sich ein Jahr später, im Oktober 1635, ein letztes Dokument von erheblicher Bedeutung, nämlich die große Relation des böhmischen Emigranten Jaroslav Sezyma Rašín aus Riesenburg, in der er alles berichtete, was er von der Wallensteinschen Verschwörung wußte, um vom Kaiser Straffreiheit und Belohnung zu erhalten. Rašín war ein langjähriger, enger Vertrauter der Grafen Thurn, Kinsky und Trčka und Verbindungsmann zwischen Wallenstein und den Exulanten Böhmens und den Schweden. Wallenstein wurde in dieser Schrift zusätzlich schwer belastet. Sie rundete das Bild der Anschuldigungen, das die übrigen genannten Schriften entworfen hatten, endgültig ab. Dem Wiener Hof galt die Rašín-Relation als Dokument höchster Authentizität, und so vertraute auch die offiziöse Geschichtsschreibung, wie die des Grafen v. Khevenhüller in seinen ›Annales Ferdinandei‹ (1640 ff.), kritiklos seinem Aussagewert. Von Khevenhüller ist die Rašín-Relation fast im ganzen Wortlaut übernommen und vor allem so benutzt worden, als wäre sie Khevenhüllers eigene Erzählung; allerdings hat Khevenhüller durch verschiedene Auslassungen den Eindruck der Schuld Wallensteins noch erheblich verschärft. Dagegen bezeichneten die Wallenstein-Verteidiger den ganzen Bericht rundweg als tendenziöses Lügengewebe, denn Rašín habe wegen seines Ziels – Rückkehr, Begnadigung, Belohnung – gar nicht die Wahrheit schreiben können; er wäre um seiner selbst willen von vornherein zu einer tendenziösen Verzeichnung des Sachverhalts genötigt gewesen. Trotzdem enthält, wie die Forschung gezeigt hat, auch dieses literarische Zeugnis eine Fülle sachlicher, zutreffender Mitteilungen. Andererseits sind sogar den Gegnern des Friedländers die vielen Verdrehungen, objektiven Unwahrheiten und Irrtümer aufgefallen, vor allem die jüngere Forschung seit Ranke, der die Rašín-Relation noch als einen ›authentischen und wertvollen Beitrag zur Geschichte Wallensteins‹ ansah, hat den Grad der Glaubwürdigkeit dieser Schrift zu einem der Gravitationspunkte des ganzen Wallenstein-Problems gemacht. Max Lenz versuchte in einer großen, eindringlichen Studie den Nachweis der erheblichen Lügenhaftigkeit Rašíns zu erbringen und Wallenstein in Fortführung der Ranke-Sicht als weitblickenden Protagonisten deutscher Reichspolitik zu würdigen. Besonders energisch hat sich gegen diese Interpretation Josef Pekař gewehrt. Wie sehr die Popularität Wallensteins durch die Trilogie Schillers gesteigert wurde, braucht nur angedeutet zu werden. Interessanter ist die Beobachtung, die erst jüngst von Th. Schieder überzeugend erhärtet wurde, daß Schillers Bühnen-Wallenstein alles andere als identisch ist mit dem Wallenstein des Historikers Schiller in seiner ›Geschichte des Dreißigjährigen Krieges‹. Ob Schiller – wie behauptet wurde – in seiner Trilogie das Wallenstein-Rätsel wirklich so verbindlich gelöst hat, daß auch die intensive, mühsame Forschung der folgenden Historikergenerationen nicht darüber hinausgekommen ist – diese Frage gehört selbst als Problem zum ganzen Wallenstein-Komplex und zur Geschichte seiner literarisch-wissenschaftlichen Behandlung. Richtig ist jedenfalls, daß das Bild, das gerade im Volk von Wallenstein vorhanden ist, nicht von Historikern oder der Darstellung eines einzelnen Historikers geprägt wurde, sondern von Schillers monumentaler Trilogie.«

Hellmut Diwald: Einleitung zu: Leopold von Ranke: Geschichte Wallensteins. Düsseldorf: Droste, 1967. S. 18–22.

3. Wallenstein und seine Gegner in Schillers *Geschichte des Dreißigjährigen Kriegs*

Aus den historischen Studien zum *Don Carlos* (seit 1783) erwuchs Schiller 1785 der Plan zur *Geschichte des Abfalls der vereinigten Niederlande von der spanischen Regierung*. Schiller wollte 1787 einen Aufsatz darüber in einer von ihm angeregten *Geschichte merkwürdiger Verschwörungen und Rebellionen aus den mittleren und neueren Zeiten* veröffentlichen. Die Aussicht auf eine Jenaer Professur für Geschichte, aus der sich Schiller sichere Einkünfte versprechen durfte, veranlassten den Dichter, die historische Abhandlung über die Niederlande breiter anzulegen; geplant waren nun sechs Bände. Der erste und einzige Teil davon, der 1788 erschien, reichte hin, Schillers Ansehen als Geschichtsschreiber zu begründen. Auf Goethes Empfehlung wurde ihm 1788 die Jenaer Professur für Ostern 1789 zugesprochen. Darin lag für Schiller die Verpflichtung, sich weiterhin der Geschichtswissenschaft zu widmen.

Nach der glänzenden Antrittsvorlesung vom 26. Mai 1789, »Was heißt und zu welchem Ende studiert man Universalgeschichte?« (so der spätere Titel in Wielands *Teutschem Merkur*), wandte sich Schiller auf Göschens Anregung, Dezember 1789, der Geschichte des Dreißigjährigen Krieges zu.

Im Oktober 1790 erschien der erste Teil der *Geschichte des Dreißigjährigen Kriegs* in Göschens *Historischem Kalender für Damen für das Jahr 1791*. Der Erfolg dieser lebendigen Darstellung in den kleinen, von Chodowiecki illustrierten Bändchen übertraf alle Erwartungen. Schiller schrieb noch bis September 1792 an der Geschichte. Dabei verlagerte sich seine Aufmerksamkeit immer mehr vom allgemeinen Gang der Weltgeschichte auf die hervorragenden Persönlichkeiten, vor allem auf Gustav Adolf und Wallenstein. Schillers Interesse an Wallenstein wurde so groß, dass er noch während der Arbeit für den Damenkalender (Anfang Januar 1791) den Plan zu einem *Wallenstein* fasste und, nachdem Wallensteins Tod erzählt war, die zweite Hälfte des langen Krieges mit einem knappen Sechstel der Gesamtdarstellung schnell zu Ende führte.

Wallensteins Truppenwerbung für den Kaiser, 27. Juni 1625:

»Graf Wallenstein war es, ein verdienter Offizier, der reichste Edelmann in Böhmen. Er hatte dem kaiserlichen Hause von früher Jugend an gedient und sich in mehreren Feldzügen gegen Türken, Venezianer, Böhmen, Ungarn und Siebenbürgen auf das rühmlichste ausgezeichnet. Der Prager Schlacht hatte er als Oberster beigewohnt und nachher als General-Major eine ungarische Armee in Mähren geschlagen. Die Dankbarkeit des Kaisers kam diesen Diensten gleich, und ein beträchtlicher Teil der nach dem böhmischen Aufruhr konfiszierten Güter war seine Belohnung. Im Besitz eines unermeßlichen Vermögens, von ehrgeizigen Entwürfen erhitzt, voll Zuversicht auf seine glücklichen Sterne und noch mehr auf eine gründliche Berechnung der Zeitumstände, erbot er sich, für den Kaiser, auf eigene und seiner Freunde Kosten eine Armee auszurüsten und völlig zu bekleiden, ja selbst die Sorge für ihren Unterhalt dem Kaiser zu ersparen, wenn ihm gestattet würde, sie bis auf 50000 Mann zu vergrößern. Niemand war, der diesen Vorschlag nicht als die schimärische Geburt eines brausenden Kopfes verlachte – aber der Versuch war noch immer reichlich belohnt, wenn auch nur ein Teil des Versprechens erfüllt würde. Man überließ ihm einige Kreise in Böhmen zu Musterplätzen und fügte die Erlaubnis hinzu, Offiziersstellen zu vergeben. Wenige Monate, so standen 20000 Mann unter den Waffen, mit welchen er die österreichischen Grenzen verließ; bald darauf erschien er schon mit 30000 an der Grenze von Niedersachsen. Der Kaiser hatte zu der ganzen Ausrüstung nichts gegeben als seinen Namen. Der Ruf des Feldherrn, Aussicht auf glänzende Beförderung und Hoffnung der Beute lockte aus allen Gegenden Deutschlands Abenteurer unter seine Fahnen, und sogar regierende Fürsten, von Ruhmbegierde oder Gewinnsucht gereizt, erboten sich jetzt, Regimenter für Österreich aufzustellen.«

Wallensteins Truppenfinanzierung:

»Jetzt kam das Geheimnis an den Tag, auf welche Art Wallenstein seine ausschweifenden Versprechungen zu erfüllen meinte. Dem Grafen Mansfeld war es abgelernt; aber der Schüler übertraf seinen Meister. Dem Grundsatze gemäß, daß der Krieg den Krieg ernähren müsse, hatten Mansfeld und Herzog Christian mit den Brandschatzungen, die sie von Freund und Feind ohne Unterschied erpreßten, die Bedürfnisse ihrer Truppen bestritten.«

Ausbeutung der Länder durch Wallenstein:

»Je mehr man das Heer verstärkte, desto weniger durfte man um den Unterhalt desselben bekümmert sein, denn desto mehr brachte es die widersetzlichen Stände zum Zittern; je schreiender die Gewalttätigkeiten, desto ungestrafter konnte man sie verüben. Gegen feindlich gesinnte Reichsstände hatten sie einen Schein des Rechts; gegen getreue konnte die vorgeschützte Notwendigkeit sie entschuldigen. Die ungleiche Verteilung dieses Druckes verhinderte eine gefährliche Einigkeit unter den Ständen; die Erschöpfung ihrer Länder entzog ihnen zugleich die Mittel, sie zu rügen. Ganz Deutschland wurde auf diese Art ein Proviantmagazin für die Heere des Kaisers, und er konnte mit allen Territorien wie mit seinen Erblanden schalten. Allgemein war das Geschrei um Gerechtigkeit am Throne des Kaisers; aber man war vor der *Selbstrache* der gemißhandelten Fürsten sicher, solange sie um *Gerechtigkeit* riefen. Der allgemeine Unwille zerteilte sich zwischen dem Kaiser, der seinen Namen zu diesen Greueln gab, und dem Feldherrn, der seine Vollmacht überschritt und offenbar die Autorität seines Herrn mißbrauchte. Durch den Kaiser nahm man den Weg, um gegen seinen Feldherrn Schutz zu erhalten; aber sobald er sich durch seine Truppen allmächtig wußte, hatte Wallenstein auch den Gehorsam gegen den Kaiser abgeworfen.

Die Erschöpfung des Feindes ließ einen nahen Frieden mit Wahrscheinlichkeit erwarten; dennoch fuhr Wallenstein fort, die kaiserlichen Heere immer mehr, zuletzt bis auf hunderttausend Mann, zu verstärken. Obersten- und Offizierspatente ohne Zahl, ein königlicher Staat des Generals, unmäßige Verschwendungen an seine Kreaturen (nie schenkte er unter tausend Gulden), unglaubliche Summen für Bestechungen am Hofe des Kaisers, um dort seinen Einfluß zu erhalten – alles dieses, ohne den Kaiser zu beschweren. Aus den Brandschatzungen der niederdeutschen Provinzen wurden alle diese unermeßlichen Summen gezogen, kein Unterschied zwischen Freund und Feind, gleich eigenmächtige Durchzüge und Einquartierungen in aller Herren Ländern, gleiche Erpressungen und Gewalttätigkeiten. Dürfte man einer ausschweifenden Angabe aus jenen Zeiten trauen, so hätte Wallenstein in einem siebenjährigen Kommando 60 000 Millionen Taler aus einer Hälfte Deutschlands an Kontributionen erhoben. Je ungeheurer die Erpressungen, desto mehr Vorrat für seine Heere, desto stärker also der Zulauf zu seinen Fahnen; alle Welt fliegt nach dem Glücke. Seine Armeen schwollen an, indem alle Länder welkten, durch die sie zogen. Was kümmerte ihn nun der Fluch der Provinzen und das Klaggeschrei der Fürsten? Sein Heer betete ihn an, und das Verbrechen selbst setzte ihn in den Stand, alle Folgen desselben zu verlachen.

Man würde dem Kaiser Unrecht tun, wenn man alle die

Ausschweifungen seiner Armeen auf seine Rechnung setzen wollte. Wußte es Ferdinand vorher, daß er seinem Feldherrn alle deutschen Staaten zum Raube gab, so hätte ihm nicht verborgen bleiben können, wieviel er selbst bei einem so unumschränkten Feldherrn Gefahr lief.«

Absetzung Wallensteins, 13. August 1630:

»Der übermütige Charakter des Herzogs von Friedland, dessen süßester Triumph war, dem Ansehen der Fürsten Hohn zu sprechen und der Autorität seines Herrn eine verhaßte Ausdehnung zu geben, trug nicht wenig dazu bei, die Empfindlichkeit des Kurfürsten[1] zu vermehren. Unzufrieden mit dem Kaiser und voll Mißtrauen gegen seine Gesinnungen, hatte er sich in ein Bündnis mit Frankreich eingelassen, dessen sich auch die übrigen Fürsten der Ligue verdächtig machten. Die Furcht vor den Vergrößerungsplanen des Kaisers, der Unwille über die gegenwärtigen schreienden Übel hatte bei diesen jedes Gefühl der Dankbarkeit erstickt. Wallensteins Erpressungen waren bis zum Unerträglichen gegangen. Brandenburg gab den erlittenen Schaden auf zwanzig, Pommern auf zehen, Hessen auf sieben Millionen an, die übrigen nach Verhältnis. Allgemein, nachdrücklich, heftig war das Geschrei um Hülfe, umsonst alle Gegenvorstellungen, kein Unterschied zwischen Katholiken und Protestanten, alles über *diesen* Punkt nur eine einzige Stimme. Mit Fluten von Bittschriften, alle wider Wallenstein gerichtet, stürmte man auf den erschrockenen Kaiser ein und erschütterte sein Ohr durch die schauderhaftesten Beschreibungen der erlittenen Gewalttätigkeiten. Ferdinand war kein Barbar. Wenn auch nicht unschuldig an den Abscheulichkeiten, die sein Name in Deutschland verübte, doch unbekannt mit dem Übermaße derselben, besann er

1 Maximilian Kurfürst von Bayern.

sich nicht lange, den Forderungen der Fürsten zu willfahren und von seinen im Felde stehenden Heeren sogleich achtzehntausend Mann Reiterei abzudanken. Als diese Truppenverminderung geschah, rüsteten sich die Schweden schon lebhaft zu ihrem Einmarsch in Deutschland, und der größte Teil der entlassenen kaiserlichen Soldaten eilte unter ihre Fahnen.

Diese Nachgiebigkeit Ferdinands diente nur dazu, den Kurfürsten von Bayern zu kühnern Forderungen zu ermuntern. Der Triumph über das Ansehen des Kaisers war unvollkommen, solange der Herzog von Friedland das oberste Kommando behielt. Schwer rächten sich jetzt die Fürsten an dem Übermute dieses Feldherrn, den sie alle ohne Unterschied hatten fühlen müssen. Die Absetzung desselben wurde daher von dem ganzen Kurfürstenkollegium, selbst von den Spaniern, mit einer Einstimmigkeit und Hitze gefordert, die den Kaiser in Erstaunen setzte. Aber selbst diese Einstimmigkeit, diese Heftigkeit, mit welcher die Neider des Kaisers auf Wallensteins Absetzung drangen, mußte ihn von der Wichtigkeit dieses Dieners überzeugen. Wallenstein, von den Kabalen unterrichtet, welche in Regensburg gegen ihn geschmiedet wurden, verabsäumte nichts, dem Kaiser über die wahren Absichten des Kurfürsten von Bayern die Augen zu öffnen. Er erschien selbst in Regensburg, aber mit einem Prunke, der selbst den Kaiser verdunkelte und dem Haß seiner Gegner nur neue Nahrung gab.

Lange Zeit konnte der Kaiser sich nicht entschließen. Schmerzlich war das Opfer, das man von ihm forderte. Seine ganze Überlegenheit hatte er dem Herzog von Friedland zu danken; er fühlte, wieviel er hingab, wenn er ihn dem Hasse der Fürsten aufopferte. Aber zum Unglück bedurfte er gerade jetzt den guten Willen der Kurfürsten. Er ging damit um, seinem Sohne Ferdinand, erwähltem König von Ungarn, die Nachfolge im Reiche zuzuwenden, wozu ihm die Einwilligung Maximilians unentbehrlich war. Diese Angelegenheit war ihm die dringendste, und er scheute sich nicht, seinen wichtigsten Diener aufzuopfern, um den Kurfürsten von Bayern zu verpflichten.«

Wallensteins prunkvolles Privatleben:

»Wallenstein hatte über eine Armee von beinahe hunderttausend Mann zu gebieten, von denen er angebetet wurde, als das Urteil der Absetzung ihm verkündigt werden sollte. Die meisten Offiziere waren seine Geschöpfe, seine Winke Aussprüche des Schicksals für den gemeinen Soldaten. Grenzenlos war sein Ehrgeiz, unbeugsam sein Stolz, sein gebieterischer Geist nicht fähig, eine Kränkung ungerochen zu erdulden. Ein Augenblick sollte ihn jetzt von der Fülle der Gewalt in das Nichts des Privatstandes herunterstürzen. Eine *solche* Sentenz gegen einen *solchen* Verbrecher zu vollstrecken, schien nicht viel weniger Kunst zu kosten, als es gekostet hatte, sie dem Richter zu entreißen. Auch hatte man deswegen die Vorsicht gebraucht, zwei von Wallensteins genauesten Freunden zu Überbringern dieser schlimmen Botschaft zu wählen, welche durch die schmeichelhaftesten Zusicherungen der fortdauernden kaiserlichen Gnade so sehr als möglich gemildert werden sollte.
Wallenstein wußte längst den ganzen Inhalt ihrer Sendung, als die Abgesandten des Kaisers ihm vor die Augen traten. Er hatte Zeit gehabt, sich zu sammeln, und sein Gesicht zeigte Heiterkeit, während daß Schmerz und Wut in seinem Busen stürmten. Aber er hatte beschlossen zu gehorchen. Dieser Urteilsspruch überraschte ihn, ehe zu einem kühnen Schritte die Umstände reif und die Anstalten fertig waren. Seine weitläuftigen Güter waren in Böhmen und Mähren zerstreut; durch Einziehung derselben konnte der Kaiser ihm den Nerven seiner Macht zerschneiden. Von der Zukunft erwartete er Genugtuung,

und in dieser Hoffnung bestärkten ihn die Prophezeiungen eines italienischen Astrologen, der diesen ungebändigten Geist, gleich einem Knaben, am Gängelbande führte. Seni, so hieß er, hatte es in den Sternen gelesen, daß die glänzende Laufbahn seines Herrn noch lange nicht geendigt sei, daß ihm die Zukunft noch ein schimmerndes Glück aufbewahre. Man brauchte die Sterne nicht zu bemühen, um mit Wahrscheinlichkeit vorherzusagen, daß ein Feind wie Gustav Adolf einen General wie Wallenstein nicht lange entbehrlich lassen würde.
›Der Kaiser ist verraten‹, antwortete Wallenstein den Gesandten, ›ich bedaure ihn, aber ich vergeb ihm. Es ist klar, daß ihn der hochfahrende Sinn des Bayern *dominiert.* Zwar tut mirs wehe, daß er mich mit so wenigem Widerstande hingegeben hat, aber ich will gehorchen.‹ Die Abgeordneten entließ er fürstlich beschenkt, und den Kaiser ersuchte er in einem demütigen Schreiben, ihn seiner Gunst nicht zu berauben und bei den erworbenen Würden zu schützen. Allgemein war das Murren der Armee, als die Absetzung ihres Feldherrn bekannt wurde, und der beste Teil seiner Offiziere trat sogleich aus dem kaiserlichen Dienst. Viele folgten ihm auf seine Güter nach Böhmen und Mähren; andere fesselte er durch beträchtliche Pensionen, um sich ihrer bei Gelegenheit sogleich bedienen zu können.
Sein Plan war nichts weniger als Ruhe, da er in die Stille des Privatstandes zurücktrat. Der Pomp eines Königs umgab ihn in dieser Einsamkeit und schien dem Urteilsspruch seiner Erniedrigung Hohn zu sprechen. Sechs Pforten führten zu dem Palaste, den er in Prag bewohnte, und hundert Häuser mußten niedergerissen werden, um dem Schloßhofe Raum zu machen. Ähnliche Paläste wurden auf seinen übrigen zahlreichen Gütern erbaut. Kavaliere aus den edelsten Häusern wetteiferten um die Ehre, ihn zu bedienen, und man sah kaiserliche Kammerherren den goldenen Schlüssel zurückgeben, um bei Wallenstein eben

dieses Amt zu bekleiden. Er hielt sechzig Pagen, die von den trefflichsten Meistern unterrichtet wurden; sein Vorzimmer wurde stets durch funfzig Trabanten bewacht. Seine gewöhnliche Tafel war nie unter hundert Gängen, sein Haushofmeister eine vornehme Standesperson. Reiste er über Land, so wurde ihm Geräte und Gefolge auf hundert sechs- und vierspännigen Wagen nachgefahren; in sechzig Karossen mit funfzig Handpferden folgte ihm sein Hof. Die Pracht der Livereien, der Glanz der Equipage und der Schmuck der Zimmer war dem übrigen Aufwande gemäß. Sechs Barone und ebensoviel Ritter mußten beständig seine Person umgeben, um jeden Wink zu vollziehen – zwölf Patrouillen die Runde um seinen Palast machen, um jeden Lärm abzuhalten. Sein immer arbeitender Kopf brauchte Stille; kein Gerassel der Wagen durfte seiner Wohnung nahe kommen, und die Straßen wurden nicht selten durch Ketten gesperrt. Stumm, wie die Zugänge zu ihm, war auch sein Umgang. Finster, verschlossen, unergründlich, sparte er seine Worte mehr als seine Geschenke, und das wenige, was er sprach, wurde mit einem widrigen Ton ausgestoßen. Er lachte niemals, und den Verführungen der Sinne widerstand die Kälte seines Bluts. Immer geschäftig und von großen Entwürfen bewegt, entsagte er allen leeren Zerstreuungen, wodurch andere das kostbare Leben vergeuden. Einen durch ganz Europa ausgebreiteten Briefwechsel besorgte er selbst, die meisten Aufsätze schrieb er mit eigener Hand nieder, um der Verschwiegenheit andrer so wenig als möglich anzuvertrauen. Er war von großer Statur und hager, gelblicher Gesichtsfarbe, rötlichen kurzen Haaren, kleinen, aber funkelnden Augen. Ein furchtbarer, zurückschreckender Ernst saß auf seiner Stirne, und nur das Übermaß seiner Belohnungen konnte die zitternde Schar seiner Diener festhalten.

In dieser prahlerischen Dunkelheit erwartete Wallenstein still, doch nicht müßig seine glänzende Stunde und der Rache aufgehenden Tag; bald ließ ihn Gustav Adolfs rei-

Gustav Adolf, König von Schweden
Kupferstich nach einem A. van Dyck zugeschriebenen Gemälde

ßender Siegeslauf ein Vorgefühl desselben genießen. Von seinen hochfliegenden Planen ward kein einziger aufgegeben; der Undank des Kaisers hatte seinen Ehrgeiz von einem lästigen Zügel befreit. Der blendende Schimmer seines Privatlebens verriet den stolzen Schwung seiner Entwürfe, und verschwenderisch wie ein Monarch schien er die Güter seiner Hoffnung schon unter seine gewissen Besitzungen zu zählen.«

Das Gegenbild Gustav Adolf:

»Ganz Deutschland hat die Mannszucht bewundert, durch welche sich die schwedischen Heere auf deutschem Boden in den ersten Zeiten so rühmlich unterschieden. Alle Ausschweifungen wurden aufs strengste geahndet; am strengsten Gotteslästerung, Raub, Spiel und Duelle. In den schwedischen Kriegsgesetzen wurde die Mäßigkeit befohlen; auch erblickte man in dem schwedischen Lager, das Gezelt des Königs nicht ausgenommen, weder Silber noch Gold. Das Auge des Feldherrn wachte mit eben der Sorgfalt über die Sitten des Soldaten wie über die kriegerische Tapferkeit. Jedes Regiment mußte zum Morgen- und Abendgebet einen Kreis um seinen Prediger schließen und unter freiem Himmel seine Andacht halten. In allem diesem war der Gesetzgeber zugleich Muster. Eine ungekünstelte lebendige Gottesfurcht erhöhte den Mut, der sein großes Herz beseelte. Gleich frei von dem rohen Unglauben, der den wilden Begierden des Barbaren ihren notwendigen Zügel nimmt, und von der kriechenden Andächtelei eines Ferdinands, die sich vor der Gottheit zum Wurm erniedrigt und auf dem Nacken der Menschheit trotzig einherwandelt, blieb er auch in der Trunkenheit seines Glücks noch Mensch und noch Christ, aber auch in seiner Andacht noch Held und noch König. Alles Ungemach des Kriegs ertrug er gleich dem Geringsten aus dem Heere; mitten in dem schwärzesten Dunkel der Schlacht war es licht in seinem Geiste; allgegenwärtig mit seinem Blicke, vergaß er den Tod, der ihn umringte; stets fand man ihn auf dem Wege der furchtbarsten Gefahr. Seine natürliche Herzhaftigkeit ließ ihn nur allzu oft vergessen, was er dem Feldherrn schuldig war, und dieses königliche Leben endigte der Tod eines Gemeinen. Aber einem solchen Führer folgte der Feige wie der Mutige zum Sieg, und seinem beleuchtenden Adlerblick entging keine Heldentat, die sein Beispiel geweckt hatte. Der Ruhm ihres Beherrschers entzündete in der Nation ein begeisterndes Selbstgefühl; stolz auf *diesen* König, gab der Bauer in Finnland und Gotland freudig seine Armut hin, verspritzte der Soldat freudig sein Blut, und der hohe Schwung, den der Geist dieses einzigen Mannes der Nation gegeben, überlebte noch lange Zeit seinen Schöpfer.«

Gustav Adolfs Tod:

»Das Glück, das ihn auf seinem ganzen Laufe nie verlassen hatte, begnadigte den König auch im Tode noch mit der seltenen Gunst, in der Fülle seines Ruhms und in der *Reinigkeit* seines Namens zu sterben. Durch einen zeitigen Tod flüchtete ihn sein schützender Genius vor dem unvermeidlichen Schicksal der Menschheit, auf der Höhe des Glücks die Bescheidenheit, in der Fülle der Macht die Gerechtigkeit zu verlernen. Es ist uns erlaubt zu zweifeln, ob er bei längerm Leben die Tränen verdient hätte, welche Deutschland an seinem Grabe weinte, die Bewunderung verdient hätte, welche die Nachwelt dem ersten und einzigen *gerechten* Eroberer zollt.«

Der Religionseiferer Tilly löst Wallenstein ab:

»Dieser General, der sich rühmen konnte, noch keine Schlacht verloren zu haben, der Überwinder Mansfelds, Christians von Braunschweig, des Markgrafen von Baden und des Königs von Dänemark, sollte jetzt an dem König von Schweden einen würdigen Gegner finden. Tilly stammte aus einer edeln Familie in Lüttich und hatte in dem niederländischen Kriege, der damaligen Feldherrnschule, seine Talente ausgebildet. Bald darauf fand er Gelegenheit, seine erlangten Fähigkeiten unter Kaiser Rudolf dem Zweiten in Ungarn zu zeigen, wo er sich schnell von einer Stufe zur andern emporschwang. Nach geschlossenem Frieden trat er in die Dienste Maximilians von Bayern, der ihn zum Oberfeldherrn mit unumschränkter Gewalt ernannte. Tilly wurde durch seine vortrefflichen Einrichtungen der Schöpfer der bayrischen Kriegsmacht, und ihm vorzüglich hatte Maximilian seine bisherige Überlegenheit im Felde zu danken. Nach geendigtem böhmischen Kriege wurde ihm das Kommando der ligistischen Truppen und jetzt, nach Wallensteins Abgang, das Generalat über die ganze kaiserliche Armee übertragen. Ebenso streng gegen seine Truppen, ebenso blutdürstig gegen den Feind, von ebenso finsterer Gemütsart als Wallenstein, ließ er diesen an Bescheidenheit und Uneigennützigkeit weit hinter sich zurück. Ein blinder Religionseifer und ein blutdürstiger Verfolgungsgeist vereinigten sich mit der natürlichen Wildheit seines Charakters, ihn zum Schrecken der Protestanten zu machen. Ein bizarres und schreckhaftes Äußere entsprach dieser Gemütsart. Klein, hager, mit eingefallenen Wangen, langer Nase, breiter gerunzelter Stirne, starkem Knebelbart und unten zugespitztem Gesichte, zeigte er sich gewöhnlich in einem spanischen Wams von hellgrünem Atlas mit aufgeschlitzten Ärmeln, auf dem Kopfe einen kleinen hoch aufgestutzten Hut, mit einer roten Straußfeder geziert, die bis auf den Rücken niederwallte. Sein ganzer Anblick erinnerte an den Herzog von Alba, den Zuchtmeister der Flamländer, und es fehlte viel, daß seine Taten diesen Eindruck auslöschten. So war der Feldherr beschaffen, der sich dem nordischen Helden entgegenstellte.«

Wallensteins Ausharren und Planen:

»Entfernt von der Kriegesbühne und zu einer folternden Untätigkeit verurteilt, während daß seine Nebenbuhler auf dem Felde des Ruhms sich Lorbeern sammelten, hatte der stolze Herzog dem Wechsel des Glücks mit verstellter Gelassenheit zugesehen und im schimmernden Gepränge eines Theaterhelden die düstern Entwürfe seines arbeitenden Geistes verborgen. Von einer glühenden Leidenschaft aufgerieben, während daß eine fröhliche Außenseite Ruhe und Müßiggang log, brütete er still die schreckliche Geburt der Rachbegierde und Ehrsucht zur Reife und näherte sich langsam, aber sicher dem Ziele. Erloschen war alles in seiner Erinnerung, was er durch den Kaiser geworden war; nur was *er* für den Kaiser getan hatte, stand mit glühenden Zügen in sein Gedächtnis geschrieben. Seinem unersättlichen Durst nach Größe und Macht war der Undank des Kaisers willkommen, der seinen Schuldbrief zu zerreißen und ihn jeder Pflicht gegen den Urheber seines Glücks zu entbinden schien. Entsündigt und gerechtfertigt erschienen ihm jetzt die Entwürfe seiner Ehrsucht im Gewand einer rechtmäßigen Wiedervergeltung. In eben dem Maß, als sein *äußrer* Wirkungskreis sich verengte, erweiterte sich die Welt seiner Hoffnungen, und seine schwärmende Einbildungskraft verlor sich in unbegrenzten Entwürfen, die in jedem andern Kopf als dem seinigen nur der Wahnsinn erzeugen kann. So hoch, als der Mensch nur immer durch eigene Kraft sich zu erheben vermag, hatte sein Verdienst ihn emporgetragen; nichts von allem dem, was dem Privatmann und Bürger innerhalb seiner Pflichten erreichbar bleibt, hatte das Glück ihm verweigert. Bis auf den Augenblick seiner Entlassung hatten seine Ansprüche keinen Widerstand, sein Ehrgeiz keine Grenzen erfahren; der Schlag, der ihn auf dem Regensburger Reichstage zu Boden streckte, zeigte ihm den Unterschied zwischen *ursprünglicher* und *übertragener* Gewalt und den Abstand des Untertans von dem Gebieter. Aus dem bisherigen Taumel seiner Herrschergröße durch diesen überraschenden Glückswechsel aufgeschreckt, verglich er die Macht, die er besessen, mit derjenigen, durch welche sie ihm entrissen wurde, und sein Ehrgeiz bemerkte die Stufe, die auf der Leiter des Glücks noch für ihn zu ersteigen war. Erst nachdem er das Gewicht der höchsten Gewalt mit schmerzhafter Wahrheit erfahren, streckte er lüstern die Hände darnach aus; der Raub, der an ihm selbst verübt wurde, machte ihn zum Räuber. Durch keine Beleidigung gereizt, hätte er folgsam seine Bahn um die Majestät des Thrones beschrieben, zufrieden mit dem Ruhme, der glänzendste seiner Trabanten zu sein; erst nachdem man ihn gewaltsam aus seinem Kreise stieß, verwirrte er das System, dem er angehörte, und stürzte sich zermalmend auf seine Sonne.«

Wallensteins erstes Angebot an die Schweden:

»Was die Brust aller Katholiken mit Unruhe erfüllte, verkündigte *ihm* Größe und Glück; nur für *ihn* arbeitete Gustav Adolf. Kaum hatte der letztere angefangen, sich durch seine Kriegestaten in Achtung zu setzen, so verlor der Herzog von Friedland keinen Augenblick, seine Freundschaft zu suchen und mit diesem glücklichen Feinde Österreichs gemeine Sache zu machen. Der vertriebene Graf von Thurn, der dem Könige von Schweden schon längst seine Dienste gewidmet, übernahm es, dem Monarchen Wallensteins Glückwünsche zu überbringen und ihn zu einem engern Bündnisse mit dem Herzog einzuladen. Funfzehntausend Mann begehrte Wallenstein von dem Könige, um mit Hülfe derselben und mit den Truppen, die er selbst zu werben sich anheischig machte, Böhmen und Mähren zu erobern, Wien zu überfallen und den Kaiser, seinen Herrn, bis nach Italien zu verjagen. So sehr das Unerwartete dieses Antrags und das Übertriebene der gemachten Versprechungen das Mißtrauen Gustav Adolfs erregte, so war er doch ein zu guter Kenner des Verdienstes, um einen so wichtigen Freund mit Kaltsinn zurückzuweisen. Nachdem aber Wallenstein, durch die günstige Aufnahme dieses ersten Versuchs ermuntert, nach der Breitenfelder Schlacht seinen Antrag erneuerte und auf eine bestimmte Erklärung drang, trug der vorsichtige Monarch Bedenken, an die schimärischen Entwürfe dieses verwegenen Kopfs seinen Ruhm zu wagen und der Redlichkeit eines Mannes, der sich ihm als Verräter ankündigte, eine so zahlreiche Mannschaft anzuvertrauen. Er entschuldigte sich mit der Schwäche seiner Armee, die auf ihrem Zug in das Reich durch eine so starke Verminderung leiden würde, und verscherzte aus übergroßer Vorsicht vielleicht die Gelegenheit, den Krieg auf das schnellste zu endigen. Zu spät versuchte er in der Folge, die zerrissenen Unterhandlungen zu erneuern; der günstige Moment war vorüber, und Wallensteins beleidigter Stolz vergab ihm diese Geringschätzung nie.«

Wallensteins Verhandlung mit den Sachsen:

»Der erste Versuch zur Rache an dem Haus Österreich war fehlgeschlagen; aber fest stand der Vorsatz, und nur die Wahl der Mittel erlitt eine Veränderung. Was ihm bei dem König von Schweden mißlungen war, hoffte er mit minder Schwierigkeit und mehr Vorteil bei dem Kurfürsten von Sachsen zu erreichen, den er ebenso gewiß war nach seinem Willen zu lenken, als er bei Gustav Adolf daran verzweifelte. In fortdauerndem Einverständnis mit Arnheim, seinem alten Freunde, arbeitete er von jetzt an an einer Verbindung mit Sachsen, wodurch er dem Kaiser und dem König von Schweden gleich fürchterlich zu werden hoffte. [...] Gelang es ihm, Sachsen von dem schwedischen Bündnis zu trennen und in Verbindung mit demselben eine *dritte Partei* im Reiche zu errichten, so lag der

Ausschlag des Krieges in seiner Hand, und er hatte durch diesen einzigen Schritt zugleich seine Rache an dem Kaiser befriedigt, seine verschmähte Freundschaft an dem schwedischen König gerächt und auf dem Ruin von beiden den Bau seiner eigenen Größe gegründet.

Aber auf welchem Wege er auch seinen Zweck verfolgte, so konnte er denselben ohne den Beistand einer ihm ganz ergebenen Armee nicht zur Ausführung bringen. Diese Armee konnte so geheim nicht geworben werden, daß am kaiserlichen Hofe nicht Verdacht geschöpft und der Anschlag gleich in seiner Entstehung vereitelt wurde. [...] Wallenstein mußte also unter kaiserlicher Autorität und öffentlich werben und von dem Kaiser selbst zur unumschränkten Herrschaft über die Truppen berechtigt sein. Wie konnte dies aber anders geschehen, als wenn ihm das entzogene Generalat aufs neue übertragen und die Führung des Kriegs unbedingt überlassen ward? [...] Um sich zum Herrn der Bedingungen zu machen, unter welchen das Kommando von ihm übernommen würde, mußte er abwarten, bis es ihm von seinem Herrn aufgedrungen ward. Dies war der Rat, den ihm Arnheim erteilte, und dies das Ziel, wornach er mit tiefer Politik und rastloser Tätigkeit strebte.

Überzeugt, daß nur die äußerste Not die Unentschlossenheit des Kaisers besiegen und den Widerspruch Bayerns und Spaniens, seiner beiden eifrigsten Gegner, unkräftig machen könne, bewies er sich von jetzt an geschäftig, die Fortschritte des Feindes zu befördern und die Bedrängnisse seines Herrn zu vermehren. Sehr wahrscheinlich geschah es auf seine Einladung und Ermunterung, daß die Sachsen, schon auf dem Wege nach der Lausitz und Schle-

Ermordung Wallensteinscher Obristen und Offiziere
Kupferstich von Matthäus Merian (aus dem *Theatrum Europaeum*)

sien, sich nach Böhmen wandten und dieses unverteidigte Reich mit ihrer Macht überschwemmten; ihre schnellen Eroberungen in demselben waren nicht weniger sein Werk. Durch den Kleinmut, den er heuchelte, erstickte er jeden Gedanken an Widerstand und überlieferte die Hauptstadt durch seinen voreiligen Abzug dem Sieger. Bei einer Zusammenkunft mit dem sächsischen General zu Kaunitz, wozu eine Friedensunterhandlung ihm den Vorwand darreichte, wurde wahrscheinlich das Siegel auf die Verschwörung gedrückt, und Böhmens Eroberung war die erste Frucht dieser Verabredung. Indem er selbst nach Vermögen dazu beitrug, die Unglücksfälle über Österreich zu häufen, und durch die raschen Fortschritte der Schweden am Rheinstrom aufs nachdrücklichste dabei unterstützt wurde, ließ er seine freiwilligen und gedungenen Anhänger in Wien über das öffentliche Unglück die heftigsten Klagen führen und die Absetzung des vorigen Feldherrn als den einzigen Grund der erlittenen Verluste abschildern. ›Dahin hätte Wallenstein es nicht kommen lassen, wenn er am Ruder geblieben wäre!‹ riefen jetzt tausend Stimmen, und selbst im geheimen Rate des Kaisers fand diese Meinung feurige Verfechter.

Es bedurfte ihrer wiederholten Bestürmung nicht, dem bedrängten Monarchen die Augen über die Verdienste seines Generals und die begangene Übereilung zu öffnen. Bald genug ward ihm die Abhängigkeit von Bayern und der Ligue unerträglich; aber eben diese Abhängigkeit verstattete ihm nicht, sein Mißtrauen zu zeigen und durch Zurückberufung des Herzogs von Friedland den Kurfürsten aufzubringen. Jetzt aber, da die Not mit jedem Tage stieg und die Schwäche des bayrischen Beistandes immer sichtbarer wurde, bedachte er sich nicht länger, den Freunden des Herzogs sein Ohr zu leihen und ihre Vorschläge wegen Zurückberufung dieses Feldherrn in Überlegung zu nehmen.«

Wallensteins Verhandlung mit dem Hof in Wien:

»Wie empfindlich auch der kaiserliche Stolz die Erniedrigung fühlte, ein so unzweideutiges Geständnis seiner ehmaligen Übereilung und seiner gegenwärtigen Not abzulegen, wie sehr es ihn schmerzte, von der Höhe seiner Herrscherwürde zu Bitten herabzusteigen, wie verdächtig auch die Treue eines so bitter beleidigten und so unversöhnlichen Mannes war, wie laut und nachdrücklich endlich auch die spanischen Minister und der Kurfürst von Bayern ihr Mißfallen über diesen Schritt zu erkennen gaben, so siegte jetzt die dringende Not über jede andre Betrachtung, und die Freunde des Herzogs erhielten den Auftrag, seine Gesinnungen zu erforschen und ihm die Möglichkeit seiner Wiederherstellung von ferne zu zeigen.
Unterrichtet von allem, was im Kabinett des Kaisers zu seinem Vorteil verhandelt wurde, gewann dieser Herrschaft genug über sich selbst, seinen innern Triumph zu verbergen und die Rolle des Gleichgültigen zu spielen. Die Zeit der Rache war gekommen, und sein stolzes Herz frohlockte, die erlittene Kränkung dem Kaiser mit vollen Zinsen zu erstatten. Mit kunstvoller Beredsamkeit verbreitete er sich über die glückliche Ruhe des Privatlebens, die ihn seit seiner Entfernung von dem politischen Schauplatz beselige. Zu lange, erklärte er, habe er die Reize der Unabhängigkeit und Muße gekostet, um sie dem nichtigen Phantom des Ruhms und der unsichern Fürstengunst aufzuopfern. Alle seine Begierden nach Größe und Macht seien ausgelöscht, und Ruhe das einzige Ziel seiner Wünsche. Um ja keine Ungeduld zu verraten, schlug er die Einladung an den Hof des Kaisers aus, rückte aber doch bis nach Znaim in Mähren vor, um die Unterhandlungen mit dem Hofe zu erleichtern.
Anfangs versuchte man, die Größe der Gewalt, welche ihm eingeräumt werden sollte, durch die Gegenwart eines Aufsehers zu beschränken und durch diese Auskunft den

Kurfürsten von Bayern um so eher zum Stillschweigen zu bringen. Die Abgeordneten des Kaisers, von Questenberg und von Werdenberg, die, als alte Freunde des Herzogs, zu dieser schlüpfrigen Unterhandlung gebraucht wurden, hatten den Befehl, in ihrem Antrage an ihn des Königs von Ungarn zu erwähnen, der bei der Armee zugegen sein und unter Wallensteins Führung die Kriegskunst erlernen sollte. Aber schon die bloße Nennung dieses Namens drohte die ganze Unterhandlung zu zerreißen. Nie und nimmermehr, erklärte der Herzog, würde er einen Gehülfen in seinem Amte dulden, und wenn es Gott selbst wäre, mit dem er das Kommando teilen sollte. Aber auch noch dann, als man von diesem verhaßten Punkt abgestanden war, erschöpfte der kaiserliche Günstling und Minister, Fürst von Eggenberg, Wallensteins standhafter Freund und Verfechter, den man in Person an ihn abgeschickt hatte, lange Zeit seine Beredsamkeit vergeblich, die verstellte Abneigung des Herzogs zu besiegen. Der Monarch, gestand der Minister, habe mit Wallenstein den kostbarsten Stein aus seiner Krone verloren; aber nur gezwungen und widerstrebend habe er diesen genug bereuten Schritt getan, und seine Hochachtung für den Herzog sei unverändert, seine Gunst ihm unverloren geblieben. Zum entscheidenden Beweise davon diene das ausschließende Vertrauen, das man jetzt in seine Treue und Fähigkeit setze, die Fehler seiner Vorgänger zu verbessern und die ganze Gestalt der Dinge zu verwandeln. Groß und edel würde es gehandelt sein, seinen gerechten Unwillen dem Wohl des Vaterlandes zum Opfer zu bringen, groß und seiner würdig, die übeln Nachreden seiner Gegner durch die verdoppelte Wärme seines Eifers zu widerlegen. Dieser Sieg über sich selbst, schloß der Fürst, würde seinen übrigen unerreichbaren Verdiensten die Krone aufsetzen und ihn zum größten Mann seiner Zeiten erklären.

So beschämende Geständnisse, so schmeichelhafte Versicherungen schienen endlich den Zorn des Herzogs zu entwaffnen; doch nicht eher, als bis sich sein volles Herz aller Vorwürfe gegen den Kaiser entladen, bis er den ganzen Umfang seiner Verdienste in prahlerischem Pomp ausgebreitet und den Monarchen, der jetzt seine Hülfe brauchte, aufs tiefste erniedrigt hatte, öffnete er sein Ohr den lockenden Anträgen des Ministers. Als ob er nur der Kraft dieser Gründe nachgäbe, bewilligte er mit stolzer Großmut, was der feurigste Wunsch seiner Seele war, und begnadigte den Abgesandten mit einem Strahle von Hoffnung. Aber weit entfernt, die Verlegenheit des Kaisers durch eine unbedingte volle Gewährung auf einmal zu endigen, erfüllte er bloß einen Teil seiner Forderung, um einen desto größern Preis auf die übrige wichtigere Hälfte zu setzen. Er nahm das Kommando an, aber nur auf drei Monate; nur um eine Armee *auszurüsten*, nicht sie selbst *anzuführen*. Bloß seine Fähigkeit und Macht wollte er durch diesen Schöpfungsakt kund tun und dem Kaiser die Größe der Hülfe in der Nähe zeigen, deren Gewährung in Wallensteins Händen stände. Überzeugt, daß eine Armee, die sein Name allein aus dem Nichts gezogen, ohne ihren Schöpfer in ihr Nichts zurückkehren würde, sollte sie ihm nur zur Lockspeise dienen, seinem Herrn desto wichtigere Bewilligungen zu entreißen; und doch wünschte Ferdinand sich Glück, daß auch nur so viel gewonnen war.«

Wallensteins neues Heer im Frühjahr 1632:

»Sein Versprechen hatte der Herzog erfüllt, und die Armee stand fertig im Felde; jetzt trat er zurück und überließ dem Kaiser, ihr einen Führer zu geben. Aber es würde ebenso leicht gewesen sein, noch eine zweite Armee, wie diese war, zu errichten, als einen andern Chef außer Wallenstein für sie aufzufinden. Dieses vielversprechende Heer, die letzte Hoffnung des Kaisers, war nichts als ein Blendwerk, sobald der Zauber sich löste, der es ins Dasein rief; durch Wallenstein ward es, ohne ihn schwand es, wie eine magische Schöpfung, in sein voriges Nichts dahin. Die Offiziere waren ihm entweder als seine Schuldner verpflichtet oder als seine Gläubiger aufs engste an sein Interesse, an die Fortdauer seiner Macht geknüpft; die Regimenter hatte er seinen Verwandten, seinen Geschöpfen, seinen Günstlingen untergeben. Er und kein anderer war der Mann, den Truppen die ausschweifenden Versprechungen zu halten, wodurch er sie in seinen Dienst gelockt hatte.«

Die Bedingungen, unter denen Wallenstein die Heerführung übernimmt:

»Eine unumschränkte Oberherrschaft verlangte Wallenstein über alle deutsche Armeen des österreichischen und spanischen Hauses und unbegrenzte Vollmacht, zu strafen und zu belohnen. Weder dem König von Ungarn noch dem Kaiser selbst solle es vergönnt sein, bei der Armee zu erscheinen, noch weniger eine Handlung der Autorität darin auszuüben. Keine Stelle soll der Kaiser bei der Armee zu vergeben, keine Belohnung zu verleihen haben, kein Gnadenbrief desselben ohne Wallensteins Bestätigung gültig sein. Über alles, was im Reiche konfiszieret und erobert werde, soll der Herzog von Friedland allein, mit Ausschließung aller kaiserlichen und Reichsgerichte zu verfügen haben. Zu seiner ordentlichen Belohnung müsse ihm ein kaiserliches Erbland und noch ein anderes der im Reiche eroberten Länder zum außerordentlichen Geschenk überlassen werden. Jede österreichische Provinz solle ihm, sobald er derselben bedürfen würde, zur Zuflucht geöffnet sein. Außerdem verlangte er die Versicherung des Herzogtums Mecklenburg bei einem künftigen Frieden und eine förmliche frühzeitige Aufkündigung, wenn man für nötig finden sollte, ihn zum zweitenmal des Generalats zu entsetzen.
Umsonst bestürmte ihn der Minister, diese Forderungen

zu mäßigen, durch welche der Kaiser aller seiner Souveränitätsrechte über die Truppen beraubt und zu einer Kreatur seines Feldherrn erniedrigt würde. Zu sehr hatte man ihm die Unentbehrlichkeit seiner Dienste verraten, um jetzt noch des Preises Meister zu sein, womit sie erkauft werden sollten. Wenn der Zwang der Umstände den Kaiser nötigte, diese Forderungen *einzugehen*, so war es nicht bloßer Antrieb der Rachsucht und des Stolzes, der den Herzog veranlaßte, sie zu *machen*. Der Plan zur künftigen Empörung war entworfen, und dabei konnte keiner der Vorteile gemißt werden, deren sich Wallenstein in seinem Vergleich mit dem Hofe zu bemächtigen suchte. [...] Wie das Los nun auch fallen mochte, so hatte er durch die Bedingungen, die er von dem Kaiser erpreßte, gleich gut für seinen Vorteil gesorgt. Zeigten sich die Vorfälle seinen verwegnen Entwürfen günstig, so machte ihm dieser Vertrag mit dem Kaiser ihre Ausführung leichter; widerrieten die Zeitläufte die Vollstreckung derselben, so hatte dieser nämliche Vertrag ihn aufs glänzendste entschädigt. Aber wie konnte er einen Vertrag für gültig halten, der seinem Oberherrn abgetrotzt und auf ein Verbrechen gegründet war? Wie konnte er hoffen, den Kaiser durch eine Vorschrift zu binden, welche denjenigen, der so vermessen war, sie zu geben, zum Tode verdammte? Doch dieser todeswürdige Verbrecher war jetzt der *unentbehrlichste Mann* in der Monarchie, und Ferdinand, im Verstellen geübt, bewilligte ihm alles, was er verlangte.«

Nach der Schlacht bei Lützen vermied Wallenstein den Kampf. Bei Münsterberg in Schlesien suchte er die Unterhandlung mit dem Feind:

»Neun Tage lang standen beide Armeen einander einen Musketenschuß weit im Gesichte, als der Graf Terzky aus dem Wallensteinischen Heere mit einem Trompeter vor dem Lager der Alliierten erschien, den General von Arnheim zu einer Konferenz einzuladen. Der Inhalt derselben war, daß Wallenstein, der doch an Macht der überlegene Teil war, einen Waffenstillstand von sechs Wochen in Vorschlag brachte. Er sei gekommen, sagte er, mit Schweden und mit den Reichsfürsten einen ewigen Frieden zu schließen, die Soldaten zu bezahlen und jedem Genugtuung zu verschaffen. Alles dies stehe in seiner Hand, und wenn man in Wien Anstand nehmen sollte, es zu bestätigen, so wolle *er* sich mit den Alliierten vereinigen und (was er Arnheimen zwar nur ins Ohr flüsterte) den Kaiser zum Teufel jagen. Bei einer zweiten Zusammenkunft ließ er sich gegen den Grafen von Thurn noch deutlicher heraus. Alle Privilegien, erklärte er, sollten aufs neue bestätigt, alle böhmischen Exulanten zurückberufen und in ihre Güter wieder eingesetzt werden, und er selbst wolle der erste sein, seinen Anteil an denselben herauszugeben. Die Jesuiten, als die Urheber aller bisherigen Unterdrückungen, sollten verjagt, die Krone Schweden durch Zahlungen auf bestimmte Termine abgefunden, alles überflüssige Kriegsvolk von beiden Teilen gegen die Türken geführt werden. Der letzte Punkt enthielt den Aufschluß des ganzen Rätsels. Wenn *er* die böhmische Krone davontrüge, so sollten alle Vertriebenen sich seiner Großmut zu rühmen haben, eine vollkommene Freiheit der Religionen sollte dann in dem Königreich herrschen, das pfälzische Haus in alle seine vorigen Rechte zurücktreten und die Markgrafschaft Mähren ihm für Mecklenburg zur Entschädigung dienen. Die alliierten Armeen zögen dann unter seiner Anführung nach Wien, dem Kaiser die Genehmigung dieses Traktats mit gewaffneter Hand abzunötigen.

Jetzt also war die Decke von dem Plan weggezogen, worüber er schon jahrelang in geheimnisvoller Stille gebrütet hatte.«

Wallensteins Einberufung der Befehlshaber nach Pilsen:

»Um endlich den entscheidenden Schritt zum Ziele zu tun, berief er im Jänner 1634 alle Kommandeurs der Armee nach Pilsen zusammen, wohin er sich gleich nach seinem Rückzug aus Bayern gewendet hatte. Die neuesten Forderungen des Kaisers, die Erblande mit Winterquartieren zu verschonen, Regensburg noch in der rauhen Jahrszeit wieder zu erobern und die Armee zu Verstärkung des Kardinal-Infanten um sechstausend Mann Reiterei zu vermindern, waren erheblich genug, um vor dem ganzen versammelten Kriegsrat in Erwägung gezogen zu werden, und dieser scheinbare Vorwand verbarg den Neugierigen den wahren Zweck der Zusammenberufung. Auch Schweden und Sachsen wurden heimlich dahin geladen, um mit dem Herzog von Friedland über den Frieden zu traktieren; mit den Befehlshabern entlegnerer Heere sollte schriftliche Abrede genommen werden. Zwanzig von den berufenen Kommandeurs erschienen; aber gerade die wichtigsten, Gallas, Colleredo und Altringer, blieben aus.«

Von der heimlichen Verweigerung der kaisertreuen Offiziere bis zu Wallensteins Ermordung in Eger:

»Altringer blieb unter dem Vorwand einer Krankheit in dem festen Schloß Frauenberg liegen. Gallas fand sich zwar ein, aber bloß um als Augenzeuge den Kaiser von der drohenden Gefahr desto besser unterrichten zu können. Die Aufschlüsse, welche er und Piccolomini gaben, verwandelten die Besorgnisse des Hofs auf einmal in die schrecklichste Gewißheit. [...] Man erließ also an die vornehmsten Befehlshaber, deren Treue man sich versichert hielt, geheime Befehle, den Herzog von Friedland nebst seinen beiden Anhängern, Illo und Terzky, auf was Art es auch sein möchte, zu verhaften und in sichre Verwahrung zu bringen, damit sie gehört werden und sich verantwor-

ten könnten. Sollte dies aber auf so ruhigem Wege nicht zu bewirken sein, so fordre die öffentliche Gefahr, sie tot oder lebendig zu greifen. Zugleich erhielt General Gallas ein offenes Patent, worin allen Obersten und Offizieren diese kaiserliche Verfügung bekanntgemacht, die ganze Armee ihrer Pflichten gegen den Verräter entlassen und, bis ein neuer Generalissimus aufgestellt sein würde, an den Generalleutnant von Gallas verwiesen wurde. [...]
Gallas begriff die Unmöglichkeit, unter den Augen des Herzogs seinen Auftrag zu vollziehen, und sein sehnlichster Wunsch war, sich, eh er einen Schritt zur Ausführung wagte, vorher mit Altringern zu besprechen. Da das lange Außenbleiben des letztern schon anfing, Verdacht bei dem Herzog zu erregen, so erbot sich Gallas, sich in eigner Person nach Frauenberg zu verfügen und Altringern, als seinen Verwandten, zur Herreise zu bewegen. Wallenstein nahm diesen Beweis seines Eifers mit so großem Wohlgefallen auf, daß er ihm seine eigene Equipage zur Reise hergab. Froh über die gelungene List, verließ Gallas ungesäumt Pilsen und überließ es dem Grafen Piccolomini, Wallensteins Schritte zu bewachen. [...]
Da auch Gallas an keine Rückkehr zu denken schien, so wagte es Piccolomini, die Leichtgläubigkeit des Herzogs noch einmal auf die Probe zu stellen. Er bat sich von ihm die Erlaubnis aus, den Gallas zurückzuholen, und Wallenstein ließ sich zum zweitenmal überlisten. Diese unbegreifliche Blindheit wird uns nur als eine Tochter seines Stolzes erklärbar, der sein Urteil über eine Person nie zurücknahm und die Möglichkeit zu irren auch sich selbst nicht gestehen wollte. Auch den Grafen Piccolomini ließ er in seinem eigenen Wagen nach Linz bringen, wo dieser sogleich dem Beispiel des Gallas folgte und noch einen Schritt weiterging. Er hatte Wallenstein versprochen zurückzukehren; dieses tat er, aber an der Spitze einer Armee, um den Herzog in Pilsen zu überfallen. Ein anderes Heer eilte unter dem General von Suys nach Prag, um die-

se Hauptstadt in kaiserliche Pflichten zu nehmen und gegen einen Angriff der Rebellen zu verteidigen. Zugleich kündigt sich Gallas allen zerstreuten Armeen Österreichs als den einzigen Chef an, von dem man nunmehr Befehle anzunehmen habe. In allen kaiserlichen Lägern werden Plakate ausgestreut, die den Herzog nebst vier seiner Vertrauten für vogelfrei erklären und die Armeen ihrer Pflichten gegen den Verräter entbinden.

Das zu Linz gegebene Beispiel findet allgemeine Nachahmung; man verflucht das Andenken des Verräters, alle Armeen fallen von ihm ab. Endlich, nachdem auch Piccolomini sich nicht wieder sehen läßt, fällt die Decke von Wallensteins Augen, und schrecklich erwacht er aus seinem Traume. Doch auch jetzt glaubt er noch an die Wahrhaftigkeit der Sterne und an die Treue der Armee. Gleich auf die Nachricht von Piccolominis Abfall läßt er den Befehl bekanntmachen, daß man inskünftige keiner Ordre zu gehorchen habe, die nicht unmittelbar von ihm selbst oder von Terzky und Illo herrühre. Er rüstet sich in aller Eile, um nach Prag aufzubrechen, wo er willens ist, endlich seine Maske abzuwerfen und sich öffentlich gegen den Kaiser zu erklären. Vor Prag sollten alle Truppen sich versammeln und von da aus mit Blitzes Schnelligkeit über Österreich herstürzen. [...] Aber indem er mit der gespanntesten Erwartung den Nachrichten von Prag entgegensieht, erfährt er den Verlust dieser Stadt, erfährt er den Abfall seiner Generale, die Desertion seiner Truppen, die Enthüllung seines ganzen Komplotts, den eilfertigen Anmarsch des Piccolomini, der ihm den Untergang geschworen. Schnell und schrecklich stürzen alle seine Entwürfe zusammen, täuschen ihn alle seine Hoffnungen. [...]

Indem der Herzog von Eger aus die Unterhandlungen mit dem Feinde lebhaft betrieb, die Sterne befragte und frischen Hoffnungen Raum gab, wurde beinahe unter seinen Augen der Dolch geschliffen, der seinem Leben ein Ende machte. Der kaiserliche Urteilsspruch, der ihn für vogelfrei erklärte, hatte seine Wirkung nicht verfehlt, und die rächende Nemesis wollte, daß der *Undankbare* unter den Streichen des *Undanks* erliegen sollte. Unter seinen Offizieren hatte Wallenstein einen Irländer, namens Leßley, mit vorzüglicher Gunst beehrt und das ganze Glück dieses Mannes gegründet. Eben dieser war es, der sich bestimmt und berufen fühlte, das Todesurteil an ihm zu vollstrecken und den blutigen Lohn zu verdienen. Nicht sobald war dieser Leßley im Gefolge des Herzogs zu Eger angelangt, als er dem Kommendanten dieser Stadt, Obersten Buttler, und dem Oberstleutnant Gordon, zweien protestantischen Schottländern, alle schlimmen Anschläge des Herzogs entdeckte, welche ihm dieser Unbesonnene auf der Herreise vertraut hatte. Leßley fand hier zwei Männer, die eines Entschlusses fähig waren. Man hatte die Wahl zwischen Verräterei und Pflicht, zwischen dem rechtmäßigen Herrn und einem flüchtigen, allgemein verlassenen Rebellen; wiewohl der letztere der gemeinschaftliche Wohltäter war, so konnte die Wahl doch keinen Augenblick zweifelhaft bleiben. Man verbindet sich fest und feierlich zur Treue gegen den Kaiser, und diese fordert die schnellsten Maßregeln gegen den öffentlichen Feind. Die Gelegenheit ist günstig, und sein böser Genius hat ihn von selbst in die Hände der Rache geliefert. Um jedoch der Gerechtigkeit nicht in ihr Amt zu greifen, beschließt man, ihr das Opfer lebendig zuzuführen, und man scheidet voneinander mit dem gewagten Entschluß, den Feldherrn gefangen zu nehmen. Tiefes Geheimnis umhüllt dieses schwarze Komplott, und Wallenstein, ohne Ahndung des ihm so nahe schwebenden Verderbens, schmeichelt sich vielmehr, in der Besatzung von Eger seine tapfersten und treusten Verfechter zu finden.

Um eben diese Zeit werden ihm die kaiserlichen Patente überbracht, die sein Urteil enthalten und in allen Lägern gegen ihn bekanntgemacht sind. Er erkennt jetzt die ganze Größe der Gefahr, die ihn umlagert, die gänzliche Unmöglichkeit der Rückkehr, seine fürchterliche verlassene Lage, die Notwendigkeit, sich auf Treu und Glauben dem Feinde zu überliefern. Gegen Leßley ergießt sich der ganze Unmut seiner verwundeten Seele, und die Heftigkeit des Affekts entreißt ihm das letzte noch übrige Geheimnis. Er entdeckt diesem Offizier seinen Entschluß, Eger und Elbogen, als die Pässe des Königreichs, dem Pfalzgrafen von Birkenfeld einzuräumen, und unterrichtet ihn zugleich von der nahen Ankunft des Herzogs Bernhard in Eger, wovon er noch in eben dieser Nacht durch einen Eilboten benachrichtigt worden. Diese Entdeckung, welche Leßley seinen Mitverschwornen aufs schleunigste mitteilt, ändert ihren ersten Entschluß. Die dringende Gefahr erlaubt keine Schonung mehr. Eger konnte jeden Augenblick in feindliche Hände fallen und eine schnelle Revolution ihren Gefangenen in Freiheit setzen. Diesem Unglück zuvorzukommen, beschließen sie, ihn samt seinen Vertrauten in der folgenden Nacht zu *ermorden.*

Damit dies mit um so weniger Geräusch geschehen möchte, sollte die Tat bei einem Gastmahle vollzogen werden, welches der Oberste Buttler auf dem Schlosse zu Eger veranstaltete. Die andern alle erschienen; nur Wallenstein, der viel zu bewegt war, um in fröhliche Gesellschaft zu taugen, ließ sich entschuldigen. Man mußte also, in Ansehung seiner, den Plan abändern; gegen die andern aber beschloß man der Abrede gemäß zu verfahren. In sorgloser Sicherheit erschienen die drei Obersten Illo, Terzky und Wilhelm Kinsky und mit ihnen Rittmeister Neumann, ein Offizier voll Fähigkeit, dessen sich Terzky bei jedem verwickelten Geschäfte, welches Kopf erforderte, zu bedienen pflegte. Man hatte vor ihrer Ankunft die zuverlässigsten Soldaten aus der Besatzung, welche mit in das Komplott gezogen war, in das Schloß eingenommen, alle Ausgänge aus demselben wohl besetzt und in einer Kammer neben dem Speisesaal sechs Buttlerische Dragoner verborgen, die auf ein verabredetes Signal hervorbrechen und die Verräter niederstoßen sollten. Ohne Ahndung der Gefahr, die über ihrem Haupte schwebte, überließen sich die sorglosen Gäste den Vergnügungen der Mahlzeit, und Wallensteins, nicht mehr des kaiserlichen Dieners, sondern des souveränen Fürsten, Gesundheit wurde aus vollen Bechern getrunken. Der Wein öffnete ihnen die Herzen, und Illo entdeckte mit vielem Übermut, daß in drei Tagen eine Armee dastehen werde, dergleichen Wallenstein niemals angeführt habe. – ›Ja‹, fiel Neumann ein, und dann hoffe er, seine Hände in der Österreicher Blut zu waschen. Unter diesen Reden wird das Dessert aufgetragen, und nun gibt Leßley das verabredete Zeichen, die Aufzugbrücke zu sperren, und nimmt selbst alle Torschlüssel zu sich. Auf einmal füllt sich der Speisesaal mit Bewaffneten an, die sich mit dem unerwarteten Gruße ›*Vivat Ferdinandus!*‹ hinter die Stühle der bezeichneten Gäste pflanzen. Bestürzt und mit einer übeln Ahndung springen alle vier zugleich von der Tafel auf. Kinsky und Terzky werden sogleich erstochen, ehe sie sich zur Wehr setzen können; Neumann allein findet Gelegenheit, während der Verwirrung in den Hof zu entwischen, wo er aber von den Wachen erkannt und sogleich niedergemacht wird. Nur Illo hatte Gegenwart des Geistes genug, sich zu verteidigen. Er stellte sich an ein Fenster, von wo er dem Gordon seine Verräterei unter den bittersten Schmähungen vorwarf und ihn aufforderte, sich ehrlich und ritterlich mit ihm zu schlagen. Erst nach der tapfersten Gegenwehr, nachdem er zwei seiner Feinde tot dahingestreckt, sank er, überwältigt von der Zahl und von zehen Stichen durchbohrt, zu Boden. Gleich nach vollbrachter Tat eilte Leßley nach der Stadt, um einem Auflauf zuvorzukommen. Als die Schildwachen am Schloßtor ihn außer Atem daherrennen sahen, feuerten sie in dem Wahne, daß er mit zu den Rebellen gehöre, ihre Flinten auf ihn ab, doch ohne ihn zu treffen. Aber diese Schüsse brachten die Wachen in der Stadt in Bewegung, und Leßleys schnelle Gegenwart war nötig, sie zu beruhigen. Er entdeckte ihnen nunmehr umständlich den ganzen Zusammenhang der Friedländischen Verschwörung und die Maßregeln, die dagegen bereits getroffen worden, das Schicksal der vier Rebellen sowie dasjenige, welches den Anführer selbst erwartete. Als er sie bereitwillig fand, seinem Vorhaben beizutreten, nahm er ihnen aufs neue einen Eid ab, dem Kaiser getreu zu sein und für die gute Sache zu leben und zu sterben. Nun wurden hundert Buttlerische Dragoner von der Burg aus in die Stadt eingelassen, die alle Straßen durchreiten mußten, um die Anhänger des Herzogs im Zaum zu halten und jedem Tumult vorzubeugen. Zugleich besetzte man alle Tore der Stadt Eger und jeden Zugang zum Friedländischen Schlosse, das an den Markt stieß, mit einer zahlreichen und zuverlässigen Mannschaft, daß der Herzog weder entkommen noch Hülfe von außen erhalten konnte.

Bevor man aber zur Ausführung schritt, wurde von den Verschwornen auf der Burg noch eine lange Beratschlagung gehalten, ob man ihn wirklich ermorden oder sich nicht lieber begnügen sollte, ihn gefangen zu nehmen. Besprützt mit Blut und gleichsam auf den Leichen seiner erschlagenen Genossen, schauderten diese wilden Seelen zurück vor der Greueltat, ein so merkwürdiges Leben zu enden. Sie sahen ihn, den Führer in der Schlacht, in seinen glücklichen Tagen, umgeben von seiner siegenden Armee, im vollen Glanz seiner Herrschergröße; und noch einmal ergriff die langgewohnte Furcht ihre zagenden Herzen. Doch bald erstickt die Vorstellung der dringenden Gefahr diese flüchtige Regung. Man erinnert sich der Drohungen, welche Neumann und Illo bei der Tafel ausgestoßen, man sieht die Sachsen und Schweden schon in der Nähe von Eger mit einer furchtbaren Armee und keine Rettung als in dem schleunigen Untergange des Verräters. Es bleibt also bei dem ersten Entschluß, und der schon bereit gehaltene Mörder, Hauptmann Deveroux, ein Irländer, erhält den blutigen Befehl.

Wallensteins Ermordung 15. Februar 1634
Kupferstich von Matthäus Merian (aus dem *Theatrum Europaeum*)

Während daß jene drei auf der Burg von Eger sein Schicksal bestimmten, beschäftigte sich Wallenstein in einer Unterredung mit Seni, es in den Sternen zu lesen. ›Die Gefahr ist noch nicht vorüber‹, sagte der Astrolog mit prophetischem Geiste. ›*Sie ist es*‹, sagte der Herzog, der an dem Himmel selbst seinen Willen wollte durchgesetzt haben. ›Aber daß *du* mit nächstem wirst in den Kerker geworfen werden‹, fuhr er mit gleich prophetischem Geiste fort, ›das, Freund Seni, steht in den Sternen geschrieben!‹ Der Astrolog hatte sich beurlaubt, und Wallenstein war zu Bette, als Hauptmann Deveroux mit sechs Hellebardierern vor seiner Wohnung erschien und von der Wache, der es nichts Außerordentliches war, ihn zu einer ungewöhnlichen Zeit bei dem General aus und ein gehen zu sehen, ohne Schwierigkeit eingelassen wurde. Ein Page, der ihm auf der Treppe begegnet und Lärm machen will, wird mit einer Pike durchstochen. In dem Vorzimmer stoßen die Mörder auf einen Kammerdiener, der aus dem Schlafgemach seines Herrn tritt und den Schlüssel zu demselben soeben abgezogen hat. Den Finger auf den Mund legend, bedeutet sie der erschrockne Sklav, keinen Lärm zu machen, weil der Herzog eben eingeschlafen sei. ›Freund‹, ruft Deveroux ihn an, ›jetzt ist es Zeit, zu lärmen.‹ Unter diesen Worten rennt er gegen die verschlossene Türe, die auch von innen verriegelt ist, und sprengt sie mit einem Fußtritte.

Wallenstein war durch den Knall, den eine losgehende Flinte erregte, aus dem ersten Schlaf aufgepocht worden und ans Fenster gesprungen, um der Wache zu rufen. In diesem Augenblick hörte er aus den Fenstern des anstoßenden Gebäudes das Heulen und Wehklagen der Gräfinnen Terzky und Kinsky, die soeben von dem gewaltsamen Tod ihrer Männer benachrichtigt worden. Ehe er Zeit hatte, diesem schrecklichen Vorfalle nachzudenken, stand Deveroux mit seinen Mordgehülfen im Zimmer. Er war noch im bloßen Hemde, wie er aus dem Bette gesprungen war, zunächst an dem Fenster an einen Tisch gelehnt. ›Bist *du* der Schelm‹, schreit Deveroux ihn an, ›der des Kaisers Volk zu dem Feind überführen und Seiner Majestät die Krone vom Haupte herunterreißen will? Jetzt mußt du sterben.‹ Er hält einige Augenblicke inne, als ob er eine Antwort erwartete; aber Überraschung und Trotz verschließen Wallensteins Mund. Die Arme weit auseinander breitend, empfängt er vorn in der Brust den tödlichen Stoß der Partisane und fällt dahin in seinem Blut, ohne einen Laut auszustoßen.«

Nachruf auf Wallenstein:

»Ferdinand weihte dem Schicksale seines Generals eine Träne und ließ für die Ermordeten zu Wien dreitausend Seelmessen lesen; zugleich aber vergaß er nicht, die Mörder mit goldenen Gnadenketten, Kammerherrnschlüsseln, Dignitäten und Rittergütern zu belohnen.
So endigte Wallenstein in einem Alter von funfzig Jahren sein tatenreiches und außerordentliches Leben; durch Ehrgeiz emporgehoben, durch Ehrsucht gestürzt, bei allen seinen Mängeln noch groß und bewundernswert, unübertrefflich, wenn er Maß gehalten hätte. Die Tugenden des *Herrschers* und *Helden*, Klugheit, Gerechtigkeit, Festigkeit und Mut, ragen in seinem Charakter kolossalisch hervor; aber ihm fehlten die sanftern Tugenden des *Menschen*, die den Helden zieren und dem Herrscher Liebe erwerben. *Furcht* war der Talisman, durch den er wirkte; ausschweifend im Strafen wie im Belohnen, wußte er den Eifer seiner Untergebenen in immerwährender Spannung zu erhalten, und gehorcht zu sein wie er, konnte kein Feldherr in mittlern und neuern Zeiten sich rühmen. Mehr als Tapferkeit galt ihm die Unterwürfigkeit gegen seine Befehle, weil durch jene nur der Soldat, durch diese der Feldherr handelt. Er übte die Folgsamkeit der Truppen durch eigensinnige Verordnungen und belohnte die Willigkeit, ihm zu gehorchen, auch in Kleinigkeiten mit Verschwendung, weil er den *Gehorsam* höher als den *Gegenstand* schätzte. Eins-

mals ließ er bei Lebensstrafe verbieten, daß in der ganzen Armee keine andre als rote Feldbinden getragen werden sollten. Ein Rittmeister hatte diesen Befehl kaum vernommen, als er seine mit Gold durchwirkte Feldbinde abnahm und mit Füßen trat. Wallenstein, dem man es hinterbrachte, machte ihn auf der Stelle zum Obersten. Stets war sein Blick auf das Ganze gerichtet, und bei allem Scheine der Willkür verlor er doch nie den Grundsatz der Zweckmäßigkeit aus den Augen. Die Räubereien der Soldaten in Freundes Land hatten geschärfte Verordnungen gegen die Marodeurs veranlaßt, und der Strang war jedem gedroht, den man auf einem Diebstahl betreten würde. Da geschah es, daß Wallenstein selbst einem Soldaten auf dem Felde begegnete, den er ununtersucht als einen Übertreter des Gesetzes ergreifen ließ und mit dem gewöhnlichen Donnerwort, gegen welches keine Einwendung stattfand: ›Laß die Bestie hängen‹ zum Galgen verdammte. Der Soldat beteuert und beweist seine Unschuld – aber die unwiderrufliche Sentenz ist heraus. ›So hänge man dich unschuldig‹, sagte der Unmenschliche, ›desto gewisser wird der Schuldige zittern.‹ Schon macht man die Anstalten, diesen Befehl zu vollziehen, als der Soldat, der sich ohne Rettung verloren sieht, den verzweifelten Entschluß faßt, nicht ohne Rache zu sterben. Wütend fällt er seinen Richter an, wird aber, ehe er seinen Vorsatz ausführen kann, von der überlegenen Anzahl entwaffnet. ›Jetzt laßt ihn laufen‹, sagte der Herzog, ›es wird Schrecken genug erregen.‹ – Seine Freigebigkeit wurde durch unermeßliche Einkünfte unterstützt, welche jährlich auf drei Millionen geschätzt wurden, die ungeheuern Summen nicht gerechnet, die er unter dem Namen von Brandschatzungen zu erpressen wußte. Sein freier Sinn und heller Verstand erhob ihn über die Religionsvorurteile seines Jahrhunderts, und die Jesuiten vergaben es ihm nie, daß er ihr System durchschaute und in dem Papste nichts als einen römischen Bischof sah.

Aber wie schon seit Samuels des Propheten Tagen keiner,

der sich mit der Kirche entzweite, ein glückliches Ende nahm, so vermehrte auch Wallenstein die Zahl ihrer Opfer. Durch Mönchsintrigen verlor er zu Regensburg den Kommandostab und zu Eger das Leben; durch mönchische Künste verlor er vielleicht, was mehr war als beides, seinen ehrlichen Namen und seinen guten Ruf vor der Nachwelt. Denn endlich muß man zur Steuer der Gerechtigkeit gestehen, daß es nicht ganz treue Federn sind, die uns die Geschichte dieses außerordentlichen Mannes überliefert haben; daß die Verräterei des Herzogs und sein Entwurf auf die böhmische Krone sich auf keine streng bewiesene Tatsache, bloß auf wahrscheinliche Vermutungen gründen. Noch hat sich das Dokument nicht gefunden, das uns die geheimen Triebfedern seines Handelns mit historischer Zuverlässigkeit aufdeckte, und unter seinen öffentlichen, allgemein beglaubigten Taten ist keine, die nicht endlich aus einer unschuldigen Quelle könnte geflossen sein. Viele seiner getadeltsten Schritte beweisen bloß seine ernstliche Neigung zum Frieden; die meisten andern erklärt und entschuldigt das gerechte Mißtrauen gegen den Kaiser und das verzeihliche Bestreben, seine Wichtigkeit zu behaupten. Zwar zeugt sein Betragen gegen den Kurfürsten von Bayern von einer unedlen Rachsucht und einem unversöhnlichen Geiste; aber keine seiner Taten *berechtigt* uns, ihn der Verräterei für überwiesen zu halten. Wenn endlich Not und Verzweiflung ihn antreiben, das Urteil wirklich zu verdienen, das gegen den Unschuldigen gefällt war, so kann dieses dem Urteil selbst nicht zur Rechtfertigung gereichen; so fiel Wallenstein, nicht weil er Rebell war, sondern er rebellierte, weil er fiel. Ein Unglück für den Lebenden, daß er eine siegende Partei sich zum Feinde gemacht hatte – ein Unglück für den Toten, daß ihn dieser Feind überlebte und seine Geschichte schrieb.«

Friedrich Schiller: Geschichte des Dreißigjährigen Kriegs. In: F. S.: Sämtliche Werke. Hrsg. von Herbert Fricke und Herbert G. Göpfert. Bd. 2. München: Hanser, 1981. S. 470–688.

4. Wallenstein-Darstellungen nach Schiller

Von den zahlreichen Wallenstein-Darstellungen aus der Feder von Historikern, aber auch Dichtern sei hier auf die Biographie von Leopold von Ranke, den Roman von Alfred Döblin sowie auf die Biographie Golo Manns näher eingegangen.

Aus LEOPOLD VON RANKES (1795–1886) *Geschichte Wallensteins* (1869) sind im Folgenden »die faszinierende Charakteristik Wallensteins im 12. Kapitel« (Hellmut Diwald) und der Schluss des Buches abgedruckt. Bezüglich eines Charakterbildes hat Golo Mann (vgl. die Auszüge S. 164–168) seinerseits betont: »Nirgendwo, auf fast 1200 Seiten, habe ich ein Charakterbild Wallensteins gezeichnet. Man tat das ja früher, kapitelweise: ›Soundso als Feldherr‹, ›als Politiker‹, ›als Mensch‹. Nun, der Mensch war in allem.«[2] Und ferner: »In der stark überschätzten Frage, ob Wallenstein ein Rebell gegen den Kaiser war, bin ich allerdings der Meinung, daß er es nicht, und seine vielberedete Verschwörung stark überwiegend Mißverständnis, Verleumdung, Nebel und Humbug war.«[3]

Eine ähnliche Meinung vertrat auch der Historiker Hellmut Diwald in seinem *Wallenstein. Eine Biographie* (München/Esslingen 1969). Der *Spiegel*-Herausgeber Rudolf Augstein, der sowohl Diwalds als auch Manns Wallenstein-Buch ausführlich rezensierte, erhob in diesem Punkte temperamentvoll Widerspruch.[4]

Ranke schreibt über Wallenstein:

»Er belohnte gern; doch hatte es fast noch mehr Werth, wenn er Einem die Hand auf den Kopf oder die Schulter legte und ihn dann lobte. Wer bei einer rühmlichen Hand-

2 *ZEIT-Magazin*, Nr. 42, 15. Oktober 1971, S. 4.
3 Ebd., S. 2.
4 *Der Spiegel*, 25. Jg., Nr. 42, 11. Oktober 1971.

lung fiel, den ehrte er im Tode; er begleitete ihn bei seiner Beerdigung. Feigheit wurde nicht allein verachtet, sondern bestraft, selbst mit Grausamkeit; auch das Mißlingen, wenn einigermaßen verschuldet, galt als Verbrechen. Wenn er dann zu einer Beförderung schritt, etwa einem gemeinen Soldaten die Stelle eines Hauptmanns verlieh, so nahm er es nicht übel, wofern dieser versäumte ihm persönlich seinen Dank darzubringen: denn er beweise dadurch die Einsicht, daß er seine Bevorzugung nicht der Gunst verdanke, sondern allein dem Verdienst.

Niemand hätte sich weigern dürfen, seine Ehre im Zweikampf zu vertheidigen. Wer das that, wurde aus dem Heere gestoßen. Mancher hat seine Gunst gewonnen, indem er sich einer Strafe widersetzte, die seine Ehre beleidigte, und sich lieber der Gefahr des Todes aussetzte, als der Schmach. Höchst widerwärtig waren ihm Empfehlungen vom Hofe, er hat sie mit Scherz oder auch mit Hohn abgelehnt. Wer sich in allzu schmuckem Aufzug zum Dienst meldete, den hat er wohl an die behäbige Hofhaltung eines Cardinals (Dietrichstein) gewiesen, für welche das passe: im Feldlager würde der Rauch des Geschützes das feine Gesicht verunstalten. Die Anwesenheit der Prinzen von Toscana im Lager ließ er sich gefallen; doch sorgte er dafür, daß sie keinen Einfluß ausübten. Ihren Wunsch sich persönlich hervorzuthun erklärte er für eine Eitelkeit, die sich mit der Subordination nicht vertrage. Man darf behaupten, daß er dem militärischen Prinzip an und für sich, selbst ohne Rücksicht auf den Zweck des Krieges, im Sinne der anderthalb Jahrhunderte, die dann folgten, Bahn gemacht hat, so wie er ihm durch die Einrichtung der Contributionen eine regelmäßige Grundlage schaffte. Er war ein geborener Kriegsfürst.

So lange als er gesund war, liebte Wallenstein mit den Obersten zu speisen: denn nichts verbinde die Gemüther mehr als ein heiteres Gelag. Aber bei aller guten Kameradschaft hielt er den Anspruch der unbedingten Unterordnung fest. Wenn er im Feldlager einherging, wollte er nicht gegrüßt sein; wenn er sich dann in sein Quartier zurückzog, so hielt er drüber, daß Niemand in der Nähe desselben mit Pferden und Hunden erscheinen, mit klirrenden Sporen daher schreiten durfte. Außerhalb des Feldlagers liebte er eine Pracht zu entwickeln, mit der kein Fürst wetteifern konnte. Was hatte er sich in Prag für einen prächtigen Palast erbaut, mit Säulenhallen, geräumigen, hellen, kunstgeschmückten Sälen, dunklen, kühlen Grotten. In seinem Marstall fraßen dreihundert ausgesuchte Pferde aus marmornen Krippen; wenn er ausfuhr, geschah es mit einer langen Reihe zum Theil sechsspänniger Carossen. Vogelhäuser fast im orientalischen Styl, sorgfältig erhaltene Fischteiche fand man in seinen Gärten. Vom Schlosse in Sagan erzählt man, er habe es zu dem achten Wunder der Welt machen wollen. Er hat zugegeben, daß man ihn als Triumphator malte, seinen Wagen von vier prächtigen Sonnenrossen gezogen.

Er war kein Freund von Ceremonien: wie oft unterbrach er lange, von Äußerungen der Unterthänigkeit angeschwellte Anreden deutscher Gesandten; er spottete der tiefen Reverenzen, wie sie damals am Römischen Hofe gäng und gebe wurden; – aber er liebte von Anfang an den Pomp einer prächtigen Umgebung. Seine Pagen, die er gern aus vornehmsten Geschlechtern nahm, erschienen in blauem Sammet, wie mit Roth und Gold auf das prächtigste angethan; so war seine Dienerschaft glänzend ausgestattet; seine Leibwache bestand aus ausgesuchten Leuten von hoher und schöner Gestalt; er wollte besonders seit er Herzog von Mecklenburg geworden war, durch die Äußerlichkeit eines fürstlichen Hofhaltes imponiren. Er lebte mäßig, aber seine Tafel sollte auf das trefflichste bedient sein. Es gehörte zu seinem Ehrgeiz, wenn er sagen konnte, daß einer und der andere seiner Kämmerer in kaiserlichen Diensten gestanden. Niemand bezahlte reichlicher.

Er hatte sich in Italien die Sitte und Art der gebildeten

Welt angeeignet. Unter anderem weiß man, wie sehr er die Damen des Hofes zu Berlin, als er einst daselbst erschien, einzunehmen wußte: von den Anmaßungen, die einige seiner Obersten vor sich hertrugen, war bei ihm nicht die Rede.

Aber wehe dem, der ihn in Zorn versetzte. Wie in seiner Jugend, so in seinem Alter war er dann seiner selbst nicht mächtig; er war wie mit Wuth erfüllt und schlug um sich; – man ließ ihn toben, bis es vorüber war. Man bezeichnete seinen Zustand mit dem oberdeutschen Ausdruck: Schiefer; er kannte ihn wohl, und suchte die Anlässe, die ihn hervorriefen, zu vermeiden.

Er liebte die Aufregung des Gesprächs, in welchem sich leidenschaftliche Aufwallungen eines leichterregten Selbstgefühls Luft machten: die fernsten Aussichten erschienen als gefaßte Entwürfe, die momentanen Ausfälle als wohlbedachte Feindseligkeiten. Von denen, die ihn kannten, wurden sie als das, was sie waren, mit dem Worte Boutaden bezeichnet; in die Ferne getragen, machten sie vielen Eindruck.

Jedermann, der in seine Nähe kam, litt von seiner Launenhaftigkeit, seinem zurückstoßenden Wesen, seinem gewaltsamen rücksichtslosen Gebahren. Sein Ruf schwankte zwischen zwei Extremen: daß er das wildeste Unthier sei, welches Böhmen hervorgebracht habe; oder der größte Kriegscapitän, dessen Gleichen die Welt noch nicht gesehen.

Sein Antlitz erscheint, wie es die bestbeglaubigten Bilder darstellen, zugleich männlich und klug; man könnte nicht sagen groß und imposant. Er war mager, von blasser, ins Gelbe fallender Gesichtsfarbe, von kleinen hellen, schlauen Augen. Auf seiner hohen Stirn bemerkte man die Signatur der Gedanken, nicht der Sorgen: starke Linien, keine Runzeln; früh ward er alt: schon in den vierziger Lebensjahren erbleichte sein Haar. Fast immer litt er am Podagra. In den letzten Jahren konnte er nur mit Mühe an seinem spanischen Rohre einherschreiten: bei jedem Schritt sah er um sich.

Aber in ihm lebte ein feuriger Impuls zu unaufhörlicher Bewegung, Unternehmung, Erwerbung:* durch seinen Gesundheitszustand nicht allein nicht erstickt, sondern eher angereizt, der ehrgeizige Trieb, sich nach allen Seiten geltend zu machen, seine Macht und die Bedeutung seines Hauses zu gründen, und die alten Feinde zu seinen Füßen zu sehen.

Es gab nichts, was ihm so sehr im Wege stand, als der geistliche Einfluß und die Prätensionen des hohen Clerus.

Wie Wallenstein die Soldaten liebte, so haßte er die verweltlichten Priester. Er hatte nichts dagegen, wenn etwa mit einem Klostergeistlichen, der in der Armee mitzog, nach Kriegsgebrauch verfahren wurde: ›denn wäre er in seinem Kloster geblieben, so würde es ihm nicht geschehen sein‹. Von Vergabungen zu Gunsten der Geistlichen wollte er gar nichts hören: denn dadurch entziehe man nur den Soldaten das, was ihnen zukomme. Er scherzte wohl über das Wohlleben der großen Kirchenmänner: wie glücklich seien sie, daß sie die Kabbala gefunden, Fleisch und Geist, die sonst einander bestreiten, zu vereinigen. Höchst verächtlich waren ihm die Beamten, die sich zum Dienst derselben hergaben; Männer wie Slawata und Martiniz erklärte er von allen Creaturen, die es gebe, zweibeinigen und vierbeinigen, für die bösesten. Jesuiten wollte er in seinem Feldlager nicht dulden; dagegen gestattete er den Protestanten, von denen es voll war, ohne Scrupel freie Religionsübung und die Predigt; man hörte ihn sagen, Gewissensfreiheit sei das Privilegium der Deutschen.

Seine Bizarrerien, die vielmehr dazu dienten bei der Menge

* Recht gut sind die Worte in Khevenhillers Conterfet: ein nach- und tiefsinniger, nimmer ruhender, freigebiger, anschlägiger, großmüthiger Herr, doch harter und rauher Condition.

Eindruck zu machen, und die astrologischen Berechnungen der Geschicke für sich selbst und seine Freunde – er liebte es auch deren Nativität kennen zu lernen – hinderten ihn nicht, Umstände und Dinge wie sie vorlagen zu erkennen; das Phantastische war in ihm mit praktischer Geschicklichkeit gepaart. Er war verschwenderisch und unbesonnen, aber doch auch ökonomisch und umsichtig. In seiner Politik verfolgte er hochfliegende egoistische Pläne; aber zugleich hegte er Absichten, die zu einem bestimmten, erreichbaren Ziele zusammenwirkten. Er war dadurch emporgekommen, daß er immer den eigenen Inspirationen folgte, die er immer zur Geltung zu bringen vermochte. Er erklärte es für unmöglich seinen Geist so weit zu bezwingen, daß er einem fremden Gebot gehorche.

Damals konnte es ihm scheinen, als ob er die Zukunft der Welt in seinem Kopfe trage.

Welch ein großartiges Unternehmen, in dem er begriffen war: den verderblichen Krieg in Deutschland zu beendigen; den Religionsfrieden mit Beseitigung alles dessen, was ihn gestört hatte, in voller Wirksamkeit wiederherzustellen; die Integrität des Reiches zu erhalten. Damit war sein Vorhaben, für sich selbst eine Churwürde, die das Gleichgewicht der Parteien bilden sollte, zu erwerben, ununterscheidbar verbunden. So tief aber griff das alles in die Verhältnisse der deutschen Fürsten selbst und zugleich der europäischen Mächte ein, daß man nur mit der größten Vorsicht, Schritt für Schritt, damit vorwärts kommen konnte. Welch ein Vorhaben, die Macht der Churfürsten mit der kaiserlichen zu vereinigen, und doch ihre Unabhängigkeit zu sichern; das Reich von den Schweden zu befreien und sie doch auch nicht vor der Zeit zu offener Feindseligkeit zu reizen; die Protestanten und die Katholiken zugleich zu befriedigen. Wallenstein konnte keine allgemeine Sympathie für sich aufrufen; denn die Gedanken, die er verfolgte, waren mit nichten populär: sie waren zugleich mit egoistischen Absichten durchdrungen; – überdies aber herrschte allenthal-

Octavio Piccolomini
Kupferstich von A. van Hülle, 1649

ben ein Glaubenseifer vor, von dem er absah. Nur in einsamer Erwägung aller Umstände, wie sie im Augenblick lagen, oder vielmehr im zusammenfassenden Gefühl derselben reiften seine Entschlüsse. Mit den Generalen konnte er darüber nicht zu Rathe gehen; sie hatten nur die Befehle auszuführen, deren Zusammenhang sie nicht kannten. Man beklagte sich bei Hofe, daß er so wenig schreibe; aber wie hätte er seine Gedanken eröffnen, oder wenn er schrieb, sie so einkleiden können, daß sie keinen Anstoß gaben? Für ihn war Zögern, und dann ein plötzliches Losbrechen oder auch rasches Vorwärtsgehen und nach Befinden ein unerwartetes Innehalten ein Gebot des Bestehens.
Da mußte er nun erleben, daß an dem Hofe, unter dessen Autorität er commandirte, doch wieder eine Gegenwirkung eintrat, deren Tragweite ihm nicht verborgen sein konnte; er hatte ihre Wirkung schon einmal erfahren. Sollte er sich derselben wieder aussetzen? [...]
In der Reihe der großen Generale, die nach Selbständigkeit getrachtet haben, steht Wallenstein in der Mitte zwischen Essex in England, Biron in Frankreich auf der einen, Cromwell auf der andern Seite, auf dessen Spuren sich später der gewaltige Corse bewegte, dessen noch weit umfassendere Erfolge ihn in den Stand setzten, ein neues Kaiserthum zu gründen. Was ist der Unterschied zwischen ihnen? Warum gelang es den Einen und ist es den Anderen mißlungen? Essex, welcher der Königin Elisabeth von England eine andere Politik aufzwingen wollte, als welche ihr Geheimerath und sie selbst beliebten; Biron, der sich in Verabredungen mit den Feinden seines Königs einließ; Wallenstein, der erst das Eine sehr entschieden und mit einer gewissen Berechtigung, und darauf das Andere wiewohl nur schwach versuchte, – hatten mit geborenen Fürsten zu kämpfen, deren Autorität seit Jahrhunderten fest begründet und mit allen andern nationalen Institutionen verbunden war. Sie erlagen ihr. Cromwell und Napoleon dagegen fanden die legitime Autorität, als

sie es unternahmen sich unabhängig zu machen, bereits gestürzt. Sie hatten mit republikanischen Gewalten zu kämpfen, welche noch keine Wurzeln geschlagen hatten und nur eine bürgerliche Macht besaßen, die dann dem Führer der Truppen gegenüber, sobald sie sich entzweiten, keinen Widerstand leisten konnten. Weiter fortgehend wird man fragen, warum nun doch das Protektorat mit dem Tode des Protektors verging, aus den Ruinen des gestürzten Kaiserthums aber in unseren Tagen ein neues, das als die Fortsetzung des ersten auftritt, sich erheben konnte. Der vornehmste Grund liegt darin, daß Cromwell die socialen Verhältnisse, wie sie einmal gebildet waren, erhalten vorfand und eher in Schutz nahm als umzustürzen suchte, so daß sie nach seinem Abgang eine ihnen analoge Regierung nothwendig machten. Dagegen fand Napoleon eine sociale Revolution in den größten Dimensionen durchgeführt vor; er brauchte sie nur zu consolidiren und mit seiner militärischen Gewalt zu durchdringen, um ein neues Imperium aufzurichten.«

Leopold von Ranke: Geschichte Wallensteins. Leipzig: Duncker & Humblot, [3]1872. S. 237–241, 313f.

Für Alfred Döblin (1878–1957) ist die Geschichte kein vernünftiger Prozess, sondern ein absurdes, unerklärbares Geschehen, das alle Vorstellungskraft des Menschen übersteigt. Darum vermittelt Döblin dem Leser seines Wallenstein-Romans den Eindruck chaotischer Undurchsichtigkeit, indem er in sechs Büchern eine Unmenge historischen Materials der Jahre 1620 bis 1634 in einer atemlosen Folge gleichwertiger Szenen ohne historisch reflektierenden Erzähler aufeinander folgen lässt.

Die Begleitumstände der Haupt- und Staatsaktion erscheinen dabei in grellem Licht, während die politischen Ereignisse nur beiläufig erzählt werden.

Im Zentrum steht nicht eigentlich Wallenstein, der im Bild

des Drachen (wie seine Generale) zur Bestie und zum Untier gesteigert erscheint, sondern sein überlegener Gegenspieler Ferdinand II., die Verkörperung eines religiösen Ideals.

Als Textprobe der stilistisch vom Expressionismus beeinflussten Darstellung seien hier die Mordszenen von Eger wiedergegeben:

»Der gedungene Oberst Butler war des Wartens schon lange überdrüssig. Als der Einfluß des Herzogs auf sein eigenes Regiment sichtbar zu werden begann, als Trzka frohlockte, Bernhard von Weimar rücke von Süden an, Arnim von Norden, das ehemalige friedländische Heer sei noch in voller Unordnung, sie würden ein leichtes Schlachten haben, kam Butler mit Slawata überein, augenblicklich in dieser Nacht die Exekution vorzunehmen und den Herzog samt seinen Begleitern vom Leben zum verdienten Tode zu befördern. Der Kommandant Egers mußte eingeweiht werden, weil man vor Beginn der Nacht ein paar Dutzend zuverlässige Dragoner, die draußen im Freien kampierten, einlassen wollte. Man konnte diesen Mann, der entsetzt war, einen Obristleutnant Trzkas, nicht gewinnen; er war nur bereit, diese Nacht das Kommando an Butler selbst abzugeben. Aber sie konnten sich damit nicht abfinden; der Kommandant mußte seine Wohnung in der Zitadelle zu einem Bankett hergeben, mußte dem Bankett vorsitzen.

Es war des feinen Grafen Slawata letzte Bewegung in dieser Sache. Sie ließ ihn, wie sie vor der Vollendung stand, los. Eine Schlaffheit befiel ihn, er ging in Unruhe durch die Gassen; Ratlosigkeit, Mißtrauen höhlte ihn aus. Vor einem verendenden Pferde stand er neben dem Karren des Schinders; übel lief es ihm im Mund zusammen. Er bewegte sich zitternd fort. Aus der Stadt weg verlangte ihn. Vor dem Pachhelbelschen Haus strich er; ob er mit Kinsky sprechen sollte; worüber? An den Vorbereitungen zum Bankett nahm er nicht teil.

Die friedländischen Vertrauten gaben sich nach den schweren Erregungen der Tage gern zu einem Fest her, in dieser düsteren Stadt, vor der ihnen schauderte. Sie tauten auf, der gewalttätige Ilow, der blonde Graf Trzka, Kinsky mit der unglücklichen Miene, der schmächtige trotzstarke Rittmeister Neumann, unter der munter zusprechenden Gesellschaft. Sie tranken und tranken; das herrliche Bankett im Pilsener Lager erstand vor ihren Augen. Schon angetrunken, in himmlischer Stimmung gingen sie zur Durchsicht eben abgegebener Depeschen in ein Nebenzimmer, ließen sich das Konfekt nachtragen. Da folgten ihnen auf ein Zeichen irländische und italienische Hauptleute und Oberstwachtmeister, voran ein gewisser Deveroux, gegen den ein Haftbefehl wegen Erpressung und gemeiner Notzucht vom Herzog vorlag, mit Piken, gezückten Degen und Pistolen in das abseits gelegene Zimmer, stießen, sich anfeuernd, das Gebrüll: ›Es lebe Ferdinand!‹ ›Wer ist gut kaiserlich?‹ ›Viva la casa d'Austria!‹ beim Eintritt in das Zimmer aus.
Das Zimmer hatte nur eine Kerze, vor der die vier Herren lasen. Der Kommandant nahm die Kerze vom Tisch; wie Kinsky, der heulend auf die Knie sank, zwischen Hals und Kragen durchbohrt sich lang ausstreckte, stürzte dem zitternden Kommandanten die Kerze aus der Hand. In einer Zimmerecke wurden Ilow und Trzka, die rasend mit bloßen Armen schlugen, da sie im Gedränge nicht an ihre Degen herankamen, durch Schläge der Piken, zahllose Degenstöße im Finstern niedergemacht; sie wurden so zerdrückt, daß man sie kaum an Armen und Beinen aufheben konnte, als man sie zum Fenster hinaus auf den Hof werfen wollte. Der Rittmeister Neumann entwischte im Dunkeln aus dem Raum, auf dem Gang zum Bankettsaal lief er in die vorgehaltenen Partisanen der Posten.
Deveroux, rasselnd mit dem metallbeschlagenen Mantel, torkelte unter Gebrüll und Gejubel mit einigen Dragonern durch die mondhellen Gassen von der Zitadelle in die Stadt, auf den Markt. Er schlug in seiner Betrunkenheit mit seinem

Degen Funken aus den Steinen vor Wallensteins Haus, schmähte laut den Herzog, lachte, bis Butler ihn tief erschrocken hereinzog. Die Wache an der fackelhellen Treppe zu Friedlands Zimmer wollte der lauten Gesellschaft den Weg versperren; sie warfen den Posten die Stufen herunter. Grölten, schoben sich gedankenlos von Stufe zu Stufe.
Da kreischte hinten einer, krachte die Treppe herunter, das Geländer schwankte. Sie sahen sich vorne um. Ein schmächtiger rasender Mann drängte sich, einen Dolch schwingend, durch sie herauf, zischte. Sie wichen verblüfft seitlich. Oben schlug er Deveroux, der die Arme in den Hüften aufgestemmt sich über das Geländer bückte, mit den Fäusten und dem Dolchknauf ins Gesicht. Lief, wie der stöhnend den Kopf beiseite wandte, vor ihm in den Gang zur Kammer des Herzogs.
Ein Kammerdiener stand da mit einer Kerze, der eben dem Herzog auf einer goldenen Platte eine Arzenei in Bier bringen wollte. An der Tür der Kammer schrie der leichenblasse Mensch mit dem Dolch – seine schmutzige Kappe fiel hinter ihn, die langen blonden Locken hingen ihm strähnig wild über die Augen – nach dem Oberst. Verzweifelt kreischte er: ›Weg! Weg hier! Wo ist Butler!‹ Heulend, mit schnarrenden Zähnen bibbernd lag Slawata unten im engen Gang auf den Knien, streckte bettelnd den Arm nach ihnen aus. Sie hatten die Wämser zerrissen, die Stiefelschäfte herabgetreten, die Hosen von Wein und stürzenden Speisen und Fisch besudelt; die blutbeschmierten Gesichter streckten sich vor. Sein Mund öffnete sich weit, im Schuß stürzte Erbrochenes heraus. Er stöhnte: ›Holt den Oberst. Geht eurer Wege.‹ Als sie über die Lache traten, tastete er sich hoch. Er wimmerte, raste in Haß und Entsetzen. Seine Stimme überschlug sich, er schwang schützend vor der antrampelnden Horde rechts und links seinen Dolch. Hinter ihm wurde die Tür geöffnet. Er stürzte nach rückwärts lang vor die Kammer, von einem entsetzlichen Partisanenhieb quer über den Kopf zertrümmert.

Dem Herzog, der im weißen Schlafhemd mit ausgespannten Armen neben Slawatas zuckendem Körper stand, riß die Partisane die halbe Brust auf.
Die Worte: ›Schelm, du mußt sterben!‹ tönten in der verwüsteten Schlafkammer noch von den Tosenden, als er schon längst ausgeblutet war. Butler trat mit Peitsche und Pistole unter sie und jagte sie aus dem Zimmer.
Von der verschneiten Zitadelle wurden Knechte befohlen, die Friedlands Kanzlei besetzten. Sie ergriffen einige höfische Begleiter in den Betten. Der Astrolog Zeno wurde aus seiner Stube geführt; er war im Begriff, den Zeitpunkt einer neuen Aktion zu bestimmen; man zog ihm viertausend Kronen aus dem Beutel, die Friedland für Berechnungen vorausgezahlt hatte.
In vorgerückter Nacht sprengte man die Tür zur Stallung eines Privatmanns. Die Kutsche wurde auf die Gasse gerollt. Soldaten spannten sich vor. Der tote Friedland war in den roten bluttriefenden Fußteppich seines Zimmers eingeschlagen. Holterpolter zerrten drei Mann ihn die Treppe herunter, zur Haustür heraus. Ließen ihn beim Mondenlicht rasseln über die Steine, den dünnen Schnee, die Frostschalen der Wassertümpel. Quer lag er im Wagen; der Teppich hing zu beiden Seiten heraus.
Sie konnten an ihm tun, was sie wollten. Das war nicht mehr Wallenstein.
Ein gurgelnder Blutstrom war aus dem klaffenden Loch an seiner Brust hervorgestoßen, wie von Dampf brodelnd. Mit ihm war er davon.
Wieder eingeschlürft von den dunklen Gewalten. War schon aufgerichtet, getrocknet, gereinigt, gewärmt. Sie hielten ihn murmelnd, die starblinden Augen zuckend, an sich.«

Alfred Döblin: Ausgewählte Werke in Einzelbänden. In Verb. mit den Söhnen des Dichters hrsg. von Walter Muschg. [Bd. 10:] Wallenstein. Olten / Freiburg i. Br.: Walter, 1965. S. 718–720. –

1971 legte GOLO MANN (1909–1994) eine viel beachtete Wallenstein-Biographie vor. Neben den historischen Quellen ist Schillers Trilogie für Mann ein wichtiges Moment der Inspiration. Der Dichter habe, so erklärt der Historiker, trotz einer im Vergleich zur Gegenwart ungenügenden Quellenlage intuitiv wesentliche Aspekte der Geschichte und der Persönlichkeit Wallensteins erfasst, weshalb die Geschichtserzählung auch der Dichtung verpflichtet sei.
Über die Situation nach der Absetzung Wallensteins auf dem Regensburger Fürstentag (1630) schreibt Golo Mann:

»Die Veränderung ging tief. Laborierte es in seinem Geist, so mußte er sich sagen, daß er gescheitert war. Gescheitert worin? Woran gescheitert?
Herausforderungen folgend, Gelegenheiten ergreifend, hatte er Macht gebildet und ausgedehnt. Fragt man, wessen Macht, so wird schon alles wirr; er scheiterte in der Verwirrung. Deutsche Macht konnte es nicht sein, denn Deutschland als politisch handelnde Einheit gab es nicht, nur, eine kurze Zeit, Macht über Deutschland. Anders spanische, anders französische Macht. König Ludwig *war* Frankreich, Wallenstein nannte ihn so; nie hätte er Ferdinand ›den Deutschland‹ genannt. Auch als er mit seinen Truppen Norddeutschland überschwemmte, in Niedersachsen, in Holstein und Schleswig schaltete wie noch nie ein Römischer Kaiser zuvor, blieb die Identität des Hauses Österreich mit dem Kaisertum, des Kaisertums mit Deutschland eine gewaltsame und schwankende. Er sagte ›Wir‹: ›wenn wir Kurbayern recht auf unserer Seite haben, so sind wir Patroni nicht nur von Deutschland, sondern von Europa.‹ Theoretischen Untersuchungen abgeneigt, hätte er nicht sagen können, wer denn das eigentlich war, ›Wir‹. Es war das Abstractum der Macht, Macht an sich, im Namen des Kaisers ausgeübt von ihm selber.
Daß ein Zeitalter größerer Mächte angebrochen war und auch in Mitteleuropa Großmacht entstehen mußte, wenn

nicht alles auseinanderfallen und passives Opfer werden sollte, davon hatte er eine Ahnung. Also Straffung der deutschen Energien unter der einen Agentur, die dafür in Frage kam und die auch, freilich beschränkte, Rechtstitel dafür aufzuweisen hatte, der österreichisch-kaiserlichen. Auf die Rechtstitel legte er geringen Wert. Darum ist es unwahrscheinlich, daß er ernsthaft auf einen Umsturz der deutschen Verfassung aus war. Mit Verfassungen ließ sich vielerlei machen, unter Wahrung des Scheins; zumal mit einer so chaotischen, wurmstichigen, wie der deutschen. Drohende Reden gegen die Kurfürsten mag er geführt haben. Aber es gibt kein einziges geschriebenes Wort dieses Sinnes.

Vordringend in der deutschen Masse erkannte er, immer lernwillig, daß ein Miteinander der Konfessionen sein müßte, wenn ein Maß von Einheit, Wirkungskraft, innerem Frieden sein sollte. Damit, ohne es recht zu wissen, näherte er sich schon wieder dem ständisch-bündischen Prinzip. Gehorsam gegenüber dem Reichsoberhaupt, ja; darunter die politische Autonomie der Reichsstände. Man sollte Lutheraner und Calviner bleiben lassen, was sie bleiben wollten. Hätte er Ferdinand II. zum Herrn über Deutschland machen wollen, wie Ludwig XIII. Herr war über Frankreich, er hätte das Restitutions-Edikt nicht verwerfen dürfen. Denn kein anderer Akt wirkte so im Sinne kaiserlicher Allmacht wie eben dieser. Konsequent durchgeführt, mußte das Edikt den wirtschaftlichen, dann den politischen Ruin der evangelischen Fürsten verursachen. Und davon hätten die katholischen auf die Dauer den Nachteil gehabt, sie konnten nicht bestehen ohne die evangelischen. Sie wünschten das Edikt allerdings, aber in blinder Gier, nicht in weiserem Selbstinteresse. Indem Wallenstein sich gegen das Edikt warf, widerlegte er den Mythos, der ihn nach dem absoluten Regiment des Hauses Habsburg über Deutschland streben ließ. Religiöse Toleranz und ständische Gliederung gingen zusammen.

Der die eine empfahl, bejahte unvermeidlich die andere, obgleich mit Modifikationen.
Die vernünftige Zielsetzung verdarben ihm gemeinsam sein eigener Herr, der Kaiser, und die katholischen Fürsten, und zwar dank der Macht, die er ihnen gewonnen hatte.
Anders der äußere Friede, den er einem geordneten und bis zu unsicheren Grenzen unterworfenem Reiche wünschte – unterworfen, weil Ordnung und Unterwerfung ihm ein und dasselbe waren. Den äußeren Frieden verdarben ihm die Kurfürsten keineswegs. Hätte er mit ihnen vertraulichen Umgang gehabt, so wäre, was Holland, Frankreich, Italien, Spanien betraf, eine überraschende Verwandtschaft der Ansichten zutage getreten. Es wollten aber die Einen vom Anderen nichts wissen; so daß die Koinzidenz unfruchtbar blieb. Den äußeren Frieden verdarb die Wiener Politik, in ihrer unlösbaren Bindung an die spanische. Wallenstein, angeblich des Kaisers Kaiser, konnte sie nicht durchbrechen, nur ihr Wirken verzögern oder hemmen; wodurch er sich selber schadete, ohne der Sache abzuhelfen.
Die Bindung Österreichs an Spanien führte zum schwelenden Konflikt mit Urban dem Papst und allen päpstlich Gesinnten, zum offenen mit Frankreich. Für sich allein wären die Kurfürsten der angeschwollenen österreichischen Macht unterlegen gewesen und hätten Wallenstein nicht stürzen können. Die französische Einmischung, provoziert durch die Politik in Wien und Madrid, dem äußeren Schein nach provoziert durch Wallenstein selber, machte es ihnen möglich.
Warum wollten sie ihn stürzen? Angeblich, weil er so barbarisch im Reiche waltete, so grausam Krieg führte. Das war aber der echte Grund kaum, wie der Ausgang lehrt. Nach Wallensteins erstem Verschwinden wurde nichts besser, nach seinem zweiten alles nur noch ungleich schlimmer. In Regensburg bemerkten die nüchternen Sachsen,

Krieg und Kriegsgreuel seien untrennbar; und wußten nicht, daß sie wiederholten, was er Jahr für Jahr versucht hatte, die Wiener begreifen zu lassen.
Stürzen wollten ihn die Kurfürsten, weil sie den Verführer des Kaisers zu einer imperialen und revolutionären Politik in ihm sahen. Diese Politik war neu und fremd, ein Fremder er selbst; darauf legten sie Gewicht. Wirklich konnte nur ein Fremder deutsche Machtpolitik zu treiben versuchen. Deutsche Politiker gab es nicht und konnte es keine geben; nur Fürsten, die an das Ihre dachten, allenfalls an ein gemeinsames Fürsten-Interesse, und ihre Beamten. Ähnliches gilt für Österreich. Auch die Räte des Kaisers dachten zuerst selbstisch, dann habsburgisch-österreichisch; wenn Ferdinand einen hohen Begriff von seiner kaiserlichen Verantwortung besaß, zumal in puncto religionis, so floß ihm doch die Sorge um das Reich mit dem Instinkt für habsburgische Hausmacht trübe zusammen. Wallenstein der Böhme hatte diesen Instinkt kaum; und, was immer sein Glaube, für religiöse Politik keine Spur von Sinn. So ging seine Aktivität zugleich weniger weit und weiter, als man in der Hofburg wünschte. Weniger weit: er suchte die üblen Folgen des Religionseifers zu verwischen und den spanischen Einfluß hintanzuhalten; in Norddeutschland hatte er über die Verhaßtheit der Spanier seine Beobachtungen gemacht. Weiter: was er an der Ostsee in Angriff nahm, ging über habsburgische Hausmachtpolitik hinaus. Hier, flüchtig, großartig und schattenhaft, erschien anderes. Wäre er auf Theorie und Wort bedacht gewesen, so hätte er's in der Tat Reichspolitik nennen dürfen; noch besser, Ordnungspolitik schlechthin. Sie provozierte Schweden. Das wollte er keineswegs. Nichts wünschte er weniger, als mit dem König Gustav Adolf direkt sich anzulegen – ›Er bleibe nur in seinem Reich und lasse allhier mich machen.‹ Machen – frei, rational, wie der Nutzen am Ort es diktierte. Religions-Ernst und Gier seiner Auftraggeber zerrissen sein Ver-

nunftgespinst. Vielleicht hätte Gustav Adolf ohne das Restitutions-Edikt die Invasion Deutschlands gar nicht betrieben. Sicher wäre ohne das Edikt der schwedische Kriegszug nicht zur Lawine geworden, wie dann geschah; nur die äußerste Bedrohung ihres Glaubens, so ihrer Heimat und Existenz, konnte die deutschen Protestanten in die Arme des Königs treiben. Davor hatte Wallenstein gewarnt.

Leidend an seiner Unselbständigkeit, welche die Geburten seines freien Verstandes erstickte, suchte er eigene Hausmacht. Daher Mecklenburg. Wenn er aber glaubte, er könnte als Reichsfürst die Reichsfürsten über ihre Zukunft beruhigen, so täuschte er sich. Sie sahen bloß den Soldaten-Fürsten, den Usurpator in ihm, in seinem Herzogtum das dreiste Beispiel kaiserlichen, das hieß friedländischen Machtmißbrauchs, noch Böseres verheißend. Er wurde nicht heimischer als deutscher Fürst, er wurde noch unheimlicher.

Nur ein Fremder hatte versuchen können, was er versucht hatte, und als Fremder war er gescheitert. Also zurück ins entfremdete Vaterland, dort, von wo er fünf Jahre früher seinen Ausgang genommen, sich häuslich einzurichten. Dem Scheine nach war seine sonderbare Karriere am Ende. Weil er aber lebte, glaubten die Wenigsten, daß sie es sei.«

Wallenstein. Sein Leben erzählt von Golo Mann. Frankfurt a. M.: S. Fischer, 1971. S. 721–724. –

III. Dokumente zur Entstehungsgeschichte

Die Entstehung des *Wallenstein* ist vor allem durch Schillers Briefwechsel mit Körner, Humboldt, Goethe, mit dem Verleger Cotta und Theaterdirektoren wie Iffland und Kotzebue dokumentiert.

1. Beginn der Arbeit

Schillers Idee zu einer Wallenstein-Dichtung entsprang der Arbeit an der *Geschichte des Dreißigjährigen Kriegs*. Gelegentliche Andeutungen darüber liegen in seinen Briefen seit Januar 1791 vor:
Da heißt es bald, dass ihm »die Feder nach dem Wallenstein« jucke (25. Mai 1792), bald, dass er zweifelt, »ob der Wallenstein sogleich daran kommen wird« (21. September 1792). Dann, im Jahre 1793, gerät der Plan über das Studium der *Kritik der Urteilskraft* von Kant und die Arbeit an den Briefen *Über die ästhetische Erziehung des Menschen* scheinbar lange in Vergessenheit. Im März des folgenden Jahres erst hört man wieder über den Plan: »Nach und nach reift dieser doch zu seiner Vollendung heran, und ist nur der Plan fertig, so ist mir nicht bange, daß er in 3 Wochen ausgeführt seyn wird« (17. März 1794). Solche Fehleinschätzungen sollten für Schillers Äußerungen über die Arbeit am *Wallenstein* kennzeichnend werden. Schon bald musste Schiller bekennen: »Vor dieser Arbeit ist mir ordentlich angst und bange« (4. September 1794), denn »ein Machwerk wie der Carlos« ekelt ihn nun an, und der *Wallenstein* müsste ganz anders werden. Ein anderer Plan, der zu einem Malteser-Drama, drängt sich vor, denn »dieses Stück ist noch einmal so leicht als Wallenstein« (20. September 1794). Nach dieser Bemerkung, die auch später wieder fällt, wenn die Arbeit am *Wallenstein* stockt, bleibt

der Plan zum *Wallenstein* gut anderthalb Jahre liegen, bis in einem Gespräch mit Goethe am 16. März 1796 die endgültige Entscheidung fällt und die eigentliche Arbeit am *Wallenstein* beginnt.
Wie bereits dieser Anfang der Entstehungsgeschichte vermuten lässt, geben die Briefe ein bewegtes Bild von Schillers wechselnden Plänen, Hoffnungen, Anstrengungen, Zweifeln und Rückschlägen durch neue Einsichten oder häufige Erkrankungen während der Arbeit. Doch diese menschliche Seite der Entstehungsgeschichte, die für die Biographie wichtiger ist als für das Werk, soll hier nicht weiter verfolgt werden. Der interessierte Leser sei in diesem Punkt auf die Briefe selbst verwiesen oder auf Thomas Manns kurze Erzählung *Schwere Stunde*, in der Schillers Ringen dichterisch dargestellt ist.[1] Auch die objektive Chronologie der Entstehung, soweit sie sich aus den Zeugnissen erschließen lässt, soll hier nicht wiederholt werden. Man findet sie knapp zusammengefasst im achten Bande der Nationalausgabe (S. 399–407). Wichtige Bemerkungen über die Entstehung einzelner Szenen und Motive sind in die Wort- und Sacherklärungen eingegangen. Der Schwerpunkt der folgenden Briefzeugnisse liegt auf der dramaturgischen Entwicklung während Schillers Arbeit am *Wallenstein*.[2]

1 Thomas Mann, *Gesammelte Werke in zwölf Bänden*, Bd. 8: *Erzählungen*, Frankfurt a. M. 1960, S. 371–379.

2 Vgl. auch die Ausführungen zur Entstehungsgeschichte von: Helmut Koopmann, *Friedrich Schiller*, Bd. 2: 1794–1805, Stuttgart 1966, S. 32 ff. – Gerhard Storz in: Friedrich Schiller, *Wallensteins Lager. Die Piccolomini. Wallensteins Tod*, Reinbek 1969, S. 271 ff. – Reinhard Buchwald, »Schiller zwischen *Don Carlos* und *Wallenstein*« und »Schaffensstufen und Einheit der Wallenstein-Dramen«, in: R. B., *Das Vermächtnis der deutschen Klassiker*, Frankfurt a. M. 1962, S. 193–213, 242–265.

2. Die Kritik am *Don Carlos*

Den Beginn der neuen Schaffensperiode kennzeichnet zunächst die Kritik an den vorausgegangenen Dramen. Vor allem den Freunden dieser Dramen möchte Schiller seine Wandlung anzeigen. Er nennt Körner gegenüber den *Carlos* ein »Machwerk«, das ihn ekelt, und er versichert dem Freund mit Bezug auf den *Wallenstein*: »Von meiner alten Art und Kunst kann ich freilich wenig dabei brauchen« (21. März 1796).

An Wilhelm von Humboldt geht der erste Brief, aus dem man eine Begründung dieser Kritik und erste Einzelheiten von dem »Keime zu einem höhern und ächteren dramatischen Interesse« erfährt. Schiller schreibt am 21. März 1796: »Vordem legte ich das ganze Gewicht in die Mehrheit des Einzelnen; jetzt wird alles auf die Totalität berechnet, und ich werde mich bemühen, denselben Reichthum im einzelnen mit eben sovielem Aufwand von Kunst zu verstecken, als ich sonst angewandt ihn zu zeigen, und das Einzelne recht vordringen zu lassen. Wenn ich es auch anders wollte, so erlaubte es mir die Natur der Sache nicht, denn Wallenstein ist ein Character, der – als ächt realistisch – nur im Ganzen aber nie im Einzelnen interessieren kann. Ich habe bey dieser Gelegenheit einige äuserst treffende Bestätigungen meiner Ideen über den Realism und Idealism bekommen, die mich zugleich in dieser dichterischen Composition glücklich leiten werden. Was ich in meinem letzten Aufsatz über den Realism gesagt, ist von Wallenstein im höchsten Grade wahr. Er hat nichts Edles, er erscheint in keinem einzelnen LebensAkt groß; er hat wenig Würde und dergleichen, ich hoffe aber nichtsdestoweniger auf rein realistischem Wege einen dramatisch großen Character in ihm aufzustellen, der ein ächtes Lebensprincip in sich hat. Vordem habe ich wie im Posa und Carlos die fehlende Wahrheit durch schöne Idealität zu ersetzen gesucht, hier im Wallenstein will ich es probieren,

und durch die bloße Wahrheit für die fehlende Idealitaet (die sentimentalische nehmlich) entschädigen.
Die Aufgabe wird dadurch schwerer und folglich auch intressanter, ›daß der eigentliche Realism den Erfolg nöthig hat, den der idealistische Character entbehren kann‹. Unglücklicher Weise aber hat Wallenstein den Erfolg gegen sich und nun erfodert es Geschicklichkeit, ihn auf der gehörigen Höhe zu erhalten. Seine Unternehmung ist moralisch schlecht, und sie verunglückt physisch. Er ist im Einzelnen nie groß, und im Ganzen kommt er um seinen Zweck. Er berechnet alles auf die Wirkung, und diese mißlingt. Er kann sich nicht, wie der Idealist, in sich selbst einhüllen, und sich über die Materie erheben, sondern er will die Materie sich unterwerfen, und erreicht es nicht. Sie sehen daraus, was für delicate und verfängliche Aufgaben zu lösen sind, aber mir ist dafür nicht bange. Ich habe die Sache von einer Seite angefaßt, von der sie sich behandeln läßt.«

Friedrich Schiller: Werke. Nationalausgabe. Begr. von Julius Petersen, fortgef. von Lieselotte Blumenthal, Benno von Wiese und Siegfried Seidel, hrsg. von Norbert Oellers. Bd. 28. Weimar: Böhlau, 1969. S. 203 f.
[Ausgabe abgekürzt: NA.]

Im Gegensatz zu den frühen Dramenfiguren wie Carlos und Posa, deren fehlende Wahrheit durch idealistisch überhöhende Charakterisierung zugedeckt worden ist, soll Wallensteins echt realistischer Charakter in unverbrämter Wahrheit gestaltet werden.
Die Unterscheidung zwischen Idealismus und Realismus, die Schiller »in dieser dichterischen Composition glücklich leiten« soll, hat er kurz zuvor auf den letzten zehn Seiten der Abhandlung *Über naive und sentimentalische Dichtung* niedergelegt.
Der realistische Charakter Wallensteins erfordert danach, dass »alles auf die Totalität berechnet« wird, weil Wallen-

stein »nur im Ganzen, aber nie im Einzelnen interessieren kann«, denn, so liest man in dem erwähnten Aufsatz: »Sein Charakter hat Moralität, aber diese liegt, ihrem reinen Begriffe nach, in keiner einzelnen That, nur in der ganzen Summe seines Lebens« (NA 20,494).

Die Kernschwierigkeit besteht nun darin, das realistische »Lebensprincip«, das sich nicht in einem einzelnen großen »LebensAkt« fassen lässt, auf die Bühne zu bringen.

Von diesem Ansatz, das ist nachträglich leicht zu sehen, führt ein direkter Weg zu dem Prolog-Vers 118: »Sein Lager nur erkläret sein Verbrechen« und zu der außerordentlichen Stofffülle der ganzen Trilogie.

Schillers Ablehnung des *Carlos* hat also einen moralischen und einen ästhetischen Grund: zum einen ist die Parteinahme für den idealistischen Charakter zu billig, und zum anderen verfehlt die punktuelle Darstellung einer einzigen großen Tat nach Schillers neuer Auffassung die umfassendere Wahrheit eines wirklichen Lebens. Schiller führt in dem theoretischen Aufsatz dazu aus:

»Will man also dem Realisten Gerechtigkeit widerfahren lassen, so muß man ihn nach dem ganzen Zusammenhang seines Lebens richten; will man sie dem Idealisten erweisen, so muß man sich an einzelne Äusserungen desselben halten, aber man muß diese erst herauswählen. Das gemeine Urtheil, welches so gern nach dem einzelnen entscheidet, wird daher über den Realisten gleichgültig schweigen, weil seine einzelnen Lebensakte gleich wenig Stoff zum Lob und zum Tadel geben; über den Idealisten hingegen wird es immer Parthey ergreifen, und zwischen Verwerfung und Bewunderung sich theilen, weil in dem einzelnen sein Mangel und seine Stärke liegt.«

»Jener ist zwar ein edleres aber ein ungleich weniger vollkommenes Wesen; dieser erscheint zwar durchgängig weniger edel, aber er ist dagegen desto vollkommener; denn das Edle liegt schon in dem Beweis eines großen Vermögens, aber das Vollkommene liegt in der Haltung des Ganzen und in der wirklichen That.«

NA 20. S. 497, 501 f.

3. Die schöpferische Krise

Schiller studiert nun Sophokles und Shakespeare. Über der Lektüre und in den Gesprächen über epische und dramatische Kunst mit Goethe, der gerade an dem Versepos *Hermann und Dorothea* arbeitet, verstärkt sich seine Überzeugung, dass, um aus Wallenstein »auf rein realistischem Wege einen dramatisch großen Charakter« zu machen, in der Darstellung eine Verlagerung des Akzents vom Sentimentalischen zum Naiven nötig ist.[3] »Daß ich auf dem Wege den ich nun einschlage, in Göthens Gebiet gerathe und mich mit ihm werde messen müssen ist freilich wahr, auch ist es ausgemacht, daß ich hierinn neben ihm verlieren werde«, schreibt Schiller am 21. März 1796 an Humboldt.

Durch die folgende Bemühung um Goethes natürliche Art der Welterfassung und Darstellung ruft Schiller in seinem eigenen, ganz anders gearteten Schaffensprozess eine Krise hervor. Zwei Briefe vom 28. November 1796, an Goethe und an Körner, geben Einblick in diese Entwicklung:

»Was ich *will* und *soll*, auch was ich *habe*, ist mir jetzt ziemlich klar; es kommt nun noch bloß darauf an, mit dem was ich in mir und vor mir habe, das auszurichten,

3 Nach dieser typologischen Unterscheidung, die Schiller aus dem Vergleich seiner selbst mit Goethe gewonnen hat (vgl. Schillers Brief vom 23. August 1794 an Goethe), ist der Dichter entweder naiv (bzw. intuitiv) mit der Natur verbunden und strebt als Realist unbefangen nach »möglichst vollständiger Nachahmung des Wirklichen«, oder er versucht sentimentalisch (bzw. spekulativ) seine durch Kultur und Zivilisation verursachte Distanz zur Natur zu überwinden, indem er als Idealist alles Wirkliche auf eine Idee bezieht.

was ich will und was ich soll. In Rücksicht auf den *Geist*, in welchem ich arbeite, werden Sie wahrscheinlich mit mir zufrieden seyn. Es will mir ganz gut gelingen, meinen Stoff ausser mir zu halten und nur den Gegenstand zu geben. Beynahe möchte ich sagen, das Sujet interessiert mich gar nicht, und ich habe nie eine solche Kälte für meinen Gegenstand mit einer solchen Wärme für die Arbeit in mir vereinigt. Den Hauptcharacter so wie die meisten Nebencharactere tractiere ich wirklich biß jetzt mit der reinen Liebe des Künstlers; bloß für den nächsten nach dem Hauptcharakter, den jungen Picolomini, bin ich durch meine eigene Zuneigung interessiert, wobey das Ganze übrigens eher gewinnen als verlieren soll.
Was die dramatische Handlung, als die Hauptsache, anbetrift, so will mir der wahrhaft undankbare und unpoetische Stoff freilich noch nicht ganz parieren, es sind noch Lücken im Gange, und manches will sich gar nicht in die engen Grenzen einer TragödienÖconomie herein begeben. Auch ist das Proton-Pseudos[4] in der Catastrophe, wodurch sie für eine tragische Entwicklung so ungeschickt ist, noch nicht ganz überwunden. Das eigentliche Schicksal thut noch zu wenig, und der eigne Fehler des Helden noch zuviel zu seinem Unglück. Mich tröstet hier aber einigermaaßen das Beyspiel des Macbeth, wo das Schicksal ebenfalls weit weniger Schuld hat als der Mensch, daß er zu Grunde geht.«

NA 29. S. 15.

»Der Stoff ist, ich darf wohl sagen, im höchsten Grad ungeschmeidig für einen solchen Zweck; er hat beynahe alles, was ihn davon ausschließen sollte. Es ist im Grund eine Staatsaction und hat, in Rücksicht auf den poetischen

4 (griech.) ›die erste Lüge‹; falsche Voraussetzung, aus der andere Irrtümer gefolgert werden. In der Philosophie die erste falsche Prämisse eines Syllogismus, durch die der ganze Schluss falsch wird.

Gebrauch, alle Unarten an sich, die eine politische Handlung nur haben kann, ein unsichtbares abstractes Objekt, *kleine* und *viele* Mittel, zerstreute Handlungen, einen furchtsamen Schritt, eine (für den Vortheil des Poeten) viel zu kalte trockene Zweckmäßigkeit ohne doch diese biß zur Vollendung und dadurch zu einer poetischen Größe zu treiben; denn am Ende mislingt der Entwurf doch nur durch Ungeschicklichkeit. Die Base, worauf Wallenstein seine Unternehmung gründet, ist die Armee, mithin für mich eine unendliche Fläche, die ich nicht vors Auge und nur mit unsäglicher Kunst vor die Phantasie bringen kann: ich kann also das Object, worauf er ruht, nicht zeigen, und eben so wenig das, wodurch er fällt; das ist ebenfalls die Stimmung der Armee, der Hof, der Kaiser. – Auch die Leidenschaften selbst wodurch er bewegt wird, Rachsucht und Ehrbegierde, sind von der kältesten Gattung. Sein Character endlich ist niemals edel und darf es nie seyn, und durchaus kann er nur furchtbar, nie eigentlich groß erscheinen. Um ihn zu erdrücken, darf ich ihm nichts großes gegenüber stellen; er hält mich dadurch nothwendig nieder. Mit einem Wort, es ist mir fast alles abgeschnitten, wodurch ich diesem Stoffe nach meiner gewohnten Art beykommen könnte, von dem Innhalt habe ich fast nichts zu erwarten, alles muß durch eine glückliche Form bewerkstelligt werden, und nur durch eine kunstreiche Führung der Handlung kann ich ihn zu einer schönen Tragödie machen.

Du wirst, dieser Schilderung nach, fürchten, daß mir die Lust an dem Geschäfte vergangen sey, oder, wenn ich dabey wider meine Neigung beharre, daß ich meine Zeit dabey verlieren werde. Sey aber unbesorgt, meine Lust ist nicht im geringsten geschwächt, und eben so wenig meine Hofnung eines treflichen Erfolges. Gerade so ein Stoff mußte es seyn, an dem ich mein neues dramatisches Leben eröfnen konnte. Hier, wo ich nur auf der Breite eines Scheermessers gehe, wo jeder Seitenschritt das Ganze zu

Grund richtet; kurz wo ich nur durch die einzige innere Wahrheit, Nothwendigkeit, Stätigkeit und Bestimmtheit meinen Zweck erreichen kann, muß die entscheidende Crise mit meinem poetischen Character erfolgen. Auch ist sie schon stark im Anzug; den ich tractiere mein Geschäft schon ganz anders, als ich ehemals pflegte. Der Stoff und Gegenstand ist so sehr außer mir, daß ich ihm kaum eine Neigung abgewinnen kann; er läßt mich beynahe kalt und gleichgültig, und doch bin ich für die Arbeit begeistert. Zwey Figuren[5] ausgenommen, an die mich Neigung fesselt, behandle ich alle übrigen, und vorzüglich den Hauptcharacter, bloß mit der reinen Liebe des Künstlers, und ich verspreche Dir, daß sie dadurch um nichts schlechter ausfallen sollen. Aber zu diesem bloß objectiven Verfahren war und ist mir das weitläuftige und freudlose Studium der Quellen so unentbehrlich; denn ich mußte die Handlung wie die Charactere aus ihrer Zeit, ihrem Lokal und dem ganzen Zusammenhang der Begebenheiten schöpfen, welches ich weit weniger nöthig hätte, wenn ich mich durch eigne Erfahrung mit Menschen und Unternehmungen aus diesen Klassen hätte bekannt machen können. Ich suche absichtlich in den Geschichtsquellen eine *Begrenzung*, um meine Ideen durch die Umgebung der Umstände streng zu bestimmen und zu verwirklichen; davor bin ich sicher, daß mich das Historische nicht herabziehen oder lähmen wird. Ich will dadurch meine Figuren und meine Handlung bloß *beleben*; *beseelen* muß sie diejenige Kraft, die ich allenfalls schon habe zeigen können, und ohne welche ja überhaupt kein Gedanke an dieses Geschäft von Anfang an möglich gewesen wäre.

Auf dem Weg den ich jetzt gehe kann es leicht geschehen, daß mein Wallenstein durch eine gewiße Trockenheit der Manier sich von meinen vorhergehenden Stücken gar selt-

5 Max und Thekla.

sam unterscheiden wird. Wenigstens habe ich mich bloß vor dem Extrem der Nüchternheit, nicht wie ehmals vor dem der Trunkenheit zu fürchten.«

NA 29. S. 17f.

Wie aus der Reihe sich wiederholender Sätze und Bemerkungen dieser Briefe hervorgeht, entschlägt sich Schiller nun fast gewaltsam aller Leidenschaft für seinen dramatischen Gegenstand. Denn eben die Leidenschaft des Dichters hatte ja zu der verpönten Idealisierung und dem rhetorischen Pathos in den frühen Dramen geführt.
Gemäß dem kantischen Satz (*Kritik der Urteilskraft* § 2): »Das Wohlgefallen, welches das Geschmacksurteil bestimmt, ist ohne alles Interesse«, bemüht sich Schiller jetzt um emotionale Distanz zu seinem Stoff. Er betont: »Es will mir ganz gut gelingen, meinen Stoff ausser mir zu halten«, und: »das Sujet interessiert mich gar nicht«. Er spricht von seiner »Kälte« für den Gegenstand, weist auf die »viel zu kalte trockene Zweckmäßigkeit« der Staatsaktion und auf Wallensteins Leidenschaften, die »von der kältesten Gattung« sind, so dass auch der Dichter »beynahe kalt und gleichgültig« bleibt.
Der ungeschmeidige, unpoetische Stoff, dem der Dichter »kaum eine Neigung abgewinnen kann«, wird »mit der reinen Liebe des Künstlers«, d. h. des Malers, in einem »objectiven Verfahren« behandelt, so dass am Ende nicht ein mit subjektiver Leidenschaft vorgetragener *Inhalt* zur Wirkung kommt, sondern die *ästhetische Form*: »von dem Innhalte habe ich fast nichts zu erwarten, alles muß durch eine glückliche Form bewerkstelligt werden«, heißt es.
Aber diese Selbstverleugnung dichterischer Leidenschaft und die Aufwertung der ästhetischen Form haben wenig mit der Intuition des naiven Dichters zu tun, sondern gerade der Rückgriff auf eine philosophisch durchdachte Ästhetik ist seinem Wesen nach spekulativ-sentimentalisch. Allein der Wunsch nach mehr Wirklichkeit im Dra-

ma und nach größerer Wahrheit durch abgerundete realistische Charaktere zielt noch auf das Naive. Weil jedoch auf diesem Gebiet noch wenig gewonnen zu sein scheint, möchte Schiller seinem großen Vorbild des naiven Dichters vorerst nicht begegnen. Am 24. Januar und 7. Februar 1797 schreibt er an Goethe:

»Mit der Arbeit gehts aber jetzt langsam, weil ich gerade in der schwersten Krise bin. Das seh ich jetzt klar, daß ich Ihnen nicht eher etwas zeigen kann, als biß ich über alles *mit mir selbst* im reinen bin. Mit mir selbst können Sie mich nicht einig machen, aber mein Selbst sollen Sie mir helfen, mit dem Objekte übereinstimmend zu machen. Was ich Ihnen also vorlege, muß schon mein Ganzes seyn, ich meine just nicht mein ganzes Stück, sondern meine ganze Idee davon. Der radikale Unterschied unserer Naturen, in Rücksicht auf die Art, läßt überhaupt keine andere, recht wohlthätige Mittheilung zu, als wenn das Ganze sich dem Ganzen gegenüber stellt; im einzelnen werde ich *Sie* zwar nicht irre machen können, weil Sie fester auf Sich selbst ruhen als ich, aber Sie würden mich leicht über den Haufen rennen können. Doch davon mündlich weiter.«

NA 29. S. 38.

»Von meiner Arbeit und Stimmung dazu kann ich jetzt gerade wenig sagen, da ich in der Crise bin, und mein beßtes feinstes Wesen zusammen nehme, um sie gut zu überstehen. Insofern ist mirs lieb, daß die Ursache die Sie abhält hieher zu kommen, gerade diesen Monat trift, wo ich mich am meisten nöthig habe zu isolieren.«

NA 29. S. 46.

4. Die Lösung

Knapp zwei Monate später hat Schiller die Krise überwunden. Am 4. April 1797 teilt er Goethe mit:

»Ich finde, je mehr ich über mein eigenes Geschäft und über die BehandlungsArt der Tragödie bei den Griechen nachdenke, daß der ganze Cardo rei[6] in der Kunst liegt, eine poetische Fabel zu erfinden. Der Neuere schlägt sich mühselig und ängstlich mit Zufälligkeiten und Nebendingen herum, und über dem Bestreben, der Wirklichkeit recht nahe zu kommen, beladet er sich mit dem Leeren und Unbedeutenden, und darüber läuft er Gefahr, die tiefliegende Wahrheit zu verlieren, worinn eigentlich alles Poetische liegt. Er möchte gern einen wirklichen Fall vollkommen nachahmen, und bedenkt nicht, daß eine poetische Darstellung mit der Wirklichkeit eben darum, weil sie absolut wahr ist, niemals coincidieren kann.«

NA 29. S. 55 f.

Schillers erlösende Erkenntnis liegt diesem Briefe nach darin, dass die Handlung des Wallenstein-Dramas, die nun einmal eine kalte, trockene Staatsaktion ist, poetisiert werden muss. Die angestrebte Wahrheit liegt nicht, wie zuerst vermutet, in den »Zufälligkeiten und Nebendingen«, nicht in dem »Leeren und Unbedeutenden« der Wirklichkeit und des wirklichen, sprich historischen Falles, sondern in der poetischen Fabel, die erfunden werden muss. Dann, wenn die Erfindung geglückt ist, ist die »poetische Darstellung« der »Wirklichkeit« überlegen, »weil sie absolut wahr ist«. Das heißt, die ehemalige Idealität des dramatischen Charakters (Carlos, Posa) wird nun von einer Idealität der dramatischen Fabel abgelöst.
Schiller geht nun an die »poetische Ausführung« (7. April

6 Angelpunkt.

1797) des Plans. Das heißt, um es vorwegzunehmen, er beginnt zu stilisieren und zu idealisieren: Er versifiziert die Sprache, achtet auf symbolische Bedeutsamkeit der Handlungselemente (der Astrologie zum Beispiel) und stellt dem historischen, realistischen Charakter Wallensteins den erfundenen, idealistischen Charakter des jungen Piccolomini zur Seite.

Für diese Arbeiten verschafft sich Schiller zunächst einen Überblick. Ich entwerfe, schreibt er, »ein detailiertes Scenarium des ganzen Wallensteins, um mir die Übersicht der Momente und des Zusammenhangs auch durch die Augen mechanisch zu erleichtern« (4. April 1797, an Goethe). Vierzehn Tage später heißt es (18. April 1797, an Goethe):

»[...] und dann wird mein erstes Geschäft seyn, ehe ich weiter fortfahre, die poetische Fabel meines Wallensteins mit völliger Ausführlichkeit niederzuschreiben. Nur auf diese Art kann ich mich versichern, daß sie ein stetiges Ganzes ist, daß alles durchgängig bestimmt ist. Solang ich sie bloß im Kopfe herumtrage muß ich fürchten, daß Lükken übrig bleiben, die ordentliche Erzählung zwingt zur Rechenschaft.«

NA 20. S. 65.

Schillers frühere Vermutung, dass sein kritischer Ansatz, nämlich die Ablehnung der idealistischen Charaktere, »eine gewisse Trockenheit der Manier« (28. November 1796) mit sich bringen könnte, hat sich bewahrheitet. Die neue Beurteilung der dramatischen Handlung aber gestattet, ja verlangt nun doch nach einer größeren »poetischen Liberalität«. Leider wird nicht deutlich, worin Schiller ›die poetische Organisation des Stoffes zu einer reinen tragischen Fabel‹ sieht. Sein Brief an Goethe vom 2. Oktober 1797 bleibt in diesem Punkt sehr allgemein; Schiller schreibt:

»Indem ich die fertig gemachten Scenen wieder ansehe, bin ich im Ganzen zwar wohl mit mir zufrieden, nur glaube ich einige Trockenheit darinn zu finden, die ich mir aber ganz wohl erklären und auch wegzuräumen hoffen kann. Sie entstand aus einer gewißen Furcht, in meine ehemalige rhetorische Manier zu fallen, und aus einem zu ängstlichen Bestreben, dem Objekte recht nahe zu bleiben. Nun ist aber das Objekt schon an sich selbst etwas trocken, und bedarf mehr als irgend eines der poetischen Liberalität; es ist daher hier nöthiger als irgendwo, wenn beide Abwege, das *Prosaische* und das *Rhetorische*, gleich sorgfältig vermieden werden sollen, eine recht reine *poetische* Stimmung zu erwarten.
Ich sehe zwar noch eine ungeheure Arbeit vor mir, aber soviel weiss ich, daß es keine faux frais[7] seyn werden, denn das Ganze ist poetisch organisiert und ich darf wohl sagen, der Stoff ist in eine reine tragische Fabel verwandelt. Der Moment der Handlung ist so prägnant, daß alles was zur Vollständigkeit derselben gehört, natürlich, ja in gewißem Sinn nothwendig darinn liegt, daraus hervor geht. Es bleibt nichts blindes darinn, nach allen Seiten ist es geöfnet. Zugleich gelang es mir, die Handlung gleich vom Anfang in eine solche Praecipitation und Neigung zu bringen, daß sie in steetiger und beschleunigter Bewegung zu ihrem Ende eilt. Da der Hauptcharacter eigentlich retardierend ist, so thun die Umstände eigentlich alles zur Crise und dieß wird, wie ich denke, den tragischen Eindruck sehr erhöhen.«

NA 29. S. 140f.

7 (frz.) vergebliche Mühe.

5. Die Versform

Ein wichtiger Schritt beim »Poetisieren« des Dramas war die Umwandlung der freien in die gebundene Rede. In einem früheren Brief vom 28. November 1796 an Körner schrieb Schiller noch:

»Humboldt meynt, ich soll den Wallenstein in Prosa schreiben; mir ist es in Rücksicht auf die Arbeit ziemlich einerley, ob ich Jamben oder Prosa machen. Durch die ersten würde er mehr poetische Würde, durch die Prosa mehr Ungezwungenheit erhalten. Da ich ihn aber im strengen Sinn für die theatralische Vorstellung bestimme, so wird es wohl besser gethan seyn, Humboldten hierin zu folgen.«

NA 29. S. 19.

Am 4. November 1797 trägt Schiller in seinen Kalender ein: »Angefangen, den Wallenstein in Jamben zu machen.« »[…] um auch die letzte Foderung zu erfüllen die an eine vollkommene Tragödie gemacht wird«, erklärt er in einem Brief an den Verleger Cotta (14. November 1797); und an Körner: »[…] ich begreife kaum, wie ich es je anders habe wollen können, es ist unmöglich, ein Gedicht in Prosa zu schreiben« (20. November 1797). Die ausführlichste Begründung für den Entschluss geht am 24. November 1797 an Goethe:

»Ich habe noch nie so augenscheinlich mich überzeugt, als bei meinem jetzigen Geschäft, wie genau in der Poesie Stoff und Form, selbst äusere, zusammen hängen. Seitdem ich meine prosaische Sprache in eine poetische-rhythmische verwandle, befinde ich mich unter einer ganz andern Gerichtsbarkeit als vorher; selbst viele Motive, die in der prosaischen Ausführung recht gut am Platz zu stehen schienen, kann ich jetzt nicht mehr brauchen; sie waren bloß gut für den gewöhnlichen Hausverstand, deßen Organ die Prosa zu seyn scheint; aber der Vers fodert schlechterdings Beziehungen auf die Einbildungskraft, und so mußte ich auch in mehreren meiner Motive poetischer werden. Man sollte wirklich alles, was sich über das gemeine erheben muß, in Versen wenigstens anfänglich concipieren, denn das Platte kommt nirgends so ins Licht, als wenn es in gebundener Schreibart ausgesprochen wird.

Bei meinen gegenwärtigen Arbeiten hat sich mir eine Bemerkung angeboten, die Sie vielleicht auch schon gemacht haben. Es scheint, daß ein Theil des poetischen Interesse in dem Antagonism zwischen dem Innhalt und der Darstellung liegt: ist der Innhalt sehr poetischbedeutend, so kann eine magre Darstellung und eine bis zum Gemeinen gehende Einfalt des Ausdrucks ihm recht wohl anstehen, da im Gegentheil ein unpoetischer gemeiner Innhalt, wie er in einem größern Ganzen oft nöthig wird, durch den belebten und reichen Ausdruck poetische Dignität erhält. Dieß ist auch meines Erachtens der Fall, wo der Schmuck, den Aristoteles fodert, eintreten muß, denn in einem poetischen Werke soll nichts gemeines seyn.

Der Rhythmus leistet bei einer dramatischen Production noch dieses große und bedeutende, daß er, indem er alle Charactere und alle Situationen nach Einem Gesetz behandelt, und sie trotz ihres innern Unterschiedes in Einer Form ausführt, er dadurch den Dichter und seinen Leser nöthiget, von allem noch so characteristisch-verschiedenem etwas Allgemeines, rein menschliches zu verlangen. Alles soll sich in dem Geschlechtsbegriff des Poetischen vereinigen, und diesem Gesetz dient der Rhythmus sowohl zum Repraesentanten als zum Werkzeug, da er alles unter Seinem Gesetze begreift. Er bildet auf diese Weise die Atmosphaere für die poetische Schöpfung, das gröbere bleibt zurück, nur das geistige kann von diesem dünnen Elemente getragen werden.«

NA 29. S. 159f.

Später, bei der praktischen Theaterarbeit, ergaben sich noch besondere Schwierigkeiten, die Verse »für die bequeme Recitation des Schauspielers« einzurichten. Schiller klagt in seinem Brief an Goethe vom 23. Oktober 1798:

»Die Umsetzung meines Texts in eine angemessene, deutliche und maulrechte Theatersprache ist eine sehr aufhaltende Arbeit, wobei das schlimmste noch ist, daß man über der nothwendigen und lebhaften Vorstellung der Wirklichkeit, des Personals und aller übrigen Bedingungen allen poetischen Sinn abstumpft. Gott helfe mir über diese Besogne[8] hinweg.«

NA 29. S. 292.

Und dem Stuttgarter Theaterdirektor, Herrn Haselmeyer, lässt er durch seinen Verleger Cotta ausrichten, »daß das Vorspiel nicht anders als in gereimten Versen gespielt werden kann und darf, und daß es eine Schande für jedes Theater seyn würde, das sich vor gereimten Versen fürchtete, nachdem es in Weimar mit Glück ausgeführt worden« (19. Oktober 1798).[9]
Vorläufig, bei der Abfassung des Textes, sieht Schiller, dass durch die Versifizierung wie bereits durch die Bemühungen um detailliertere Wirklichkeit wiederum der Umfang des Dramas wächst. Er schreibt an Goethe am 1. Dezember 1797:

»Es ist mir fast zu arg, wie der Wallenstein mir anschwillt, besonders jetzt, da die Jamben, obgleich sie den Ausdruck verkürzen, eine poetische Gemüthlichkeit unterhalten, die einen ins Breite treibt. [...] Es kommt mir vor, als ob mich ein gewißer epischer Geist angewandelt habe, der aus der

8 (frz.) Arbeit, Beschäftigung.
9 Der Glogauer Dramaturg Karl Friedrich Wilhelm Fleischer half den Schauspielern, indem er in seiner Bearbeitung die Verszeilen auflöste. Er schreibt 1802: »Mit Fleiß sind die Verse nicht abgetheilt, damit die Darsteller keine Abtheilung sehen, und damit der Sufleur nicht scandiren möge.«

Macht Ihrer unmittelbaren Einwirkungen zu erklären seyn mag, doch glaube ich nicht, daß er dem dramatischen schadet, weil er vielleicht das einzige Mittel war, diesem prosaischen Stoff eine poetische Natur zu geben.«

NA 29. S. 162f.

6. Das moralische Urteil über Wallenstein

Der eingeschlagene Weg erweist sich als richtig. Die Nüchternheit in der Planung der Tragödie und die Wahl des realistischen Helden zahlen sich aus. »Ich finde, daß mich die Klarheit und Besonnenheit, welche die Frucht einer spätern Epoche ist, nichts von der Wärme einer frühern gekostet hat«, schreibt Schiller am 5. Januar 1798 an Goethe. Er fährt fort:

»Ich werde es mir gesagt seyn lassen, keine andre als historische Stoffe zu wählen, frey erfundene würden meine Klippe seyn. Es ist eine ganz andere Operation das realistische zu idealisieren, als das ideale zu realisieren, und letzteres ist der eigentliche Fall bei freien Fictionen. Es steht in meinem Vermögen, eine gegebene bestimmte und beschränkte Materie zu beleben, zu erwärmen und gleichsam aufquellen zu machen, während daß die objective Bestimmtheit eines solchen Stoffs meine Phantasie zügelt und meiner Willkühr widersteht.«

NA 29. S. 183.

Diese Äußerung Schillers zeigt an, wie sich der Schwerpunkt in dem gegensätzlichen Begriffspaar ›real – ideal‹ verschoben hat. In der *Carlos*-Kritik am Anfang der Arbeit ging es zunächst nur um die Charaktere des Idealisten und des Realisten und um die Wahrheit beider, die im Verhältnis zum Wirklichkeitsgehalt ihrer Darstellung gesehen wurde. Die größere Wahrheit und Vollkommenheit des

Realisten beruhte nicht zuletzt auf dem zu seiner Darstellung notwendig größeren Wirklichkeitsgehalt, auf der Vielzahl wirklichkeitsnaher, historisch abgesicherter Einzelheiten und deren objektiven Vortrag. Solche Einbettung des Charakters in historisch-realistische Faktizität hatte allerdings jene »Trockenheit der Manier« (28. November 1796) zur Folge, die nur durch eine erfundene »poetische Fabel« (4. April 1797) und durch andere »poetische Liberalität« (2. Oktober 1797) in der Behandlung aufgehoben werden konnte. Dieses Verfahren, »die objective Bestimmtheit« des historischen Stoffes zu poetisieren, nennt Schiller nun, »das realistische zu idealisieren«.

Es verwundert nicht, dass Schiller, dem diese Arbeitsweise gegenwärtig zusagt, die Ausführung der frei erfundenen idealistischen Liebesbegegnung zwischen Max und Thekla seit dem 12. Dezember 1797 immer wieder aufschiebt, bis die Figur Wallensteins auch in ihrem kritischsten Punkt poetisiert oder idealisiert worden ist. Das Subjekt, das für Carlos und Posa zu leicht zu viel getan hatte, muss angesichts der Wallensteinischen Verbrechen besondere Anstrengungen unternehmen, »um das Objekt in der poetischen Höhe zu erhalten«.

Am 27. Februar 1798 schreibt Schiller an Goethe:

»Ich lege doch jetzt ganz unvermerkt eine Strecke nach der andern in meinem Pensum zurück und finde mich so recht in dem tiefsten Wirbel der Handlung. Besonders bin ich froh, eine Situation hinter mir zu haben, wo die Aufgabe war, das ganz gemeine moralische Urtheil über das Wallensteinische Verbrechen auszusprechen und eine solche in sich triviale und unpoetische Materie poetisch und geistreich zu behandeln, ohne die Natur des moralischen zu vertilgen. Ich bin zufrieden mit der Ausführung und hoffe unserm lieben moralischen Publikum nicht weniger zu gefallen, ob ich gleich keine Predigt daraus gemacht habe. Bei dieser Gelegenheit habe ich aber recht gefühlt, wie leer das eigentlich moralische ist, und wieviel daher das Subjekt leisten mußte, um das Objekt in der poetischen Höhe zu erhalten.«

NA 29. S. 211.

7. Die Breite der Darstellung und die Teilung des Dramas

Seit Schiller erkannt hatte, dass die Wahrheit nicht in den »Zufälligkeiten und Nebendingen« der Wirklichkeit, sondern in der poetischen Fabel liegt (4. April 1797), konnte die anfänglich so hoch geschätzte Realität für ihn nicht mehr der oberste Wert dichterischer Darstellung sein. Die Breite der Darstellung, die zuerst nötig schien, um dem realistischen Charakter, der nicht in einer einzelnen großen Tat zu erfassen war, gerecht zu werden, verteidigt Schiller darum jetzt als »ein höheres poetisches Gesetz«. Er schreibt am 24. August 1798 an Goethe:

»Es ist zuverläßig, man könnte mit weniger Worten auskommen, um die tragische Handlung auf- und abzuwikkeln, auch möchte es der Natur handelnder Charaktere gemässer scheinen. Aber das Beispiel der Alten, welche es auch so gehalten haben und in demjenigen was Aristoteles die Gesinnungen und Meinungen nennt, gar nicht wortkarg gewesen sind, scheint auf ein höheres poetisches Gesetz hinzudeuten, welches eben hierinn eine Abweichung von der Wirklichkeit fodert. Sobald man sich erinnert, daß alle poetische Personen symbolische Wesen sind, daß sie, als poetische Gestalten, immer das allgemeine der Menschheit darzustellen und auszusprechen haben, und sobald man ferner daran denkt, daß der Dichter so wie der Künstler überhaupt auf eine öffentliche und ehrliche Art von der Wirklichkeit sich entfernen und daran erinnern soll daß ers thut, so ist gegen diesen Gebrauch nichts zu sagen.[10] Ausserdem würde, däucht mir, eine kürzere und lakonischere Behandlungsweise nicht nur viel zu arm und trocken ausfallen, sie würde auch viel zu sehr realistisch, hart und in heftigen Situationen unausstehlich werden, dahingegen eine breitere und vollere Behandlungsweise immer eine gewiße Ruhe und Gemüthlichkeit, auch in den gewaltsamsten Zuständen, die man schildert, hervorbringt.«

NA 29. S. 265 f.

Das Anschwellen des Materials führt endlich zur Teilung des Wallenstein-Dramas. Den Entschluss dazu fasste Schiller in einer Beratung mit Goethe am 13. oder 14. September 1798, nachdem Goethe schon früher, am 22. Mai und am 1. Dezember 1797, zur Teilung und zyklischen Behandlung des umfangreichen Stoffes geraten hatte.
Der ursprüngliche Prolog soll nun ein selbständiges Vorspiel werden:

»Hiebei ergab sich nun, daß um ihn zu diesem Zweck geschickter zu machen zweierlei geschehen muß.
1) muß er als Character- und Sittengemählde noch etwas mehr Vollständigkeit und Reichthum erhalten, um auch wirklich eine gewiße Existenz zu versinnlichen, und dadurch wird auch das
2)te erreicht, daß über der Menge der Figuren und einzelner Schilderungen dem Zuschauer unmöglich gemacht wird, einen Faden zu verfolgen und sich einen Begriff von der Handlung zu bilden, die darinn vorkommt. Ich sehe mich also genöthigt, noch einige Figuren hinein zu setzen, und einigen die schon da sind etwas mehr Ausführung zu geben [...].«

NA 29. S. 276.

10 Vgl. den letzten Absatz des Prologs, V. 129–138.

Letzteres schreibt Schiller am 18. September 1798 an Goethe. Und in aller Eile entstehen wenige Tage vor der Uraufführung von *Wallensteins Lager* am 12. Oktober 1798 der jetzige Prolog, die Kapuzinerpredigt (vgl. Anm. zu L 484) und das Soldatenlied.

8. Die Liebesszenen

Erst nachdem *Wallensteins Lager* zur Neueröffnung des restaurierten Weimarer Theaters gespielt worden ist und Ruhe die hektische Zeit der Vorbereitungen abgelöst hat, wendet sich Schiller der Ausführung der Liebesszenen zu. Vor zwei Jahren hatte er bereits angedeutet, dass ihn allein an Max und Thekla »Neigung fesselt« (28. November 1796), mithin für ihre Gestaltung nicht jene rigoristische Objektivität zum Prinzip gemacht würde. Im Gegenteil, die »kalte trockene Zweckmäßigkeit« (28. November 1796) der Staatsaktion erfordert, »daß sich die Liebe nicht sowohl durch Handlung, als vielmehr durch ihr ruhiges Bestehen auf sich und ihre Freiheit von allen Zwecken der übrigen Handlung, welche ein unruhiges planvolles Streben nach einem Zwecke ist, entgegensetzt und dadurch einen gewissen menschlichen Kreis vollendet« (12. Dezember 1797).

Um so etwas herausbilden zu können, bedarf es nicht mehr »uninteressierten Wohlgefallens« nach Kantischer Art; Schiller fürchtet vielmehr: »[...] wenn ich meine Liebesscenen nicht schon fertig in die Stadt bringe, so möchte mir d[er] Winter keine Stimmung dazu geben« (7. September 1798).

Dennoch wird es November, bis Schiller Goethe mitteilt (9. November 1798):

»Ich bin seit gestern endlich an den poetisch-wichtigsten, bis jetzt immer aufgesparten Theil des Wallensteins gegan-

Wallenstein, Max und Thekla
(*Wallensteins Tod* II,21)
Radierung von A. Nahl

gen, der der Liebe gewidmet ist, und sich seiner frey menschlichen Natur nach von dem geschäftigen Wesen der übrigen Staatsaction völlig trennt, ja demselben, dem Geist nach, entgegensetzt. Nun erst, da ich diesem letztern die mir mögliche Gestalt gegeben, kann ich mir ihn aus dem Sinne schlagen und eine ganz verschiedene Stimmung in mir aufkommen lassen, und ich werde einige Zeit damit zuzubringen haben, ihn wirklich zu vergeßen. Was ich nun am meisten zu fürchten habe ist, daß das überwiegende menschliche Interesse dieser großen Episode an der schon feststehenden ausgeführten Handlung leicht etwas verrücken möchte, denn ihrer Natur nach gebührt ihr die Herrschaft und jemehr mir die Ausführung derselben gelingen sollte, desto mehr möchte die übrige Handlung dabey ins Gedränge kommen. Denn es ist weit schwerer ein Interesse für das Gefühl als eins für den Verstand aufzugeben.«

NA 30. S. 2f.

9. Das astrologische Motiv

Die Sorge, »daß das überwiegende menschliche Interesse dieser großen Episode« von Wallenstein und der Haupthandlung ablenken könnte, scheint unbegründet. Denn die Liebesidylle zwischen Max und Thekla ist keine Konkurrenz für die hochdramatische Staatsaktion; wohl aber bringt der idealistische Charakter des jungen Piccolomini gerade jenen Maßstab ins Spiel, an dem gemessen der Realist Wallenstein im allgemeinen Urteil verlieren muss.
Umso mehr also musste Schiller daran gelegen sein, Wallenstein in jeder vertretbaren Weise zu rechtfertigen. Den entscheidenden Handgriff hierzu, nämlich Wallensteins Sternenglauben »poetische Dignität« zu geben, tat Schiller ganz zuletzt.
Am 9. März 1797 fragt Schiller bei Körner an: »Weißt Du

mir keine Astrologische Bücher nachzuweisen?« Wenig später, am 7. April, heißt es: »Für Deine astrologischen Mittheilungen danke ich Dir sehr: sie sind mir wohl zu statten gekommen. Ich habe unterdessen einige tolle Producte aus diesem Fache vom 16ten Säculum in die Hand bekommen, die mich wirklich belustigen.« Und an Goethe unter demselben Datum:

»Unter einigen kabbalistischen und astrologischen Werken, die ich mir aus der hiesigen Bibliothek habe geben laßen, habe ich auch einen Dialogen über die Liebe, aus dem Hebräischen ins lateinische übersezt, gefunden, das mich nicht nur sehr belustigt, sondern auch in meinen astrologischen Kenntnißen viel weiter gefördert hat. Die Vermischung der chemischen, mythologischen und astronomischen Dinge ist hier recht ins Große getrieben und liegt wirklich zum poetischen Gebrauche da. Einige verwundersam sinnreiche Vergleichungen der Planeten mit menschlichen Gliedmassen lasse ich Ihnen herausschreiben. Man hat von dieser baroken VorstellungsArt keinen Begriff, biß man die Leute selbst hört. Indeßen bin ich nicht ohne Hofnung diesem astrologischen Stoff eine poetische Dignität zu geben.«

NA 29. S. 58.

Diese Lektüre im Frühjahr 1797 gilt aber nur der Orientierung. Die Ausführung des astrologischen Motivs erfolgt erst zwanzig Monate später beim Abschluss der Arbeit am *Wallenstein*.
Schiller wendet sich dazu am 4. Dezember 1798 um Rat an Goethe:

»Ich muß Sie heute mit einer astrologischen Frage behelligen, und mir Ihr aesthetischkritisches Bedenken in einer verwickelten Sache ausbitten.
Durch die größere Ausdehnung der Piccolomini bin ich nun genöthigt, mich über die Wahl des astrologischen

Motivs zu entscheiden, wodurch der Abfall Wallensteins eingeleitet werden und ein muthvoller Glaube an das Glück der Unternehmung in ihm erweckt werden soll. Nach dem ersten Entwurf sollte dieß dadurch geschehen, daß die Constellation glücklich befunden wird, und das Speculum astrologicum sollte in dem bewußten Zimmer vor den Augen des Zuschauers gemacht werden. Aber dieß ist ohne dramatisches Interesse, ist trocken, leer und noch dazu wegen der technischen Ausdrücke dunkel für den Zuschauer. Es macht auf die Einbildungskraft keine Wirkung und würde immer nur eine lächerliche Fratze bleiben. Ich habe es daher auf eine andere Art versucht, und gleich auszuführen angefangen, wie Sie aus der Beilage ersehen.[11]

Die Scene eröfnete den Vierten Akt der Piccolomini, nach der neuen Eintheilung, und gienge dem Auftritte, worinn Wallenstein Sesins Gefangennahme erfährt und worauf der große Monolog folgt, unmittelbar vorher, und es wäre die Frage, ob man des astrologischen Zimmers nicht ganz überhoben seyn könnte, da es zu keiner Operation gebraucht wird.

Ich wünschte nun zu wißen, ob Sie dafür halten, daß mein Zweck, der dahin geht, dem Wallenstein durch das Wunderbare einen augenblicklichen Schwung zu geben, auf dem Weg den ich gewählt habe, wirklich erreicht wird, und ob also die Fratze, die ich gebraucht, einen gewißen tragischen Gehalt hat, und nicht bloß als lächerlich auffällt. Der Fall ist sehr schwer, und man mag es angreifen wie man will, so wird die Mischung des Thörigten und abgeschmackten mit dem Ernsthaften und Verständigen immer anstößig bleiben. Auf der andern Seite durfte ich

11 Für die Szene mit Wallenstein und Seni (W I,1) hatte Schiller, sie als ersten Auftritt des vierten Akts der *Piccolomini* planend, hier statt astrologischer Spekulationen ein Buchstaben-Orakel vorgesehen: ein fünffaches F, gedeutet als der lateinische Satz FIDAT FORTUNAE FRIDLANDUS, FATA FAVEBUNT: »Friedland traue dem Glück, die Verhängnisse werden ihm hold sein«.

mich von dem Character des Astrologischen nicht entfernen, und *mußte* dem Geist des Zeitalters nahe bleiben, dem das gewählte Motiv sehr entspricht.
Die Reflexionen welche Wallenstein darüber anstellt führe ich vielleicht noch weiter aus, und wenn nur der Fall selbst dem tragischen nicht widersprechend und mit dem Ernst unvereinbar ist, so hoffe ich ihn durch jene Reflexionen schon zu erheben.«

NA 30. S. 8f.

Goethe rät ab von Wallensteins Aberglauben an das Buchstaben-Orakel und gibt in seinem Brief vom 8. Dezember 1798 dem astrologischen Motiv mit folgender Begründung den Vorzug:

»Der *astrologische Aberglaube* ruht auf dem dunklen Gefühl eines ungeheuren Weltganzen. Die Erfahrung spricht, daß die nächsten Gestirne einen entschiedenen Einfluß auf Witterung, Vegetation usw. haben, man darf nur stufenweise immer aufwärts steigen und es läßt sich nicht sagen, wo diese Wirkung aufhört. Findet doch der Astronom überall Störungen eines Gestirns durchs andere. Ist doch der Philosoph geneigt, ja genöthigt eine Wirkung auf das Entfernteste anzunehmen. So darf der Mensch im Vorgefühl seiner selbst nur immer etwas weiter schreiten und diese Einwirkung aufs sittliche, auf Glück und Unglück ausdehnen. Diesen und ähnlichen Wahn möchte ich nicht einmal Aberglauben nennen, er liegt unserer Natur so nahe, ist so leidlich und läßlich als irgend ein Glaube.«

NA 38. S. 14.

Schiller ist von Goethes Urteil über die Astrologie sofort überzeugt und bedankt sich am 11. Dezember 1798 für Goethes Rat; er schreibt:

»Es ist eine rechte Gottesgabe um einen weisen und sorgfältigen Freund, das habe ich bei dieser Gelegenheit aufs neue erfahren. Ihre Bemerkungen sind vollkommen richtig und Ihre Gründe überzeugend. Ich weiß nicht welcher böse Genius über mir gewaltet, daß ich das astrologische Motiv im Wallenstein nie recht ernsthaft anfaßen wollte, da doch eigentlich meine Natur die Sachen lieber von der ernsthaften als leichten Seite nimmt. Die Eigenschaften des Stoffes müssen mich anfangs zurückgeschreckt haben. Ich sehe aber jetzt vollkommen ein, daß ich noch etwas bedeutendes für diese Materie thun muß und es wird auch wohl gehen, ob es gleich die Arbeit wieder verlängert.«

NA 30. S. 10f.

Die Piccolomini schlossen damals noch den ersten und zweiten Akt von *Wallensteins Tod* mit ein. Denn, so erklärte Schiller, »eine reife Überlegung der Forderungen, welche das Publikum einmal an ein Trauerspiel macht, hat mich bewogen, die Handlung schon im zweiten Stück weiter zu führen, denn das dritte kann durch das tragische seines Innhalts sich auch, wenn es kleiner ist, in der gehörigen Würde behaupten« (24. Dezember 1798 an Iffland).

Obgleich die erste Aufführung der *Piccolomini* bereits für den 30. Januar 1799 angesetzt war, fehlte in dem Manuskript, das Schiller am 24. Dezember für Iffland in Berlin fertigstellte, noch immer die astrologische Szene. Die konnte erst vier Tage später nachgeschickt werden. An Goethe schreibt Schiller am 24. Dezember 1798:

»Ich setze mich mit einem sehr erleichterten Herzen nieder um Ihnen zu schreiben, daß die Piccolomini so eben an Ifland abgegangen sind. Er hat mich in seinem Briefe so tribuliert und gequält zu eilen, daß ich heute meine ganze Willenskraft zusammen nahm, drei Copisten zugleich anstellte, und (mit Ausschluß der einzigen Scene im astrologischen Zimmer, die ich ihm nachsende) das Werk wirk-

lich zu Stande brachte. Eine recht glückliche Stimmung und eine wohl ausgeschlafene Nacht haben mich secundiert, und ich hoffe sagen zu können, daß diese Eile dem Geschäft nichts geschadet hat. So ist aber auch schwerlich ein heiliger Abend auf 30 Meilen in der Runde verbracht worden, so gehezt nehmlich und qualvoll über der Angst nicht fertig zu werden. [...]
Ich werde nun diese Woche anwenden, das Exemplar des Stücks für unser Weimarisches Theater in Ordnung schreiben zu lassen, die astrologische Scene überdenken, und dann auf die nächste Woche, etwa den 2ten, wenn die Witterung und mein Befinden es zu laßen, zu Ihnen kommen.«

NA 30. S. 18f.

10. Abschluss der Arbeit

Am 29. Dezember 1798 liest Schiller *Die Piccolomini* zum ersten Mal ganz hintereinander. Die Länge des Stückes erschreckt ihn, so dass er noch einmal »400 Jamben«, gemeint sind wohl Verse, herauskürzt. Am 4. Januar 1799 trifft Schiller in Weimar ein, »um durch persönliches Treiben und Bemühen eine erträgliche Darstellung« der *Piccolomini* zum Geburtstag der Herzogin am 30. Januar zu bewirken.
Von da an ist der persönliche Verkehr zwischen Schiller und Goethe so lebhaft, dass der Briefwechsel, nur noch ein Austausch kurzer Notizen, keine wesentlichen Einblicke mehr in die Arbeit am *Wallenstein* bietet.
Am 7. März 1799 schreibt Schiller an Goethe:

»Das dritte Stück wird durchbrechen wie ich hoffe.
Ich habe es endlich glücklicher weise arrangieren können, daß es auch fünf Akte hat, und den Anstalten zu Wallensteins Ermordung ist eine größre Breite sowohl als theatralische Bedeutsamkeit gegeben worden. Zwey resolute

Hauptleute die die That vollziehen sind handelnd und redend eingeflochten, dadurch kommt auch Buttler höher zu stehen, und die Präparatorien zu der Mordscene werden furchtbarer.«

NA 30. S. 36.

Acht Tage später heißt es lapidar: »Montags erhalten Sie den Wallenstein ganz. Todt ist er schon und auch parentiert[12], ich habe nur noch zu beßern und zu feilen.«
Nach Abschluss der langen und mühevollen Arbeit am *Wallenstein* fühlt sich Schiller unerträglich leer. Was er sich jetzt wünscht, ist bezeichnenderweise ein Stoff, der seiner Neigung entgegenkommt. »Neigung und Bedürfniß« aber fühlt Schiller »zu einem bloß leidenschaftlichen und menschlichen Stoff«. So schreibt er am 19. März 1799 an Goethe:

»Ich habe mich schon lange vor dem Augenblick gefürchtet, den ich so sehr wünschte, meines Werks los zu seyn; und in der That befinde ich mich bei meiner jetzigen Freiheit schlimmer als der bisherigen Sklaverei. Die Masse, die mich bisher anzog und fest hielt, ist nun auf einmal weg, und mir dünkt als wenn ich bestimmungslos im luftleeren Raume hienge. Zugleich ist mir, als wenn es absolut unmöglich wäre, daß ich wieder etwas hervorbringen könnte; ich werde nicht eher ruhig seyn, bis ich meine Gedanken wieder auf einen bestimmten Stoff mit Hofnung und Neigung gerichtet sehe. Habe ich wieder eine Bestimmung, so werde ich dieser Unruhe los seyn, die mich jetzt auch von kleineren Unternehmungen abzieht. Ich werde Ihnen, wenn Sie hier sind, einige tragische Stoffe, von freier Erfindung, vorlegen, um nicht in der ersten Instanz, in dem Gegenstande, einen Mißgriff zu thun. Neigung und Bedürfniß ziehen mich zu einem frei phantasierten, nicht

12 So viel wie ›feierlich bestattet‹; eine Parentation (von lat. *parentatio*) ist eine Totenfeier.

historischen, und zu einem bloß leidenschaftlichen und menschlichen Stoff; denn Soldaten Helden und Herrscher habe ich vor jetzt herzlich satt.«

NA 30. S. 38f.

Obgleich die ersten Aufführungen des *Wallenstein* am 20. April 1799 in Weimar und am 17. Mai 1799 in Berlin sowie der schnelle Absatz der ersten Auflage des Buches seit Ende Juli 1800 beachtlichen Publikumserfolg bewies, schrieb Schiller am 13. Mai 1801 an Körner:

»In meiner jetzigen Klarheit über mich selbst und über die Kunst die ich treibe, hätte ich den Wallenstein nicht gewählt.«

NA 31. S. 35.

IV. Dokumente zur Wirkungsgeschichte

1. Die ersten Aufführungen in Weimar und Berlin

Am Ende des 18. Jahrhunderts beherrschten Autoren wie August Wilhelm Iffland und August von Kotzebue die deutschen Bühnen. In der Zeitung stand allerdings, dass das Hamburger Publikum die trivialen, moralisierenden Stücke aus der um die Jahrhundertmitte für das Theater entdeckten bürgerlichen Welt allmählich satt habe. Schiller folgerte: »Wenn dieß einen analogischen Schluß auf andere Städte erlaubt, so würde mein Wallenstein einen günstigen Moment treffen. Unwahrscheinlich ist es nicht, daß das Publikum sich selbst nicht mehr sehen mag, es fühlt sich in gar zu schlechter Gesellschaft« (31. August 1798 an Goethe; NA 29,272). Der Erfolg des *Wallenstein* in Weimar, Berlin und anderen Städten gab der Vermutung Recht.

Goethe, der Schiller immer gedrängt hatte, den ersten Teil des Dramas zur Neueröffnung des Weimarer Theaters fertigzustellen, ließ es sich nicht nehmen, das Ereignis (am 29. September 1798) öffentlich anzukündigen. Die Augsburger *Allgemeine Zeitung* brachte am 12. Oktober unter dem Titel »Weimarischer, neudecorirter TheaterSaal. Dramatische Bearbeitung der Wallensteinischen Geschichte durch Schiller« seine Beschreibung des von Thouret aus Stuttgart renovierten Hoftheaters und eine ausführliche Vorstellung des Dramas.

Schiller selbst bemerkte nach der Uraufführung des *Lagers* in einem Brief an Körner, dass die mittelmäßigen Schauspieler »thaten was sie konnten«, »das Publicum ergötzte sich«. »Die große Masse staunte und gaffte das neue dramatische Monstrum an, einzelne wurden wunderbar ergriffen.« Er selbst und Goethe hielten den Prolog für das Beste; er habe »viel Sensation gemacht«.

In der öffentlichen Würdigung der *Piccolomini*-Uraufführung in der *Allgemeinen Zeitung* vom 31. März 1799 urteilt Schiller viel vorsichtiger. Mit gesellschaftlichem Takt lobt er:

»In der gefühlvollen Darstellung unsers *Graff* erschien die dunkle, tiefe, mystische Natur des Helden vorzüglich glücklich; was er sprach, war empfunden und kam aus dem Innersten. Seine pathetische Rezitation des Monolog[1], seine ahnungsvollen Worte (in der Szene mit der Gräfin Terzky), als er den unglücklichen Entschluß faßt, die Erzählung des oben angeführten Traums riß alle Zuhörer mit sich fort. Nur daß er zuweilen, von seinem Gefühl fortgezogen, eine zu große Weichheit in seinen Ausdruck legte, der dem männlichen Geist des Helden nicht ganz entsprach.
Vohs, als Max Piccolomini, war die Freude des Publikums, und er verdiente es zu sein. Immer blieb er im Geist seiner Rolle, und das feinste zarteste Gefühl wußte er am glücklichsten auszudrücken.
Der Auftritt, wo er Wallenstein von der unglücklichen Tat zurückzubringen bemüht ist, war sein Triumph, und die Tränen der Zuschauer bezeugten die eindringende Wahrheit seines Vortrags.
Thekla von Friedland wurde durch *Dem[oiselle] Jagemann* zart und voll Anmut dargestellt. Eine edle Simplizität bezeichnete ihr Spiel und ihre Sprache, und beides wußte sie, wo es nötig war, auch zu einer tragischen Würde zu erheben. Ein Lied, welches Thekla singt, gab dieser vorzüglichen Sängerin Gelegenheit, das Publikum auch durch dieses Talent zu entzücken.«

NA 22. S. 324f.

1 Gemeint ist der Monolog im 4. Akt alter Einteilung, jetzt W I,4: »Wärs möglich? Könnt ich nicht mehr, wie ich wollte?«

2. Kritik im 19. Jahrhundert: Süvern und Hegel

Die Untersuchung des Philologen und preußischen Kultusbeamten JOHANN WILHELM SÜVERN (1775–1829) knüpft am Begriff des Schicksals an. Süvern, der sich an der griechischen Tragödie orientiert, schreibt:

»Sobald [...] der Mensch, das Reich der Freyheit verlassend, seinen Gedanken eintreten läßt in die Außenwelt, ihn mit Kräften paart, wo es nicht allein auf ihn mehr ankommt, ob er bestehn soll, sobald verfällt er ins Gebiet der Nothwendigkeit, der Ausgang, aber auch nur dieser, ist nicht sein mehr, denn er gab jetzt Andern Antheil an sich selbst, und nur, wer alle Kräfte klug für sich zu bannen weiß wird Sieger. Doch kann alles Drängen der Menschen niemand so weit zwingen, wenn anders er will, daß er sich seiner selbst entsagt, nun ihren Kreisen folgt, und statt kräftig in ihr Getriebe zu fassen und selbsständig sich aus dem Netze zu erheben, in seiner Verschlingung sich fortziehn läßt. Es thun, ist Aufwallung der Leidenschaft, ein Augenblick der Verblendung, und hier gerade liegt des Herzogs Fehler; glauben, daß man's thun müsse, ist selbst geschaffne Täuschung. Und was aus solcher That erfolgt, das ist dann auch nicht zu erwehren, das ist der ernsten Rachegöttin Finger.«

Diese Selbsttäuschung Wallensteins und die Art seines Untergangs beeinträchtigen nach Süvern die Wirkung der Katastrophe:

»Denn wenn es Hauptneigung der Tragödie ist, eine tragische Handlung, *von der Seite des Schicksaals aufgefaßt*, darzustellen, wenn sie also, wie es in der vorliegenden geschieht, alles häuft, was diese Darstellung groß, voll und stark machen kann, so mag sie wohl heilige Scheu und Demuth erwecken, auch mag sie erhabne Gefühle erregen, *so lange* man den Helden mit jener übermenschlichen Gewalt ringen sieht. Aber durch seinen Fall schlägt er nieder und verwundet tief; so wie er erliegt verschwinden diese Gefühle, in Kleinmuth mögen sie sich verwandeln, wenn von jener Niederlage nichts übrig bleibt, das sie höher stimmt, und der Anblick einer allgemeinen Verwüstung, aus der kein Phönix sich erhebt, Erbitterung oder Ängstlichkeit zurücklassen.«

»[Am Ende] sehn wir in der allgemeinen Verwüstung keine Spur mehr des Lebens, alle Größe, alle Schönheit ist verschlungen in den schwarzen Schlund des Todes, und keine Ahnung hebt uns in das Gebiet der Freyheit, die bleibt und wenn alles vergeht.«

Johann Wilhelm Süvern: Über Schillers Wallenstein in Hinsicht auf die griechische Tragödie. Berlin: Buchhandlung der Königlichen Realschule, 1800. S. 61–63, 156 f., 210.

Ganz ähnlich wie Süvern empfand GEORG WILHELM FRIEDRICH HEGEL (1770–1831):

»Der unmittelbare Eindruck nach der Lesung Wallenstein's ist trauriges Verstummen über den Fall eines mächtigen Menschen, unter einem schweigenden und tauben Schicksal. Wenn das Stück endigt, so ist Alles aus, das Reich des Nichts, des Todes hat den Sieg behalten; es endigt nicht als eine Theodicee.«

Was Süvern als Wallensteins Selbsttäuschung hervorhob, beschreibt Hegel als »Schicksal des Bestimmtwerdens eines Entschlusses«: Wallensteins

»erhabene, sich selbst genügende, mit den größten Zwekken spielende und darum charakterlose Seele kann keinen Zweck ergreifen, sie sucht ein Höheres, von dem sie gestoßen werde; der unabhängige Mensch, der doch lebendig und kein Mönch ist, will die Schuld der Bestimmtheit von sich abwälzen, und wenn nichts für ihn ist, das ihm gebieten kann, – es darf nichts für ihn seyn – so erschafft er sich, was ihm gebiete; Wallenstein sucht seinen Entschluß, sein Handeln und sein Schicksal in den Sternen«.

Am Ende siegt der Fatalismus:

»[...] es steht nur Tod gegen Leben auf, und unglaublich! abscheulich! der Tod siegt über das Leben! Dieß ist nicht tragisch, sondern entsetzlich! Dieß zerreißt das Gemüth, daraus kann man nicht mit erleichterter Brust springen!«

G. W. F. Hegel: Über Wallenstein [um 1800]. In: G. W. F. H.: Sämtliche Werke. Jubiläumsausgabe. Hrsg. von Hermann Glockner. Bd. 20: Vermischte Schriften aus der Berliner Zeit. Stuttgart: Frommann, [3]1958. S. 456–458.

3. Hansgünther Heymes *Wallenstein*-Inszenierung in Köln 1969

1969 inszenierte der Regisseur Hansgünther Heyme (geb. 1935) den *Wallenstein* am Schauspielhaus Köln. HENNING RISCHBIETER bespricht die Inszenierung in *Theater heute*:

»Mit großer Gewaltsamkeit, mit besessener Entschiedenheit hat sich Hansgünther Heyme der Schwierigkeiten mit diesem überlangen, Realistisches und ›Poetisches‹ ineinanderschlingenden Stück entschlagen, hat er die Komplexität des Titelhelden beseitigt: Wallenstein ist bei ihm nicht mehr ein labiler Zögerer aus den sich vermischenden Gründen: Sternenglaube, Loyalitätskonflikt, politische Umsicht, Distanz zur Realität – sondern die rückhaltloseste, deshalb befehlshabende Ausgeburt des Krieges. Des Krieges, den die Inszenierung plakativ bekämpft, dessen Unsinnigkeit sie

›entlarvt‹ durch Wallensteins Fall (›so verschlingt der Krieg seine eigene Geschöpfe‹). Der Krieg, der Machtkampf ist hier ein Totalereignis, keine Figur hat auch nur eine Teilfreiheit ihm gegenüber. Heyme erzwingt mit seiner hart eingreifenden Textbearbeitung, mit den statuarischen, demonstrativen Arrangements der über vierzig Bilder in etwa drei Stunden, mit kalter, hochgeputschter Exaltation des Sprechens (und gelegentlich unvermutetem Abbruch der forcierten Lautstärke in ebenso betonte Leisheit) die Aufmerksamkeit des Publikums, den ersten ›Erfolg‹ in Köln.

Es ist, wie beim ›Tell‹ in Wiesbaden, ein Erfolg mit Schiller – gegen Schiller. Heymes Striche fetzen an manchen Stellen in die Jamben hinein, er spielt (in den Zitat-Projektionen zwischen den Bildern) den derber formulierenden Historiker Schiller, den Autor der ›Geschichte des Dreißigjährigen Krieges‹, gegen den Dramatiker aus. Golo Mann, der meinte, daß das Drama in seiner Subtilität und gerade als historiographische Leistung einen entscheidenden Schritt über das Geschichtswerk hinaus bedeute, hat des letzteren Zentralfigur wie folgt charakterisiert: ›Er erscheint als der von Ehrgeiz und Rachsucht beherrschte, finstere, niemals lachende, das Wenige, was er spricht, im widrigen Tone herausstoßende, hartherzige Machtmensch aus einem Guß, sein Plan ist, sich zum König von Böhmen zu machen und den Kaiser zum Teufel zu jagen.‹ So etwa sieht auch Heyme den Feldherrn. Der Einwand Golo Manns: ›Aber wie kann ein so Beschaffener sich … so unglaublich ungeschickt benehmen, wie kann er so jammervoll scheitern?‹, dieser Einwand trifft Heymes Inszenierung nicht, weil sie mit dem historischen Kolorit auch auf historische Jeweiligkeit und Richtigkeit von vornherein verzichtet. Dieses Schreckbild soll alle Kriege treffen. Es begibt sich auf dem in den Zuschauerraum vorgebauten, von unten beleuchteten Gitterrost, den einst Piscator benutzte, als er überhistorische Macht-Strukturen vorführen wollte. Die Schauspieler gehen in erdfarbenen,

grauen und braunen, in schweren, langen, ungefügen Monturen wie aus einem Winterkrieg im Osten. Pelze, Felle und Leder, angerostete Stahlhelme, zerbeulte Harnische, ungefüge, metallbewehrte Holzschilde. Über dem Rost eine Batterie Tiefstrahler, vor der schwarzen Bühnenrückwand Kriegs-Gerümpel, das anfangs dort aufgehäuft wird und am Ende rumpelnd auf die Spielfläche kippt (Bühne Klaus Weiffenbach). Während der Blackouts zwischen den Bildern, zu den Zitat-Projektionen, klirrender Lärm von Panzerkolonnen aus dem Lautsprecher.
Außerordentlich effektvoll ist Heyme mit dem Schillerschen Genre-Vorspiel, dem ›Lager‹, fertig geworden. Er hat es in Textfragmente aufgelöst und aus diesen Fragmenten zehn demonstrative Massenszenen, richtiger: Massenarrangements entwickelt, die er zwischen die dreiunddreißig Bilder aus den ›Piccolomini‹ und aus ›Wallensteins Tod‹ eingeschoben hat. Meistens stampft diese Masse auf der Stelle, frontal gegen den Zuschauerraum aufgestellt. Mal taumelt ein geschändetes Mädchen, mal ein strangulierter Bauer vor der Soldateska, mal schleppt sich ein Troß aus Blessierten, Krüppeln und Weibern, mal kriecht ein abergläubischer Haufen Glaubens- und Aberglaubens-Symbolen nach. Die Kriegsgreuel werden zu grellen Plakaten formuliert; die Armee und ihre Opfer schieben sich zwischen die Handlung unter den Oberen.
Wie eigentlich immer bei Heyme erscheinen die Schauspieler als Funktionäre seines plakativen Ausdrucks-Furors. Sie differenzieren kaum, sie forcieren Einzelzüge zu gewaltsamen Grundzügen. Karl-Heinz Pelser als untersetzter, dick in Stoff, Leder, Pelz eingepackter Wallenstein steht – unter großem Energieaufwand – die Rolle in Heymes Sinne durch: meist szenenbeherrschend sitzend, einmal auf einer Schlachtroßattrappe. Überraschenderweise wird er gegen Ende als ganz in Binden eingewickelter, in einem Gestell hängender Schmerzensmann gezeigt (nach einer Textprojektion aus Hellmut Diwalds vor einigen

Monaten erschienener Wallenstein-Biographie, in der von des Fürsten Gicht, wucherndem Fleisch und aufgebrochenen Füßen die Rede ist). Die Gräfin Terzky, bei Schiller am meisten politisch und energisch, ist weggestrichen – ihre auf Putsch und Macht drängenden Texte hat der Regisseur in Wallensteins Monologe eingefügt, die dadurch an Tatbereitschaft und Unbedenklichkeit gewinnen. Die Astrologie ist zurückgedämmt, der bei Schiller immer wieder angespielte Wallensteinsche Zwiespalt zwischen Jupiter und Saturn, zwischen heiterer Souveränität und Handeln unter dunklem Zwange, kommt erst gar nicht vor. Octavio Piccolomini wird von Hans Schulze als gewandter und überlegter Gegen-Putschist gezeigt, von der Macht fasziniert auch er. Seinem Sohn Max (Arnfried Lerche) begegnet er mal kalt, mal heftig. Die für Heyme typiche Übertreibung psychologischer Spannungen, so daß sie sich zu Pathologischem erhitzen, ist erreicht, wenn der General seinen Sohn, den Obristen, ohrfeigt. Dieser, ein zitterndes und eher zages Bündel labiler Empfindungen, – nimmt er die Schläge nicht fast weinerlich hin? Seine Geliebte Thekla (Elke Petri) erscheint verkrampft, muß sich aus der Gebrochenheit grell aufbäumen und hat eine von Heyme glorios ausgedachte Schlußszene: nicht der schwedische Hauptmann berichtet ihr von Maxens gräßlichem Tode, sondern sie selbst rekapituliert den Bericht – die leiernde Monotonie, mit der das geschieht, zeigt an, daß sie es schon oft und oft getan hat. Der Schmerz, der sich durch die Monotonie hindurch ausspricht, ist unaufhebbar, hat die Rekapitulierende zerstört.

Die übrige Generalität ist kaum stärker profiliert als die Soldateska der Zwischen-Bilder. Drei Eingriffe der Armee in das Schicksal des Titelhelden sind besonders nachhaltig und ›dramatisch‹ inszeniert: der Versuch Wallensteins, die Pappenheimer zu überreden (wenn sie abmarschieren, schwenken sie, erst senkrecht zum Zuschauerraum stehend, gegen die Bühnenrückwand), dann der richtig span-

nende Kampf um die Herausgabe Max Piccolominis – und schließlich, auch das wieder ein erstaunlicher Einfall Heymes, die Szene, in der Buttler (merkwürdig unbestimmt bleibend: Wolfgang Robert) die Mörder anwirbt: es sind nicht, wie bei Schiller, zwei Hauptleute, sondern gleich ein Dutzend von den Soldaten, die in den Zwischenbildern figurierten: Wallenstein wird durch die Armee abgeschlachtet. Der Mord wird nicht auf der Szene berichtet, sondern mittels Projektion knapp und brutal geschildert. ›Dem Fürsten Piccolomini‹ reicht Buttler das kaiserliche Schreiben – und fügt lauernd hinzu: ›Durch den das Volk sich Frieden hofft.‹ Octavios ironische und drohende Antwort ›Den soll es haben‹ schließt die Aufführung.
Sie ist als radikale dramaturgische und inszenatorische Phantasie- und Energieleistung bewundernswert. Ihre Ästhetik ist plakativ und gewaltsam. Differenzierte Information über historische, politische und psychologische Sachverhalte wird nicht vermittelt. Soll sie nicht vermittelt werden? Heyme ist – man nehme den verallgemeinernden Vergleich in Kauf – der wahre Nachfolger Erwin Piscators: er macht hartgefügtes, plakativ tendenziöses, im Kalkül der Arrangements überredendes, im Kern emotionales Theater. Wie sehr Piscator Expressionist war, wird an seinem Nachfolger Heyme deutlich.

Henning Rischbieter: Heyme putscht *Wallenstein* auf. In: Theater heute (1970) Nr. 1. S. 22–24. – Mit Genehmigung von Henning Rischbieter, Berlin.

Wolfgang Schadewaldt (1900–1974), Altphilologe und Germanist, Übersetzer klassischer griechischer Literatur, äußerte sich zu der Aufführung in einem Brief an Hansgünther Heyme:

»Letzten Sonntag habe ich in Köln Ihren ›Wallenstein‹ gesehen. Es war mein stärkster theatralischer Eindruck seit den Reinhardt-Inszenierungen vom Anfang der zwanziger

Jahre in Berlin. Großes Theater. Konzeption und Gestaltung in der richtigen Balance. Das Theater, indem es sich selbst *erfüllt*, sich *transzendierend*. –
Zum ›Wallenstein‹ selbst: er hat mich in Ihrer Darstellung zum ersten Mal überzeugt. – Eine große *Dichtung*, zweifellos: große Dinge, Gedanken wie Realitäten, kommen in ihr in Bewegung. Aber so viel Heikles an der Gestalt und um sie herum. Ein ›dramatisches Gedicht‹? ein ›Trauerspiel‹? (Was sollen uns ›Trauerspiele‹?). Jedenfalls keine *Tragödie* (wie Schiller selber wußte).
Sie haben das Stück als ›*Historie*‹ gefaßt (wie Shakespeares Königsdramen und manches Brechtische), haben zum Hauptakteur – statt Wallenstein – den *Krieg* gemacht – *Ares*, den höchst realen Daimon. So waltet ein ›*furchtbarer Ernst*‹, eine ›*hohe Nemesis*‹ durch die Handlung, die ›*reine Form des Tragisch-Furchtbaren*‹ wird erfahrbar (Ausdrücke Schillers über ›Richard III.‹ und seine ›Braut von Messina‹, doch von ihm selbst im ›Wallenstein‹ noch nicht erreicht).
Der Krieg als Mahlstrom, dessen Sog alle Handelnden verschlingt: Wallenstein selbst, wie Max und Thekla, Terzky und Illo und, in anderem Sinn, selbst Octavio Piccolomini. Die Ohnmacht des Mächtigen (an Kraft wie Geist) in Wallenstein wird so begreiflich. Sie sind alle Gebannte des Krieges, und Untergang ist hier auch das Los des Schönen, der idealischen Freiheit in Max und Thekla.
So war die Aufteilung des ›Lagers‹ über das ganze Stück hin ein genialer Griff. Statt so viel Genrehaftem im ›Lager‹ nun die *permanente Präsenz des Krieges* und: ein griechischer *Chor* vor der ›Braut von Messina‹.
Es ist fast komisch. Da suchen die Herren bei Inszenierungen antiker Chor-Tragödien sich um den Chor herumzudrücken. Sie führen ihn neu ein und erreichen, daß das ›dramatische Gedicht‹ die volle Substanz des *Geschehenhaften* neu gewinnt. – ›Seltsam ist Prophetenlied – Doppelt seltsam, was *geschieht*.‹ –

Die Rückwirkung auf Handlung und Gestalten: der architektonische Bau streng umgrenzter ›Bilder‹ gewinnt eine unerhörte *Konsistenz*. Ich kenne (und anerkenne) Ihre große Kraft des Gestaltens *massiver* Realvisionen (mit Demonstration des Grellen, Drastischen, Brutalen, Widerwärtigen). Hier im ›Wallenstein‹ hat das alles den höchsten Grad der Richtigkeit: der gichtige Wallenstein, statt des Nachthemds bereits vor seinem Tode gleichsam mumifiziert, die hysterischen Schreie Theklas usw. usw. Theklas Vision vom Tode Maxens, statt des ›Botenberichts‹ des Hauptmanns usw. Ihre ganze zum Zerbrechen bestimmte und zerbrechende Gestalt. –
Im Ganzen die *Re-antikisierung*, *Re-gräzisierung* Schillers. Tragödie nur mehr im Sinne des *Aischylos* als des Sophokles. Und damit sogleich *Modernisierung*. Rückgriffe – Vorgriffe – *beides* muß ineinanderwirken, wenn es zu rechten Griffen kommen soll. – Kein Gestern und Heute, Vorgestern und Morgen. Sondern *Gegenwart*, hervorgebohrt aus dem gemeinsam *Gründenden*.
Schiller – unschillerisch? – Es ging für Sie darum, *›ihn‹* aus der Be-schönigung der klassizistischen Wohltätigkeit herauszubrechen, aus dem zeitlich bedingten Phänotyp die in ihm gründende Wesensform herauszuschälen. Goethe sagt vom Kunstwerk einmal, daß ›seine Wahrheit uns mit Fäusten schlägt‹. Um den Faustschlag der Wahrheit Schillers geht es. –«

Zit. nach: Friedrich Schiller / Hansgünther Heyme: Wallenstein. Regiebuch der Kölner Inszenierung. Hrsg. von Volker Canaris. Frankfurt a. M.: Suhrkamp, 1970. S. 145 f. – Mit Genehmigung von Helene Amtmann, Berlin.

V. Neuere Deutungsansätze

Oskar Seidlin:

»Der Vorstellungskomplex: Spiel, der in Schillers ästhetischer Theorie eine so entscheidende Stelle einnimmt, muß aber in seiner Relevanz für Wallenstein, für das dramatische Gedicht nicht weniger als für seinen Helden, näher betrachtet werden. Wieder bietet sich der vorausgeschickte ›Prolog‹ als argumentum und Programmnotiz an. Der Muse, ›des Reimes Spiel‹, so hören wir da, ihr ist zu danken,

daß sie das düstre Bild
Der Wahrheit in das heitre Reich der Kunst
Hinüberspielt, die Täuschung, die sie schafft,
Aufrichtig selbst zerstört …
[Prolog, 133–136]

Dies nämlich ist es, was Kunst zum Spiel macht: daß sie zweckfrei ist, interesselos, wenn wir den Kantschen Terminus einsetzen dürfen –, ein schöner Schein, der sich – und gerade darum ist er schön – in seiner eigenen Scheinhaftigkeit durchschaut und das, *was* er vorspiegelt und vorspielt, aufhebt, indem er es setzt. Dem Menschen auf der geschichtlichen Bühne aber ist solches Spiel nicht gegeben; er spielt, wenn er spielt, notwendigerweise falsch, und es sei hier wieder daran erinnert, daß die erste Figur, die, mit dem Würfelbecher, im ›Lager‹ erscheint – und man nehme ›Lager‹ hier nicht nur als einen Titel-Verweis – ein Falsch-Spieler ist. Das was Spiel zum Spiel macht, die Freiheit von allem eindeutig Zweckhaften, die bloße Scheinhaftigkeit, die alles Materiale zerstört und es in reine und grenzenlose Möglichkeit verwandelt, ist nur im Ästhetischen vollziehbar, nicht aber in der Gegenstandswelt. Gerade dies aber, und der Anfang seines großen Monologs gibt uns darüber Auskunft, gerade der Sprung aus der Gegenstandswelt in die Gegenstandslosigkeit des freien Spiels war Wallensteins Unterfangen und seine Schuld. Diese Entmächtigung der *physis* durch das reine Spiel entspricht genau Wallensteins Versuch, die Zeit in der Zeit aufzuheben, ja das eine ist nur ein Komplementäraspekt des anderen. Weil aber im geschichtlichen Bereich irdischer Verkettungen kein Raum auszusparen ist für das reine, zweckfreie Spiel, schlägt das Bild des Spielers Wallenstein in das des Berechners, des Kalkulators um, der, eben weil er rechnet, kalkuliert, Interessen unterschiebt, dem Spiel sein Eigentliches, seine freischwebende Ungebundenheit rauben muß.

Nicht zufällig erscheint Wallenstein mehr als einmal als der Mann mit dem Zirkel, der Mathematiker, der Herr des reinen Formenspiels; aber in der Welt des Geschichtlichen, in jenem Raume, in dem die Sachen hart sich stoßen, kann es nur angewandte Mathematik, nur Technik geben. Und nicht zufällig, daß unmittelbar auf die zitierten Worte Buttlers, die Wallenstein als Spieler und Würfler charakterisierten, jene weiteren hochbedeutsamen folgen:

> Gerechnet hat er fort und fort, und endlich
> Wird doch der Kalkül irrig sein, er wird
> Sein Leben selbst hineingerechnet haben,
> Wie jener dort in seinem Zirkel fallen.
> [Tod, 2859–62]

›Jener dort‹: Archimedes. Doppelt gewichtig dieses Leitbild, das sich hier vor Wallensteins Züge schiebt, weil der Name ausgespart bleibt und weil es beschworen wird von einem, dessen schlichtem und soldatenhaft ungelehrtem Mund wir die gebildete Anmerkung am allerwenigsten zutrauen möchten. Gerade darum trifft die Gleichung Wallenstein – Archimedes ins Herz; und sie trifft ins Herz unseres Arguments. Denn auch ›jener dort‹ hatte sich angemaßt, die Welt aus den Angeln heben zu können, vorausgesetzt, daß ein fester Punkt außerhalb des Universums zu finden sei, ein Standort in einer Jenseitigkeit – und sollte Buttler ihn vielleicht darum mit ›jener dort‹ apostrophieren? –, die allem Hier und Jetzt entrückt ist, die Nirgends- und Nie-Stelle, von der aus der Erd-Gott mit dem Hebel bedroht werden kann. Archimedes – Wallenstein: ein Meister des Zirkels der eine wie der andere, beide fallend vor dem Ansturm der Geschichte, weil nämlich das ungestörte Spiel der vollkommenen Form nur im reinen Geist möglich ist und nicht in seiner Projektion auf den Sand der Erde, und weil in der Welt des Zeitlichen jeder Kreis, den man schlägt, einer ist, in dem man sich mit seinem eigenen Leben engagiert.«

Oskar Seidlin: Wallenstein: Sein und Zeit. [1963.] In: Fritz Heuer / Werner Keller (Hrsg.): Schillers Wallenstein. Darmstadt: Wissenschaftliche Buchgesellschaft, 1977. S. 237–253; hier S. 248–250.

Hartmut Reinhardt:

»Schillers größtes Drama ist nicht darauf aus, einen Charakter als solchen zu denunzieren oder ein historisches Problemfeld im Gegeneinander der Kräfte zu skizzieren. Die alles tragende Relation ist vielmehr die von Dramenvorgang und Zuschauerbewußtsein – dem Betrachter wird keine Unsicherheit und kein Leid erspart, auf daß er sich im Andrang der Affekte auf den einzigen Weg besinne, der zur Freiheit führt. Wie Schiller für seinen Helden Raum schafft, ohne ihn mit einer kalt abrechnenden Moralität von vornherein zu erledigen und ohne andererseits von der idealistischen Forderung nach intelligibler Selbstbestimmung auch nur das geringste abzulassen, macht die künstlerische Meisterschaft seines Werkes aus. Während sich der Held auf einen Glücks- und Schicksalsglauben stützt und darin Willensgröße wie menschliches Format erlangt, wird der Zuschauer aufgerufen, seinerseits eine

Dialektik von Schicksalsglauben und Selbstbestimmung in Gang zu setzen – der große Dialektiker Hegel hat übrigens diesen alles entscheidenden Schritt, merkwürdig genug, unterlassen.[1]

Mit den Kategorien der aristotelischen Poetik (die der ›Wallenstein‹-Dichter 1797 sehr genau studiert hat) läßt sich diese Konstellation beschreiben. Zur Tragödie gehört eine *hamartia* des Handelnden, eine ›wesentliche Verkennung‹ als Ursache des Glücksumschwungs, die schließlich in der *anagnorisis*, der ›Erkennung der Verkennung‹, aufgehoben wird. Daß Wallenstein unter einer Verkennung steht, bedarf nicht des Nachweises: sein Handeln kommt zu spät und sein Wissen holt den pragmatischen Stand der Dinge niemals mehr ein, mißdeutet auch die Unheilszeichen im ›Totenkeller‹ zu Eger. Die *anagnorisis* bleibt bei ihm aus, der bis zum bösen Ende die Hoffnung seine ›Göttin‹ nennt und in einer Täuschung über die wirklichen Umstände befangen ist – in einer Täuschung auch darüber, welchen Anteil unaufgeklärte selbstische Interessen an seinem Handeln haben. Was der dramatische Held unterläßt, wird jedoch dem Zuschauer als Möglichkeit zugespielt, die er selbsttätig ergreifen kann – selbsttätig dem Drama gegenüber, selbsttätig (und darauf kommt es Schiller an) vor allem dann, wenn auch ihn die Lebensgewalten bedrängen.

Nicht eine Tragödie des Selbstverrates ist ›Wallenstein‹, sondern eine der Selbsttäuschung. In ihren Kausalitäten und Falschheiten wird sie im Horizont des Zuschauerbewußtseins durchschaubar. In diesen allein soll das Pathos der Selbstbestimmung fallen, im Drama selbst bleiben die Wege falsch (Max Piccolomini nicht ausgenommen). Anders geht Schiller bekanntlich in den folgenden Dramen

1 In der um 1800 geschriebenen *Wallenstein*-Kritik, die das Drama in einem »entsetzlichen« Sieg des »Todes« über das »Leben« enden sieht [s. S. 204 des vorliegenden Bandes].

vor: ›Maria Stuart‹ und ›Die Jungfrau von Orleans‹ zeigen den Aufschwung ins Erhabene als binnendramatisches Geschehen, so jedoch, daß die Dramen künstlerisch dadurch nicht unbedingt gewinnen. Zwar lassen sich die Phasen genau bezeichnen, in denen die Heldinnen den Übergang vollziehen, zwar lassen sich auch die symbolischen Mittel analysieren, mit denen der Dramatiker arbeitet, aber die Schwierigkeit bleibt dennoch bestehen, daß der Akt der Selbstbestimmung nicht eigentlich gegenständlich vermittelbar ist und vom Zuschauer von sich aus vollzogen sein will. Ein Erhabenes, das nur zu Mitleid und Rührung führt, ist aber gerade nicht das Wirkungsziel, auf das Schiller hingearbeitet hat – dennoch meldet sich in der Rezeptionsgeschichte von ›Maria Stuart‹ immer wieder nicht grundlos der Verdacht, daß er lediglich auf feuchte Schnupftücher spekuliert habe.
Ganz anders der ›Wallenstein‹, ganz anders gedacht wohl auch die projektierten Betrügerdramen ›Demetrius‹ und ›Warbeck‹. Hier werden dem Zuschauer gewaltige Glücksumschwünge vorgeführt, die so mit Erkennungen – oder vielmehr Verkennungen – der Figuren verknüpft sind, daß nur seine freie Selbsttätigkeit die Alternativen entscheiden oder als falsch gestellt entlarven, den Knoten lösen kann: Mit bloß physisch bestimmten Willensleistungen ist keine Lebenssicherheit zu gewinnen, auch dann nicht, wenn die taktischen Operationen bis zu den Planeten aufsteigen (den Schicksalsbringern nach alter Lehre). Dies bedeutet allerdings, daß die Nemesis-Bezüge des Werkes nicht ohne weiteres inhaltlich ausgelegt werden können als Verweisungen auf eine objektiv garantierte Geschichts- oder Weltordnung, die für Belohnung, Strafe und Ausgleichung sorgen würde. Eine Interpretation, die so verführe, würde nur auf ihre Weise die Illusion erneuern, der Wallenstein mit dem Glauben an die Berechenbarkeit der Gestirnkonstellationen verfallen ist. Wenn die Geschichte, von Schiller als ›Konflikt der Naturkräfte untereinander selbst und

mit der Freiheit des Menschen‹ bestimmt,[2] wenn dieses offene Kräftespiel von vornherein schon durch ein moralisches Prinzip der Gerechtigkeit reguliert wäre, dann hätte der ständige Appell an die ›Freiheit des Menschen‹ keinen logischen Ort. Weil der Kantianer eine solche Geschichtsauffassung hinter sich gelassen hat, kann der Dramatiker nicht gut auf einen Schematismus von Schuld und Strafe aus sein, um solcherart das Walten einer Gerechtigkeit fühlbar zu machen, die es ersichtlich nicht gibt. Die Nemesis-Bezüge werden zu Chiffren des Schicksals, die der Zuschauer aufzulösen aufgerufen ist: aufzulösen in die Idee intelligibler Selbstbestimmung.

Wallenstein ist nicht einfach ein verwerflicher Betrüger, der nun dramatisch zu demaskieren wäre – eine solche Problemstellung ergäbe keinen Spannungsbogen, der ein derart extensives Werk wie die Trilogie zu tragen vermöchte. Noch weniger trifft freilich die – mitunter bis zur Begriffsverbiegung riskierte – Deutung zu, daß Wallenstein als dramatische Figur schließlich doch die Wendung ins Erhabene nimmt. Wenn Benno v. Wiese behauptet, ›der tragische Held‹ sei ›auf eine ebenso unbegreifliche wie völlig einsichtige Weise noch zu sich selbst aufgerufen‹,[3] so wäre die Konstatierung sachgerechter, wenn sie strikter zwischen der dramatischen Sphäre (in der es nur eine physische Selbstbehauptung gibt) und der Rezeptionsphäre unterschiede, an welche in der Tat ein Aufruf zu – nun allerdings – intelligibler Selbstbestimmung gerichtet ist. Diese Konstellation wäre gar nicht möglich und verlöre sehr bald ihr dramatisches Leben, wenn sich in der Rezeption das Schurken-Schema festsetzen könnte. Der Dramatiker muß also darauf bedacht sein, daß die Interpretationen des Zuschauers nicht zu schnell endgültige Sicherheit erlangen. Schiller

2 Schiller, *Über das Erhabene* (SW 5,803).
3 Benno von Wiese, *Die deutsche Tragödie von Lessing bis Hebbel*, Hamburg [8]1973, S. 234.

arbeitet die Wallenstein-Figur demzufolge mit Zügen menschlicher Faszination, überhaupt mit Zügen von Unbestimmtheit aus (›Ich wüßte nicht, daß ich mein Innerstes / Dir aufgetan‹ [P 864f.]), die nicht immer so plan aufgelöst werden können wie die allerdings plumpe Rhetorik der Pappenheimer-Szene. Man halte dagegen etwa, wie Wallenstein Theklas Schmerz über den Tod des jungen Piccolomini teilt und in der eigenen Trauer über den Verlust des Freundes menschlich wächst. So entstehen immer wieder Brechungen und Widersprüche, die angesichts von Wallensteins inkommensurablem Format nicht als Brüche der Figur wirken, sondern Unterscheidungen auf der Seite des Zuschauers herausfordern – etwa die Abhebung der Kraft, die Wallenstein in der physischen Selbstbehauptung unter Beweis stellt, von der Verblendung, in der sein Wille dabei befangen bleibt und die allerdings vom Zuschauer zu korrigieren wäre.«

Hartmut Reinhardt: Die Wege der Freiheit. Schillers *Wallenstein*-Trilogie und die Idee des Erhabenen. In: Wolfgang Wittkowski (Hrsg.): Friedrich Schiller. Kunst, Humanität und Politik in der späten Aufklärung. Ein Symposion. Tübingen: Niemeyer, 1982. S. 252–272; hier S. 264–267. –

Heiner Müller (1929–1995) zu *Wallenstein*:

I

UND WENN DER STERN AUF
DEM DU LEBST UND WOHNST
AUS SEINEM GLEISE TRITT
SICH BRENNEND WIRFT
AUF EINE NÄCHSTE WELT
UND SIE ENTZÜNDET
DU KANNST NICHT WÄHLEN
OB DU FOLGEN WILLST

(Schiller: Wallenstein)

BORSCHTSCHI: Sterne.
BADJIN: Ich interessiere mich nicht für Astronomie.
BORSCHTSCHI: Die Sterne interessieren sich auch nicht für uns, Genosse Badjin.
BADJIN: Tot brauch ich sie nicht mehr zu sehn.

(Müller: Zement)

1

Hegel kritisiert an Schillers WALLENSTEIN das Ausbleiben der Versöhnung, den Mangel an HÖHERER VERNÜNFTIGKEIT. Das Stück ist realistisch: der Gang der Handlung schleift den Triumphbogen der Theodizee, den der glücklichere Shakespeare noch als Bauelement seines Theaters subversiv gebrauchen konnte, sein Humor steckt im Detail, Schillers im ganzen. Hinter WALLENSTEIN taucht der Schatten Napoleons auf, des letzten Protagonisten der Macht im Sprung aus der Geschichte in die Politik, die Tragödie nicht mehr im Gepäck hat, der Anlauf ist die Revolution. Über den Ausgang entscheidet schon die Kaufkraft, Wallenstein kann seine Mörder nicht bezahlen; aus dem Schauspieler wird das Mannequin der Macht: dem Toten müssen die Beine gebrochen werden, der zu kurz gewählte Sarg reduziert ihn auf seine künftige Größe. Letzte Ironie: der Sieger verliert den favorisierten Absatzmarkt, die Familie. Die Ironie schließt das Stück an das Drama der Griechen, die das Duell zwischen Mensch und Gott an den Punkt führen, wo der Gott nicht mehr satisfaktionsfähig ist. Ödipus und der Großinquisitor. Christus die Neinstimme gegen das Jüngste Gericht: UND SIEHE ES WAR NICHT GUT. Schiller und der Vatermord.

2

»Also hinweg mit der falsch verstandenen Schonung und dem schlaffen verzärtelten Geschmack, der über das ernste Angesicht der Notwendigkeit einen Schleier wirft und, um sich bei den Sinnen in Gunst zu setzen, eine Harmonie zwischen dem Wohlsein und Wohlverhalten lügt, wovon sich in der wirklichen Welt keine Spuren zeigen! Stirne gegen Stirne zeige sich uns das böse Verhängnis. Nicht in der Unwissenheit der uns umlagernden Gefahren – denn diese muß doch endlich aufhören – nur in der Bekanntschaft mit denselben ist Heil für uns ...« (ÜBER DAS ERHABENE)

Der Prolog ist eine Publikumsbeschimpfung. Gegen den Selbstgenuß der Bürgerwelt, die Kuhwärme des privaten Kollektivs, die Sicherheit der Ausschließung. Noch der beliebte Schlußvers ERNST IST DAS LEBEN HEITER IST DIE KUNST behauptet, im ironischen Kontext des Realpolitikers Schiller gelesen, zugleich mit der Autonomie der Kunst die Kritik der Idylle, zu der der Blick durch die Augenbinde der jeweils herrschenden Ordnung die Utopie verkommt. Die Verwandlung von Sprengsätzen in TEEKANNENSPRÜCHE ist die Leistung der deutschen Misere in der Philologie.

3

Der Text von WALLENSTEINS LAGER sollte, im Idealfall, vom Publikum gelesen werden, mit dem Blick in den Spiegel der Bühne, die das Menschenmaterial präsentiert, mit dem die Schlachten geschlagen werden, das mit den Schlachten geschlagen wird. Folklore ist Arbeit am Genocid, der Idealfall utopisch, warum. Ist es erlaubt, die Angst des Reformators vor den materiellen Konsequenzen seiner Kopfgeburt, Luthers Verrat am Krieg der Bauern, zur Enthauptung des deutschen Proletariats in Beziehung zu setzen, die der Mord an Luxemburg und Liebknecht war, den Dreißigjährigen Folgekrieg, der dem deutschen Charakter das Rückgrat brach (keine Gesichter mehr für Cranach oder Dürer, Emigration der Kunst in die Idee), zur Mobilmachung des revolutionären Potentials in Deutschland für Holocaust und zweiten Weltkrieg (Spätfolge: das Verschwinden der Gesichter in den Larven, Emigration der Kunst in das Design). Führt Angst vor der Revolution in Vernichtung, die das Ende der Angst ist und Revolution nicht mehr braucht.

4

Aus der Erfahrung, daß der Fortschritt der Technologie die Emanzipation der Mittel vom Zweck unendlich beschleunigt, eine Textkorrektur:
Statt
UND WIRFT IHN UNTER DEN
HUFSCHLAG SEINER PFERDE:
UND WIRFT IHN IN DEN
HUFSCHLAG SEINER PFERDE
Bei der Lektüre von WALLENSTEIN fällt die Nähe zu Kleist auf. Schiller entdeckt die Kriegsmaschine, deren Eigenbewegung der Griff des Feldherrn nach den Sternen nicht mehr in die Kontrolle zwingt. Der lyrische Imperativ der Max-Thekla-Episode ist die verzweifelte Notwehr des Idealisten gegen die kommende Realität der militärisch industriellen Masturbation. Der masochistische Preuße wird sich mit der Maschine identifizieren. Die Hochzeit des Samurai.

5

AUF DES DEGENS SPITZE DIE
WELT JETZT STEHT

Heiner Müller: Zu Wallenstein. In: Heiner Müller Material. Texte und Kommentare. Hrsg. von Frank Hörnigk. Leipzig: Reclam, 1990. S. 102–104. – Auch in: Heiner Müller: Werke. Hrsg. von Frank Hörnigk. Bd. 8. Frankfurt a. M.: Suhrkamp, [in Vorb.]. –

Norbert Oellers:

»Wallenstein ist für sich genommen ganz und gar uneindeutig; was er denkt, sagt und tut, erscheint nicht notwendig; er ist sein eigenes Schicksal, dem er selbst zum Opfer fällt – ob gezwungen oder freiwillig, ist eine müßige Frage, weil sie nicht zu beantworten ist. Es genügt, dem Text zu folgen: In Wallensteins Brust sind seines Schicksals Sterne, sind Plan und Gegenplan, Hoffnung und Verzweiflung, Tatkraft und lähmendes Zaudern, und dies alles mit- und durcheinander. Am Ende ist nicht einmal klar, ob er sterben mußte, weil er beschlossen hatte, vom Kaiser abzufallen. (Vielleicht wäre er ja doch nicht abgefallen? Vielleicht hätte der Dragoner Buttler ihn nicht ermordet, wenn er nicht noch eine private Rechnung mit ihm hätte begleichen müssen?)
Der *Wallenstein*-Prolog verspricht: ›euren Augen soll ihn jetzt die Kunst, / Auch eurem Herzen, menschlich näher bringen‹ (V. 104f.) Wie soll das geschehen, wenn ein Leben nicht nur ineffabile, sondern auch inkommensurabel ist, wenn die Motive des Handelnden sich im Kreis zu jagen scheinen, wenn sich verschiedene Wesen zu einer phantastischen Existenz verbinden? Schiller hat seinen Helden in seiner verwirrenden Vielfältigkeit bilden können, weil er die ihn anscheinend bestimmenden Eigenschaften auf Personen seiner Umgebung verteilt hat. Wallenstein erscheint, natürlich immer nur bruchstückhaft, in verschiedenen Figuren wie in Spiegeln. Das Ganze der Teile bleibt zwar ein Torso, aber Augen und Herz (der Zuschauer, der Leser) nehmen wahr, daß Wallenstein gerade in seiner Gebrochenheit sehr menschlich ist. Er ist ja auch wie Octavio und Max, wie Illo und die Gräfin Terzky, wie der Bürgermeister von Eger und Buttler, wie Frau und Tochter. Alle Figuren der Wallenstein-Tragödie sind in gewisser Weise ›wallensteinisch‹.

Die Wallenstein-Welt ist nicht kreisförmig; sie bildet vielmehr eine Ellipse von beträchtlicher Exzentrizität. In ihrem Mittelpunkt befindet sich Wallenstein; Max und Octavio sind an den äußersten Enden (nicht in den Brennpunkten) plaziert, denn die sich von Natur am nächsten sind, werden von der Geschichte am weitesten auseinandergerissen; die übrigen Figuren sind auf der elliptischen Bahn dort zu finden, wo sie durch Nähe und Entfernung zu Wallenstein und den beiden Piccolomini hingehören.

Max und Octavio Piccolomini bilden (oder konstituieren) Wallenstein nicht, aber sie machen ihn kenntlicher als alle anderen; sie konturieren und profilieren ihn, da sie als Vertreter eindeutiger Positionen vorgestellt werden, die in Wallenstein amalgamiert erscheinen. Idealistisch-hochfliegend, welt- und geschichtsfern (leer) ist der eine, realistisch-pragmatisch, ganz ›gemein‹ der andere; und beider Existenz ist geknüpft an den, dem sie gegenüberstehen, der sie vermutlich nicht nur braucht, um kenntlich zu werden, sondern auch, um zu sein. Denn sie sind seine Projektionen, sie sind die Wirkungen, ohne die das Wirkende nicht wäre.

Fehlte Max Piccolomini in der Tragödie, beschränkte sich das dramatische Geschehen im wesentlichen auf eine Auseinandersetzung zwischen Wallenstein und Octavio; dieser bekäme ein ähnliches Gewicht wie jener; und es siegte das Gemeine, das verständig ist, über das Ungemeine, das ans Verbrechen grenzt.[4] Dann bedürfte es nicht des Hin-

4 »Der Dichter hat also zwei Gegenstände darzustellen, die mit einander im Streit erscheinen: den *phantastischen Geist*, der von der einen Seite an das Große und Idealische, von der andern an den Wahnsinn und das Verbrechen gränzt, und das *gemeine wirkliche Leben*, welches von der einen Seite sich an das Sittliche und Verständige anschließt, von der andern dem Kleinen, dem Niedrigen und Verächtlichen sich nähert.« (Goethe, Besprechung des *Wallenstein* in Cottas *Allgemeiner Zeitung* vom März 1799, in: *Werke*, hrsg. im Auftrage der Großherzogin Sophie von Sachsen, Bd. 40, Weimar 1901, S. 63f.)

weises, daß Octavio nur einen Pyrrhus-Sieg errungen hat: Er sieht ›schmerzvoll zum Himmel‹, heißt es in der letzten Bühnenanweisung. Der Himmel wird nicht helfen. Octavio wird gerichtet, weil er, der Rechtliche, alles Große, ohne das die Menschheit nichts ist, unter die Riesenfüße seiner Kleinheit gebracht hat. Doch dieses Große stellt sich in Wallenstein ja nicht ›rein‹ dar, es muß neben ihm ausgestellt werden, als das hoffnungslos Menschliche, das die Wirklichkeit transzendiert und deshalb wirkungslos bleibt.

Die Alternative, um die es im *Wallenstein* geht, lautet nicht: Octavio oder Wallenstein, auch nicht: Max oder Wallenstein, auch nicht: Max oder Octavio, sondern: Wallenstein oder die beiden Piccolomini. Die durch eine unüberbrückbare Kluft getrennten Positionen von Vater und Sohn konvergieren nur theoretisch in dem gemeinsamen Bezug (oder Unbezug) zu Wallenstein; in der Praxis erweisen sie in dem mit ihm Gemeinsamen die Unmöglichkeit zu existieren: sie scheitern beide an dem, was sie mit Wallenstein verbindet (wie er, naturgemäß, an dem scheitert, was er ist).

Max, der so viele schöne Sätze über den Frieden sagt, daß es eine Freude sein kann, ihm zuzuhören, der lange Zeit zu glauben scheint, daß sein Ideal realisierbar sei, geht freiwillig in den Tod, als er ihn als ›das Los des Schönen auf der Erde‹ [W 3180] erkennt, eine Einsicht, die Octavio nicht interessiert und die Wallenstein nicht erst gewinnen muß; er trägt ihr Rechnung, indem er bei sich bleibt und die Wirklichkeit, der er zum Opfer fällt, ignoriert. Verliert Wallenstein mit Max die Hälfte seines Lebens? Dagegen spricht nicht nur seine Weigerung (vielleicht auch Unfähigkeit), Max als den idealischen Teil seiner phantastischen Existenz anzuerkennen, sondern auch die auf sich selbst bezogene Totenklage, die ebenso hätte lauten können, wenn sie – bei früherer Gelegenheit – Octavio gegolten hätte: ›Er ist der Glückliche. Er hat vollendet. / Für ihn ist keine Zukunft mehr, ihm spinnt / Das Schicksal keine Tücke mehr.‹ [W 3421–23] Das Glück, keine Zukunft mehr zu haben, bewegt das Denken eines Großen der Geschichte, der seinen Untergang bereitet weiß, weil keinem zu helfen ist.

Als Hegel 1800 den *Wallenstein* las, befiel ihn ›trauriges Verstummen über den Fall eines mächtigen Menschen, unter einem schweigenden und tauben Schicksal‹; das Geschehen sei ›nicht tragisch, sondern entsetzlich‹; nichts bleibe als ›das Reich des Nichts‹.[5] Diese Lesart hat – als lectio difficilior – deshalb viel für sich, weil Schiller sie durch die Gestalt des Max nur scheinbar unterlaufen hat. Tatsächlich macht Max durch seinen Freitod und die durch seine Entscheidung bedingte Vernichtung aller seiner Pappenheimer deutlich, daß es für ihn nach der enttäuschten Hoffnung auf das Glück der Menschlichkeit kein anderes Ziel mehr geben kann als das Reich des Nichts. Wallensteins Ende kann deshalb auch durch einen Meuchelmörder besorgt werden. Das Leben soll nicht erhöht werden durch ein – wie auch immer mögliches – grandioses Finale.

Mit Max Piccolomini hat Schiller ein Verbindungsglied zwischen den realen Fakten der Wallenstein-Geschichte erfunden. Darüber hinaus hat er sein historisches Interesse in seinem Kunstbegehren aufheben wollen: Der Dichter schafft Geschichte, indem er mit dem Überlieferten spielt, bis ein (variables) Interpretationsmodell den Ernst des Lebens unzweifelhaft erscheinen läßt und dadurch der Wunsch nach heiterer Kunst, dem Ergebnis des Spiels, geweckt wird. Auch das Reich des Nichts kann natürlich zu den ›Gegenständen‹ ästhetischer Hervorbringung gehören. Die Kunst, das war wenigstens Schillers feste Überzeugung, ist dauerhafter als die Geschichte. Vielleicht wollte

5 Vgl. S. 204 des vorliegenden Bandes.

er deshalb deren Ausweglosigkeit und notwendiges Ende eine Zeitlang herbeischreiben.«

Norbert Oellers: Poetische Fiktion als Geschichte. Zur Funktion erfundener Gestalten in Geschichtsdramen Schillers. In: Otto Dann / Norbert Oellers / Ernst Osterkamp (Hrsg.): Schiller als Historiker. Stuttgart/Weimar: Metzler, 1995. S. 205–217; hier S. 210–212. – Mit Genehmigung von Norbert Oellers, Bonn.

Carsten Zelle:

»Da sich das Schöne bloß um den Menschen als ein sinnlich-übersinnliches Doppelwesen, das Erhabene aber um den *›reinen Dämon‹* (NA 21,52) in ihm verdient mache, muß die ästhetische Erziehung, die Schiller in den *Briefen* abgebrochen hatte, um einen Kursus in Erhabenheit ergänzt werden, in dem freilich das bisher Gelernte in *anderem* Licht erscheint. Mit dem Durchbruchserlebnis des Erhabenen, bei dem ›plötzlich und durch eine Erschütterung‹ der selbständige Geist aus den Netzen einer verfeinerten Sinnlichkeit gerissen wird, ›worin uns das Schöne gern immer gefangen halten möchte‹ (NA 21,45), hat Schiller nun ein desillusioniertes, negatives Natur- und Geschichtsbild verbunden.[6] Schon die Rhetorik, in die die Beschreibung des Durchbruchserlebnisses gefaßt ist, hat die Einschätzung des Schönen verwandelt. Schiller schreibt, als sei er sich nicht sicher, ob die schöne Seele

6 Ausgehend von der naturalistischen Anthropologie Machiavellis, folgert Kurt Wölfel (»Machiavellische Spuren in Schillers Dramatik«, in: *Schiller und die höfische Welt*, hrsg. von Achim Aurnhammer [u. a.], Tübingen 1990, S.318–340, hier: 330), daß Schiller in seiner Abhandlung *Über das Erhabene* mit »utopische[m] Horizont aufgeklärter Geschichtsphilosophie« und »Humanitätsoptimismus gebrochen« habe. Vgl. Rolf-Peter Janz, »Die ästhetische Bewältigung des Schreckens. Zu Schillers Theorie des Erhabenen«, in: *Geschichte als Literatur. Form und Grenzen der Reproduktion von Vergangenheit*, hrsg. von Hartmut Eggert [u. a.], Stuttgart 1990, S. 151–160.

nicht doch wohl eher ein leichtes Mädchen sei, wie es in der Szene aus Fénelons ›Abenteuer des Telemachs‹, die sich anschließt, evoziert wird: ›Die Schönheit unter der Gestalt der Göttinn [!] Calypso hat den tapferen Sohn des Ulysses bezaubert, und durch die Macht ihrer Reizungen hält sie ihn lange Zeit auf ihrer Insel gefangen. Lange glaubt er einer unsterblichen Gottheit zu huldigen, da er doch nur in den Armen der Wollust liegt, – aber ein erhabener Eindruck ergreift ihn plötzlich unter Mentors Gestalt, er erinnert sich seiner bessern [!] Bestimmung, wirft sich in die Wellen und ist frey.‹ (NA 21,45) Das Bild konfrontiert mit der Situation jener Krise, in der die Fähigkeit des Subjekts, seine kognitiven Dissonanzen zu vereinbaren, gefährdet ist und zerbricht. Das Interesse am Erhabenen ist bei Schiller nicht durch die ›Panzerung‹ (à la Theweleit) des Charakters motiviert, sondern vielmehr durch die Situation der Entscheidung – also gerade durch jene Zuspitzung, wo die ganzheitliche Erziehung zu Geschmack und Schönheit durch ihre Supplementierung um das Geistesgefühl des Erhabenen gefährdet wird und kollabiert.

Wo die schöne Seele eine Buhlerin und die Freiheit zum Erhabenen die *bessere* Bestimmung als die Freiheit im Schönen ist, erlischt das Vertrauen in Natur und Geschichte. So ist das Erhabene die Rückzugsposition des Menschen, wenn ihm nichts mehr bleibt. Aus dieser Perspektive erscheint die Natur als ›wilde Bizarrerie‹ und ›gesetzlose[s] Chaos‹, in der kein ›weiser Plan‹, sondern der ›tolle Zufall‹ regiert (NA 21,48), der ›aller Regeln [...] spottet‹ (NA 21,50), und die Geschichte (wie dem Engel aus Benjamins neunter geschichtsphilosophischer These) als Trümmerhaufen und als Schreckensspur ›einer alles zerstörenden und wieder erschaffenden, und wieder zerstörenden Veränderung‹ (NA 21,52). Diese Sicht auf die Weltgeschichte als eine Wiederkunft des Gleichen nimmt den Einblick vorweg, den Schiller uns schließlich durch den

Monolog ›des 2ten Demetrius‹ am Schluß der Tragödie geben wollte, ›indem er in eine neue Reihe von Stürmen hinein blicken läßt und gleichsam das Alte von neuem beginnt.‹ (NA 11,226) Mit solchem schwarzen Naturbegriff hat Schiller jede Möglichkeit eines Ausgleichs abgeschnitten und durch die Naturalisierung der Geschichte jede Hoffnung auf ein Fortschreiten fahren lassen – demgegenüber bleibt nur noch die Chance, ›sich in die heilige Freyheit des Geistes zu flüchten‹ und sich gegebenenfalls ›moralisch zu entleiben‹ (NA 21,51).[7]

Es ist mit der philosophischen Anthropologie des 18. Jahrhunderts, die um das Wissen über das gegenseitige Verhältnis von Leib und Seele kreist, wie mit der Ästhetik, die als Wissenschaft von der sensitiven Erkenntnis gleichermaßen der Sinnlichkeit und dem Verstand zugewendet sein muß, um ihrer Aufgabe nachzukommen. Beide versammeln ein grenzüberschreitendes Wissen – sie sind Grenzwissenschaften. Wie man nun in der Ästhetik nur die Hälfte ihrer Wahrheit erführe, wenn man sich auf die Durchdringung des Schönen begrenzte und für das Erhabene blind bliebe, würde man sich in der Anthropologie um eine andere Wahrheit betrügen, beschränkte man die Auffassung vom ganzen Menschen auf eine harmonische Kommunikation und schlösse die Möglichkeit einer unerträglich gesteigerten Asymmetrie des Leib/Seele-Verhältnisses aus. Beide Möglichkeiten werden vielmehr durch Schillers anthropo-

7 »Suizid als finale Form der Selbsterhaltung« – das wäre ein treffendes Fazit für Schillers Dramaturgie des Erhabenen. Doch finde ich den Satz nicht in dem Aufsatz von Linda M. Brooks (»Sublime Suicide. The End of Schiller's Aesthetics«, in: *Friedrich Schiller and the Drama of Human Existence*, hrsg. von Alexej Ugrinsky, New York 1988, S. 91–103), sondern bei Hartmut Böhme (»Die anthropologische und autobiographische Dimension der Frage und des Fraglichen im Werk Hubert Fichtes«, in: *Anthropologie und Literatur um 1800*, hrsg. von Jürgen Barkhoff und Eda Sagarra, München 1992, S. 247–274, hier: 258), der mit ihm die Problematik von Sartres Stück *Tote ohne Begräbnis* (frz. 1946) kommentiert, bei dessen Hamburger Erstaufführung Hubert Fichte 1950 den François spielte.

logische Sicht der zweideutigen Menschennatur (bei Strafe des deterministischen Materialismus eines Franz Moors) als gleichursprünglich gesetzt. Schiller faßt den ganzen Umfang seiner anthropologischen Ästhetik zusammen, wenn er gegen Ende der Schrift *Über das Erhabene* folgert, daß ›[...] das Erhabene zu dem Schönen hinzukommen [muß], um die *ästhetische Erziehung* zu einem vollständigen Ganzen zu machen [...].‹« (NA 21,52)

Carsten Zelle: Die doppelte Ästhetik der Moderne. Revisionen des Schönen von Boileau bis Nietzsche. Stuttgart/Weimar: Metzler, 1995. S. 182–184. – Mit Genehmigung von Carsten Zelle, Bochum.

Michael Hofmann:

»Die besondere Eigenschaft der *Wallenstein*-Trilogie – dies ergibt sich besonders aus dem Vergleich mit Schillers dramatischem Frühwerk – besteht in dem konkreten Geschichtsverständnis, das von einer genauen Kenntnis der Historie und von einem ›realistischen‹ Blick auf die in der historisch-gesellschaftlichen Praxis wirksamen Kräfte geprägt ist.

Dieser realistische Grundzug lässt es plausibel erscheinen, dass es in der Trilogie im Gegensatz zu Schillers anfänglicher Intention in der Geschichtsschrift über den Dreißigjährigen Krieg nicht mehr darum geht, Wallenstein als Verbrecher oder als Verräter darzustellen. Vielmehr ist dessen berühmtes Zögern, sein ›Temporisieren‹, im Rahmen der neu gewonnenen Konzeption ambivalenter historischer Praxis gerade als der Versuch zu deuten, der Widersprüchlichkeit durch die Verweigerung konkreten Tuns zu entgehen. Wenn von einer Hybris Wallensteins gesprochen werden kann, wenn der Begriff der Nemesis bemüht werden soll, so kann dies nicht in einem moralisierenden Sinn gemeint sein. Die Anmaßung und das ›Verkennen‹ Wallensteins liegen vielmehr gerade darin, dass er fälschli-

cherweise meint, er könne sich als herausragendes geschichtliches Individuum den Aporien eines problematischen geschichtlichen Handelns entziehen. Hieraus ergibt sich aber, dass der Untergang Wallensteins nicht den Sieg einer ›höheren‹ Vernunft oder einer überindividuellen Idee bedeutet. [...] Nicht im Sinn einer Theodizee werden die scheinbar schlimmen Ereignisse im Hinblick auf eine ›höhere‹ Vernunft gerechtfertigt; wir sehen lediglich, dass ein herausragender geschichtlicher Akteur bei dem Versuch scheitert, die ›gewöhnlichen‹ Bedingungen des geschichtlichen Handelns zu überschreiten. Der ›Sieg‹ Octavio Piccolominis und der legitimen Ordnung ist mit persönlichen Verlusten (Max) und mit der Fragwürdigkeit der Redlichkeit des Handelnden (des ›Fürsten‹ Piccolomini) erkauft. Nichts spricht dafür, dass der Tod Wallensteins ein ›sinnvolles‹ Opfer war, das irgendeine Idee befördert hätte.
Zu präzisieren ist noch, dass Schillers Drama zwar Reflexionen über geschichtliche Praxis *im allgemeinen* vermittelt, dass das Stück und seine Handlung aber an konkrete geschichtliche Bedingungen gebunden ist. Die Wahl der historischen Epoche, die zunächst offenbar durch die Faszination der ›großen‹ Persönlichkeit Wallensteins bedingt war, erweist sich als exemplarisch für die Charakterisierung des Handelns in der *Moderne.* Der Terminus ›Moderne‹ ist hier so zu verstehen, dass eine historische Epoche erfasst wird, die nicht mehr über ein allgemein verbindliches Weltbild verfügt und weder durch eine gemeinsame politische und weltanschauliche Überzeugung (griechische Antike) noch durch einen gemeinsamen religiösen Glauben (Mittelalter) zusammengehalten wird. Schillers Drama thematisiert das Zeitalter des Dreißigjährigen Krieges nicht primär als die Epoche des Barock – nur die Kapuzinerpredigt und gewisse Elemente des Astrologiemotivs sind in diesem Sinne als ›historische‹ Elemente zu verstehen –, sondern als eine Zeit, in der durch den Religionskrieg die Krise des allumfassenden Weltbildes manifest geworden ist. Vor diesem

Hintergrund wird die Idee der legitimen, von Gott gestifteten Ordnung fragwürdig, und angesichts des ideologischen Vakuums kann die Selbstentfaltung und die Machtorientierung des frei gesetzten Individuums als eine plausible Handlungsorientierung erscheinen. Die Bewunderung der Macht und die Apotheose des energischen ›großen‹ Individuums, die im Stück exemplarisch durch die Gräfin Terzky ausgedrückt werden, erscheinen insofern als typische Ausdrucksformen einer geschichtlichen Moderne, in der sich Autorität nicht mehr auf eine göttliche oder anders legitimierte allgemein verbindliche Wahrheit stützt, sondern auf die Macht desjenigen, der in der Lage ist, den anderen seinen Willen aufzuzwingen.«

»Die Erkenntnis dieser Ambivalenz des Geschichtlichen führt zu der Forderung an den Rezipienten des Dramas, den Widerspruch zwischen den Tendenzen der Selbsterhaltung und der ›Suche nach dem Ideal‹ auszuhalten. Die imaginäre Synthese zwischen dem Eigeninteresse und dem Dienste am Ideal, die Max Piccolomini zu konstruieren sucht, wenn er behauptet, Wallensteins Ehrgeiz gehe dahin, der Welt den Frieden zu bringen, basiert auf einer Ästhetik des Schönen und postuliert dementsprechend eine Konvergenz von Pflicht und Neigung, von Sittlichkeit und Sinnlichkeit. Indem aber gerade als Gesetz der geschichtlichen Welt hervorgehoben wird, dass die Macht und nicht das Recht regiert, dass die Intrige und nicht der ›gerade‹ Weg ans Ziel führt, wird der Rezipient des Dramas aufgefordert, angesichts der vorgeführten Handlungen, Gesinnungen und Meinungen das Gefühl der Diskrepanz zwischen den Idealen der Menschen und ihren prosaischen Handlungen, zwischen Moral und Vernunft auf der einen sowie den praktisch wirksamen Handlungsmaximen auf der anderen Seiten *auszuhalten*. In Bezug auf die Forderung nach menschlicher Freiheit in der Geschichte, die am stärksten von Max Piccolomini vertreten wird, lässt sich feststellen: Freiheit erscheint in der Trilo-

gie weder in moralischer noch in einer anderen denkbaren Hinsicht innerhalb des Geschichtsprozesses als realisierbar. Max Piccolomini steht für eine Idee des moralischen Handelns, das nicht auf dem starren Sittengesetz im Sinne Kants beruhen würde, sondern sich aus einer Konvergenz von Neigung und Pflicht entwickeln könnte (vgl. Wallenstein zu Max: »Du konntest spielend deine Pflichten üben« [W 720]); Wallenstein repräsentiert den Versuch, die Freiheit als eine quasi-ästhetische innerhalb der geschichtlichen Praxis zu bewahren, indem das Subjekt durch Verweigerung des Entschlusses eine Festlegung vermeidet. Beide Formen des Versuchs, Freiheit in der Geschichte zu bewahren, scheitern ebenso wie die Anstrengungen, Freiheit durch die Überwältigung der Gegner zu gewinnen (Illo, Terzky usw.).
Wie kann der Rezipient nun auf diesen Befund reagieren? An die Stelle der Unterwerfung unter die Naturkräfte (zu denen auch die ›Natur‹ und damit der Selbsterhaltungstrieb des Menschen gehört) trete, so hatte Schiller im Eingang der Schrift *Über das Erhabene* erklärt, die Möglichkeit, die Gewalt, die der Mensch zu erleiden hat, dem Begriff nach zu vernichten (vgl. NA 21,39). Wenn man dies auf die Rezeption von Kunst und Literatur überträgt, so kann man feststellen, dass der Zuschauer der Trilogie als Rezipient in einem Zustand verweilt, in welchem der menschliche Selbsterhaltungstrieb gleichsam suspendiert ist und er menschliches Verhalten und dessen Gesetze ›ohne Interesse‹ betrachten kann. Mit den berühmten Worten des Prologs: ›Ernst ist das Leben, heiter ist die Kunst.‹ ›Heiter‹ kann die Kunst deshalb sein, weil sich das ästhetische Subjekt für eine bestimmte Zeit aus dem Geschichtsprozess zurückzieht und dadurch von dem ›Ernst‹ des Lebens Abstand gewinnt [...]. Dies fällt ihm umso leichter, als die ›prosaische‹ Handlung durch die Dramenform und die poetisierte Sprache eine Steigerung erlebt hat, sodass zwar nicht der Stoff, wohl aber die Form Ver-

gnügen zu bereiten vermag. Im Gegensatz zur Poetik des Schönen beruht die Poetik des Erhabenen nicht auf einer Harmonie von Stoff und Form, von Inhalt und Gestalt, sondern auf deren Diskrepanz. Der Rezipient der *Wallenstein*-Trilogie als eines erhabenen Kunstwerks verharrt nicht in einer spannungsfreien Ruhe, die durch eine formale Auflösung der dargestellten Konflikte bewirkt würde, sondern erlebt eine ständige Bewegung und Unruhe, welche durch das Hin- und Hergerissensein zwischen spannungsvollem Inhalt und ›beruhigender‹ Form vermittelt sind. Im Gegensatz zu Schillers Utopie des idyllischen Kunstwerks, welche auf der Idee ›eines völlig aufgelösten Kampfes sowohl in dem einzelnen Menschen, als in der Gesellschaft‹ (NA 20,472) beruhte, ist die Erhabenheit der *Wallenstein*-Trilogie in der prinzipiellen Unauflösbarkeit des ›Widerstreits‹ im Rahmen der Handlung einerseits sowie zwischen Form und Inhalt andererseits fundiert. Hegels Äußerungen über die Reaktion des Zuschauers auf das Ende der Trilogie sind das beste Argument für die verstörende Wirkung des Stücks und für die kritische Potenz des Erhabenen.«

Michael Hofmann: Wallenstein. In: M. H.: Schiller. Epoche – Werk – Wirkung. München: Beck, 2003. S. 147–157; hier S. 154–157. – Mit Genehmigung des Verlags C. H. Beck, München.

VI. Literaturhinweise

Texte und Materialien

Schillers Werke. Nationalausgabe [NA]. Hrsg. von Norbert Oellers. Bd. 8: Wallenstein. Hrsg. von Hermann Schneider und Lieselotte Blumenthal. Weimar: Böhlau, 1949. Bde. 28–30: Briefe Juli 1795 – Dezember 1800. Ebd. 1961–77.

Schillers Sämtliche Werke. Säkular-Ausgabe [SA]. Bd. 5: Wallenstein. Mit Einl. und Anm. von Jacob Minor. Stuttgart/Berlin: Cotta, 1905.

Schillers sämtliche Werke [SW]. Auf Grund der Originaldrucke hrsg. von Gerhard Fricke und Herbert G. Göpfert. München: Hanser, 1981. Bd. 2. S. 269–547. Kommentar S. 1231–58.

Friedrich Schiller: Werke und Briefe in 12 Bänden. Hrsg. von Otto Dann [u. a.]. Frankfurt a. M.: Deutscher Klassiker-Verlag, 1988 ff., Bd. IV. Hrsg. v. Frithjof Stock.

Friedrich Schiller: Vom Pathetischen und Erhabenen. Ausgewählte Schriften zur Dramentheorie. Hrsg. von Klaus L. Berghahn. Stuttgart: Reclam, 1970.

Friedrich Schiller: Wallenstein. Anm. von Kurt Rothmann. 2 Bde. Stuttgart: Reclam, 1989.

Schillers Briefe. Kritische Gesamtausgabe. Hrsg. von Fritz Jonas. Stuttgart [u. a.]: Deutsche Verlags-Anstalt, 1893–95. Bd. 4–6.

Friedrich Schiller / Hansgünther Heyme: Wallenstein. Regiebuch der Kölner Inszenierung. Hrsg. von Volker Canaris. Frankfurt a. M.: Suhrkamp, 1970.

Forschungsliteratur

Adorno, Theodor W.: Ist die Kunst heiter? In: Th. W. A.: Noten zur Literatur. Hrsg. von Rolf Tiedemann. Frankfurt a. M. 1981. S. 599–606.

Alt, Peter-André: Die Wallenstein-Trilogie (1800). In: P.-A. A.: Schiller. Leben – Werk – Zeit. Eine Biographie. 2 Bde. München 2000. Bd. 2. S. 420–464.

Borchmeyer, Dieter: Macht und Melancholie. Schillers *Wallenstein*. Frankfurt a. M. 1988.

Dann, Otto / Oellers, Norbert / Osterkamp, Ernst (Hrsg.): Schiller als Historiker. Stuttgart/Weimar 1995.

Dwars, Fietje: Dichtung im Epochenumbruch. Schillers *Wallenstein* im Wandel von Alltag und Öffentlichkeit. In: Jahrbuch der Deutschen Schillergesellschaft 35 (1991) S. 150–179.

Glück, Alfons: Schillers *Wallenstein*. München 1976.

Greis, Jutta: Poetische Bilanz eines dramatischen Jahrhunderts: Schillers *Wallenstein*. In: Zeitschrift für deutsche Philologie. Sonderheft 1990. S. 117–133.

Hamburger, Käte: Schiller und Sartre. Ein Versuch zum Idealismus-Problem Schillers. In: Jahrbuch der Deutschen Schillergesellschaft 3 (1959) S. 34–70.

Heuer, Fritz / Keller, Werner (Hrsg.): Schillers Wallenstein. Darmstadt 1977.

Hinderer, Walter: Der Mensch in der Geschichte. Ein Versuch über Schillers *Wallenstein*. Mit einer Bibliographie von Helmut G. Herrmann. Königstein a. Ts. 1980.

– Wallenstein. In: W. H. (Hrsg.): Interpretationen. Schillers Dramen. Stuttgart 1992. S. 202–279.

Hofmann, Michael: Die unaufhebbare Ambivalenz historischer Praxis und die Poetik des Erhabenen in Friedrich Schillers *Wallenstein*-Trilogie. In: Jahrbuch der Deutschen Schillergesellschaft 43 (1999) S. 241–265.

– Wallenstein. In: M. H.: Schiller. Epoche – Werk – Wirkung. München 2003. S. 147–157.

– / Edelmann, Thomas: Friedrich Schiller: Wallenstein. Interpretation. München 1998.

Ibel, Rudolf: Friedrich Schiller: Wallenstein. Grundlagen und Gedanken zum Verständnis des Dramas. Frankfurt a. M. [10]1982.

Kaiser, Gerhard: *Wallensteins Lager*. Schiller als Dichter und Theoretiker der Komödie. In: Jahrbuch der Deutschen Schillergesellschaft 14 (1970) S. 323–346.

Koopmann, Helmut: Schillers Wallenstein – antiker Mythos und moderne Geschichte. Zur Begründung der klassischen Tragik um 1800. In: Teilnahme und Spiegelung. Festschrift für Horst Rüdiger. Berlin 1975. S. 263–274.

Lyotard, Jean-François: Das Interesse des Erhabenen. In: Christine Pries (Hrsg.): Das Erhabene. Zwischen Grenzerfahrung und Größenwahn. Weinheim 1989. S. 91–118.

Mann, Golo: Wallenstein. Sein Leben erzählt von Golo Mann. Frankfurt a. M. 1971.
Müller, Heiner: Zu Wallenstein. In: Heiner Müller Material. Texte und Kommentare. Hrsg. von Frank Hörnigk. Leipzig 1990. S. 102–104.
Müller, Udo: Friedrich Schiller: Wallenstein. Lektürehilfen. Stuttgart 1987.
Müller-Seidel, Walter: Episches im Theater der deutschen Klassik. Eine Betrachtung über Schillers *Wallenstein*. In: Jahrbuch der Deutschen Schillergesellschaft 20 (1976) S. 338–386.
Oellers, Norbert: Das Zufällige ist das Notwendige. Bemerkungen zu Schillers *Wallenstein*. In: N. O.: Friedrich Schiller. Zur Modernität eines Klassikers. Hrsg. von Michael Hofmann. Frankfurt a. M. 1996. S. 232–246.
– Poetische Fiktion als Geschichte. Zur Funktion erfundener Gestalten in Geschichtsdramen Schillers. In: Otto Dann / Norbert Oellers / Ernst Osterkamp (Hrsg.): Schiller als Historiker. Stuttgart/Weimar 1995. S. 205–217.
Piedmont, Ferdinand (Hrsg.): Schiller spielen. Stimmen der Theaterkritik 1946–1985. Eine Dokumentation. Darmstadt 1990.
Pries, Christine (Hrsg.): Das Erhabene. Zwischen Grenzerfahrung und Größenwahn. Weinheim 1989.
Ranke, Wolfgang: Dichtung unter Bedingungen der Reflexion. Interpretation zu Schillers philosophischer Poetik und ihren Auswirkungen im Wallenstein. Würzburg 1990.
Reinhardt, Hartmut: Die Wege der Freiheit. Schillers *Wallenstein*-Trilogie und die Idee des Erhabenen. In: Wolfgang Wittkowski (Hrsg.): Friedrich Schiller. Kunst, Humanität und Politik in der späten Aufklärung. Ein Symposion. Tübingen 1982. S. 252–272.
– Schillers *Wallenstein* und Aristoteles. In: Jahrbuch der Deutschen Schillergesellschaft 20 (1976) S. 278–337.
– Wallenstein. In: Helmut Koopmann (Hrsg.): Schiller-Handbuch. Stuttgart 1998. S. 395–414.
Schmidt, Meinolf: Die ästhetischen Kategorien Schillers als Weg zum Verständnis und zur Vermittlung des Wallenstein. Frankfurt a. M. [u. a.] 1988.
Schulz, Gerhard: Schillers *Wallenstein* zwischen den Zeiten. In: Walter Hinck (Hrsg.): Geschichte als Schauspiel. Deutsche Geschichtsdramen. Frankfurt a. M. 1981. S. 116–132.
Seidlin, Oskar: Wallenstein: Sein und Zeit [1963]. In: Fritz Heuer /

Werner Keller (Hrsg.): Schillers Wallenstein. Darmstadt 1977. S. 237–253.
Steinhagen, Harald: Schillers *Wallenstein* und die Französische Revolution. In: Zeitschrift für deutsche Philologie 109 (1990) S. 77–98.
Weimar, Klaus: Die Begründung der Normalität. Zu Schillers *Wallenstein*. In: Zeitschrift für deutsche Philologie. Sonderheft 1990. S. 99–116.
Wiese, Benno von: *Wallenstein*. In: B. v. W.: Friedrich Schiller. Stuttgart 1959. S. 625–677.
– Schiller: *Wallenstein*. In: B. v. W. (Hrsg.): Das deutsche Drama vom Barock bis zur Gegenwart. Interpretationen. 2 Bde. Düsseldorf 1962. Bd. 1. S. 269–304.
Zelle, Carsten: Die doppelte Ästhetik der Moderne. Revisionen des Schönen von Boileau bis Nietzsche. Stuttgart/Weimar 1995.
Zymner, Rüdiger: Friedrich Schiller. Dramen. Berlin 2002. S. 78–97.

Erläuterungen und Dokumente

Eine Auswahl

---

zu Brecht, *Der kaukasische Kreidekreis.* 120 S. UB 16007 – *Leben des Galilei.* 231 S. UB 16020 – *Mutter Courage und ihre Kinder.* 208 S. UB 16035

zu Büchner, *Dantons Tod.* 208 S. UB 16034 – *Lenz.* 176 S. UB 8180 – *Woyzeck.* 325 S. UB 16013

zu Droste-Hülshoff, *Die Judenbuche.* 87 S. UB 8145

zu Dürrenmatt, *Der Besuch der alten Dame.* 93 S. UB 8130 – *Die Physiker.* 243 S. UB 8189

zu Eichendorff, *Aus dem Leben eines Taugenichts.* 120 S. UB 8198

zu Fontane, *Effi Briest.* 171 S. UB 8119 – *Frau Jenny Treibel.* 120 S. UB 8132 – *Irrungen, Wirrungen.* 148 S. UB 8146 – *Schach von Wuthenow.* 173 S. UB 8152

zu Goethe, *Egmont.* 165 S. UB 8126 – *Faust. Der Tragödie Erster Teil.* 301 S. UB 16021 – *Faust. Der Tragödie Zweiter Teil.* 358 S. UB 16022 – *Götz von Berlichingen.* 216 S. UB 8122 – *Iphigenie auf Tauris.* 156 S. UB 16025 – *Die Leiden des jungen Werther.* 192 S. UB 8113 – *Novelle.* 160 S. UB 8159 – *Torquato Tasso.* 230 S. UB 8154 – *Urfaust.* 168 S. UB 8183 – *Die Wahlverwandtschaften.* 260 S. UB 16048 – *Wilhelm Meisters Lehrjahre.* 398 S. UB 8160

zu Grass, *Die Blechtrommel.* 223 S. UB 16005 – *Katz und Maus.* 192 S. UB 8137

zu Hauptmann, *Bahnwärter Thiel.* 62 S. UB 8125 – *Der Biberpelz.* 104 S. UB 8141 – *Die Ratten.* 183 S. UB 8187 – *Die Weber.* 227 S. UB 16014

zu Heine, *Deutschland. Ein Wintermärchen.* 208 S. UB 8150

zu Hölderlin, *Hyperion.* 339 S. UB 16008

zu Hoffmann, *Das Fräulein von Scuderi.* 136 S. UB 8142 – *Der goldne Topf.* 176 S. UB 8157 – *Der Sandmann.* 176 S. UB 8199

zu Ibsen, *Nora (Ein Puppenheim).* 86 S. UB 8185

zu Kafka, *Der Proceß.* 230 S. UB 8197 – *Das Urteil.* 144 S. UB 16001 – *Die Verwandlung.* 196 S. UB 8155

zu Keller, *Kleider machen Leute.* 108 S. UB 8165

zu Kleist, *Amphitryon.* 160 S. UB 8162 – *Das Erdbeben in Chili.* 168 S. UB 8175 – *Das Käthchen von Heilbronn.* 164 S. UB 8139 – *Die Marquise von O...* 128 S. UB 8196 – *Michael Kohlhaas.* 140 S. UB 16026 – *Penthesilea.* 160 S. UB 8191 – *Prinz Friedrich von Homburg.* 204 S. UB 8147 – *Der zerbrochne Krug.* 157 S. UB 8123

zu Klüger, Ruth, *weiter leben.* 174 S. UB 16045

zu J. M. R. Lenz, *Der Hofmeister.* 191 S. UB 8177 – *Die Soldaten.* 119 S. UB 16027

zu Lessing, *Emilia Galotti.* 159 S. UB 16031 – *Minna von Barnhelm.* 165 S. UB 16037 – *Miss Sara Sampson.* 109 S. UB 8169 – *Nathan der Weise.* 175 S. UB 8118

zu H. Mann, *Der Untertan.* 165 S. UB 8194

zu Th. Mann, *Mario und der Zauberer.* 104 S. UB 8153 – *Der Tod in Venedig.* 196 S. UB 8188 – *Tonio Kröger.* 104 S. UB 8163 – *Tristan.* 96 S. UB 8115

zu Novalis, *Heinrich von Ofterdingen.* 243 S. UB 8181

zu Schiller, *Don Karlos.* 238 S. UB 8120 – *Die Jungfrau von Orleans.* 160 S. UB 8164 – *Kabale und Liebe.* 174 S. UB 8149 – *Maria Stuart.* 214 S. UB 8143 – *Die Räuber.* 232 S. UB 8134 – *Wallenstein.* 294 S. UB 8136 – *Wilhelm Tell.* 111 S. UB 8102

zu Schnitzler, *Fräulein Else.* 118 S. UB 16023 – *Leutnant Gustl.* 118 S. UB 16017

zu Shakespeare, *Hamlet.* 264 S. UB 8116 – *Romeo und Julia.* 182 S. UB 16029

zu Storm, *Hans und Heinz Kirch.* 94 S. UB 8171 – *Immensee.* 88 S. UB 8166 – *Der Schimmelreiter.* 135 S. UB 8133

zu Tieck, *Der blonde Eckbert / Der Runenberg.* 91 S. UB 8178

zu Wedekind, *Frühlings Erwachen.* 204 S. UB 8151 – *Lulu.* 206 S. UB 16046

zu Zuckmayer, *Der Hauptmann von Köpenick.* 171 S. UB 8138

Philipp Reclam jun. Stuttgart